U0946887

# 苏东坡传

梅寒 著

江苏凤凰文艺出版社
JIANGSU PHOENIX LITERATURE AND ART PUBLISHING

图书在版编目（CIP）数据

苏东坡传 / 梅寒著 . — 南京：江苏凤凰文艺出版社，2024.1
ISBN 978-7-5594-5228-3

Ⅰ. ①苏… Ⅱ. ①梅… Ⅲ. ①苏轼（1036-1101）- 传记 Ⅳ. ①K825.6

中国版本图书馆 CIP 数据核字（2020）第 183820 号

# 苏东坡传

梅寒 著

责任编辑　白　涵
选题策划　麦书房文化
封面设计　小贾设计
责任印制　冯宏霞
出版发行　江苏凤凰文艺出版社
　　　　　南京市中央路 165 号，邮编：210009
网　　址　http://www.jswenyi.com
印　　刷　北京中科印刷有限公司
开　　本　880 毫米 ×1230 毫米　1/32
印　　张　10
字　　数　220 千字
版　　次　2024 年 1 月第 1 版
印　　次　2024 年 1 月第 1 次印刷
书　　号　ISBN 978-7-5594-5228-3
定　　价　59.00 元

江苏凤凰文艺版图书凡印刷、装订错误，可向出版社调换，联系电话 025-83280257

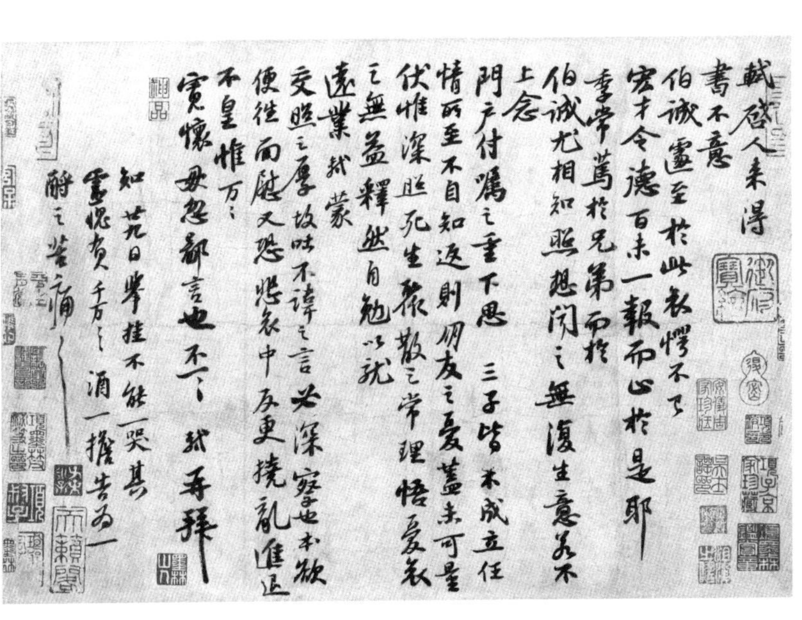

軾啟人來得
書不意
伯誠遽至於此哀愕不已
宏才令德百未一報而止於是耶
季常篤於兄弟而於
伯誠尤相知照想聞之無復生意若不
上念
門户付囑之重下思 三子皆未成立任
情所至不自知返則朋友之憂蓋未可量
伏惟深照死生聚散之常理悟憂哀
之無益釋然自勉以就
遠業軾蒙
交照之厚故吐不諱之言必深察也本欲
便往面慰又恐悲哀中反更撓亂進退
不皇惟万万
寬懷毋忽鄙言也不一一 軾頓首
知廿九日舉挂不能一哭其
靈愧負千万万酒一擔告為一
酹之苦痛

◎苏轼《人来得书帖》

◎苏轼《寒食帖》

◎苏轼《潇湘竹石图》

北
西
东
南
定州
登州
1085年，允居常州，
又知登州
1085年，还朝，屡升迁
密州
1093年，
知定州
1077年，
改知徐州
1092年，
还朝，
任礼部尚书
1065年，期满还朝，直史馆
1061年，赴凤翔任签判
汴梁
陈州
颍州
徐州
1079年，
改知湖州
1074年，改知密州
凤翔
1066年，归蜀服父丧
1057年，归蜀服母丧
1068年，丧满回朝
1059年，丧满回朝
1056年，赴京应试
1080年，贬居黄州
1091年，
知颍州
1092年，
知扬州
金陵
扬州
常州
湖州
1089年，再知杭州
杭州
1091年，
还朝，
入学士院，
再兼侍读
1071年，
过陈州，
往颍州
抵杭州任通判
眉州
黄州
筠州
1084年，
量移汝州，
至筠州，
过金陵，
到扬州
1079年，
因乌台诗案入狱
1094年，贬居惠州
1101年，北归，过金陵，卒于常州
藤州
惠州
廉州
1097年，
过藤州，至雷州，
贬居儋州
1100年，
经雷州，
贬居廉州
雷州
儋州

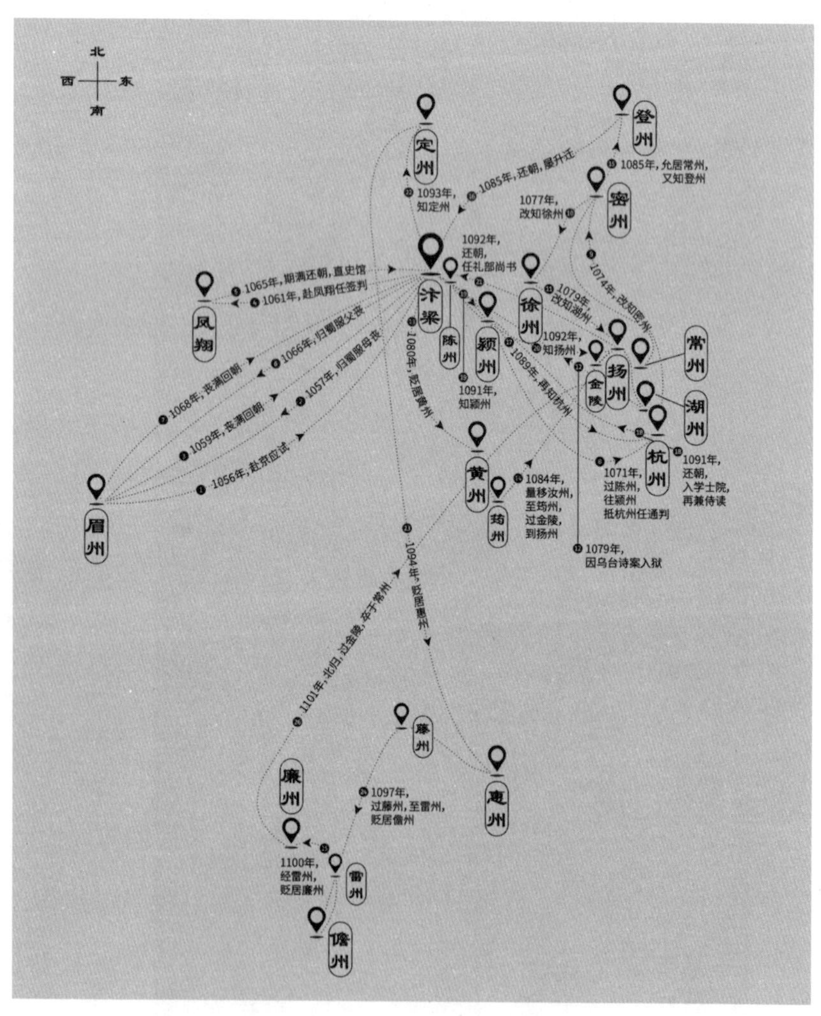

◎苏轼行迹示意图

# 目录

## 序章

# 苏家往事

四川眉山，位于成都之南仅五十公里处，却远无成都的繁华与喧嚣，是一座风景秀丽又十分宁静的小城。

北宋历史上著名的“三苏”，即从这里走出。

眉山苏氏原籍赵郡（今河北赵县），一般追认唐朝的苏味道为始祖。苏味道生于贞观二十二年（648），少有才名，中进士后，以文章闻名天下。至武则天朝，依附于张昌宗而官途亨通，居相位数年，却毫无作为。后受张昌宗牵连，被贬为眉州刺史，留一子于眉山，遂成为眉山苏氏的始祖。

这位苏氏始祖，在历史上的名声和地位，远不如他的后人。

苏味道的儿子安家于眉山两百余年后，到了苏洵的曾祖父苏祜一代。

苏祜“以才干精敏见称”，在世五十多年，正逢五代乱世。彼时天下大乱，重峦叠嶂中的蜀境还算安定。大约就是在这时，苏祜奠定了苏家的基业。

苏祜生了五个儿子，苏杲是其中之一。他是苏洵的祖父。

到了苏杲一代，苏氏家境殷实，已颇有余财。苏杲乐善好施，却不愿人感恩于他，总是暗地里帮助别人。正因如此，苏杲几将家财散尽，“终其身田不满二顷，屋弊陋不葺也”。

苏杲子苏序（苏洵的父亲，苏轼、苏辙的祖父），完全继承了父亲的乐善好施，豁达洒脱更胜其父。

苏序时，苏家在眉山城西经营纱縠生意，在乡下也有一些田产。苏序几十年来大散家财，“急人患难，甚于为己”，几乎把家底掏空。但他一向乐观，认为花出去的钱早晚会回来的。

苏序的子孙后来以文章闻名天下，他却天生不爱读书——不爱读科举应试之书。他倒是很喜欢作诗。在眉山小城的青石板街道上，人们常常看见大个子苏序倒骑一头毛驴，腰间挂个大大的酒葫芦，边走边吟诗。据说，他一生作诗几千首，但那些随口吟就的诗，都随风丢在了眉山的大街小巷间，丢在了眉山的山山水水间。

苏序不爱读书，却依旧望子成龙。他生有三个儿子，次子苏涣让他大快心意。苏涣年纪轻轻就中了进士，这在整个眉山都是轰动一时的大事。他让那股读书求仕的文明之风，自中原越过西南的崇山峻岭，吹进闭塞的小城，吹进“五世不显”的眉山苏家。

苏涣考中进士时，苏序的小儿子苏洵才十六岁。

苏洵，字明允，自号老泉，生于大中祥符二年（1009）。他不像哥哥那般勤奋，不喜读书的习气似乎更多地遗传了父亲。但他与父亲又不太一样，父亲生性豁达，他却较为内向。但是，他又富有游侠精神，二十多岁之前，几乎一直在外游荡。从四川眉山小城，到中原，到江西……他游历的半径越来越大，目光也变得越来越清亮有神。

《三字经》中有这样的记载："苏老泉，二十七。始发愤，读书籍。彼既老，犹悔迟。尔小生，宜早思。"在这里，苏洵被用作教育孩子的反面教材。古人说"三十而立"，苏洵到二十七岁才知道发愤读书。此言是事实。但事实的背后，常常隐藏着一些不为人知的历史细节。

实际上，苏洵真正静下心来决定认真读书，是在二十五岁。

二十五岁始用功，确实有些晚了，何况苏洵读的又是他极不擅长的应试之诗、声律句读之学。苏洵第一次参加乡试便铩羽而归。那次失败刺激了他，也让他痛自检讨，一把火，数年文章化为灰烬。接下来的几年，苏洵告别了四处优游的生活，终日端坐书房，苦读不休达七八年之久。

在这七八年间，苏洵把笔墨纸砚都封了起来，发誓在读书未成熟之前，不写任何文章。最终，通过刻苦自学，苏洵成功跻身唐宋八大家之列。他是其中唯一一个没有进士身份的布衣。

在仕途上，苏洵是一位失败者，但他是一位成功的父亲。这或许要比位列唐宋八大家有着更深远的意义。

尽管苏洵在科举路上不如意，对科举制度也颇有微词，但他大力鼓励自己的两个儿子走科举入仕之路。

嘉祐元年（1056）春，苏洵觉得时机已然成熟，便带着两个儿子离开眉山老家，翻山越岭，奔赴京城，一步步踏上他们灿烂的人生旅程……

第一章

# 初入仕途

## 一、随父入京，名动京师

嘉祐元年（1056）春，眉山小城已是桃红柳绿，春意盎然。苏家庭院中，更是竹柏杂花，丛生满户。

那一天，苏轼早早就被母亲和两位新媳妇忙碌的脚步声惊醒。事实上，他也无法入眠。那是一个让人激动的日子——苏家的三个男人，将要在这一天离开家乡，远赴京城——苏洵要带领两个儿子去参加当年的府试与翌年的殿试。

这一年，苏轼二十一岁，苏辙十八岁。

苏轼妻王弗、苏辙妻史氏，正帮着婆婆程夫人里里外外地忙活。她们恨不得把所有的爱意打包，让三个男人带着上路；又恨不得目光中能生出柔情的小手，牵住远行人的脚步。

眉山去京城的路，三个女人都不曾走过，但其艰险之状，早有耳闻。

李白说："蜀道难，难于上青天。"行在那让飞鸟敛翅、猿猴悲啼的漫漫蜀道上，如何让人放心？

苏轼和苏辙并未看见母亲与妻子眼中的担心与离愁，在他们年轻的胸腔内，凌云壮志如迎风而起的帆，正急欲起航。

大踏步出门，头也不曾回。

褒斜谷曲折陡峭的古栈道，林深草密、荒无人烟的绵延秦岭，全然不在话下。一路走，还一路兴致勃勃地看山看水，游览沿途名胜古迹。

五六月间，苏家父子三人终于抵达京城。在兴国寺浴室长老德香的院中暂时寓居下来后，兄弟二人便投入紧张的备考中。

这年秋天，苏轼和苏辙一起参加开封府试，双双获选，苏轼更是取得了第二名的好成绩。

府试之后，还有礼部考试和殿试，兄弟二人丝毫不敢松懈。

苏洵原就对两个儿子充满信心，今初试身手便双双获胜，心里更加放松。他此次来京，一为带儿子求取功名，再者也希望以文章实现自己的入仕之梦。苏轼、苏辙在兴国寺的僧舍里埋头苦读时，老苏拣出早已誊好的几篇文章，拿着此前从张方平那里得到的一封举荐信，去往欧阳修的府上拜谒。

苏洵未曾想到，欧阳修竟对自己的文章大加赞赏，还将他举荐给了朝廷。如此还不尽兴，九月九日重阳节，韩琦置酒设私宴，欧阳修又特意将苏洵带上。

被一代文宗欧阳修如此不遗余力地荐举，朝中大佬们想不注意这个来自西南偏远之地的半大老头都不行。苏洵文名，先于两个儿子，鹊起京城。

欧阳修此时哪里会想到，“雏凤清于老凤声”，苏洵两个儿子的才华，日后更让举朝刮目相看。

嘉祐二年（1057）正月，欧阳修知贡举，与王珪、梅挚、范镇等一同主持礼部考试。苏轼、苏辙再次同台竞技。在这次考试中，苏轼一鸣惊人。

这次考试的点检试卷官是梅尧臣。梅尧臣读过苏轼的文章后，认为此文引古论今，说理透辟，笔力稳健，语意敦厚，颇具大家的风采，欲取为第一名。他拿给欧阳修看，欧阳修读罢，大为赞赏，暗暗高兴，怀疑是自己的学生曾巩所作，为避师生之嫌，最后决定取为第二名。

当时文坛盛行内容空虚、矫揉造作、奇诡艰涩的文风，对这种只求辞藻华丽而内容空无一物的诗文，欧阳修深恶痛绝，遂与同仁们发起诗文革新运动，竭力提倡恢复古文。苏轼的文风，与欧阳修所提倡的可谓完全一致，加之苏轼本就才气纵横，文如长江大河，一泻千里，府试、省试顺利过关，也是意料之中的事。

接下来是三月间的殿试。殿试中，苏氏兄弟依然畅行无阻，二人皆中。

嘉祐二年（1057）的京城，是“三苏”的世界。老苏的文章，大苏、小苏的功名，无不让人津津乐道。然而，命运何其残酷，那份成功的喜悦，还未来得及与远在家乡的亲人分享，便传来了苏轼的母亲程夫人病逝的消息。

程夫人是眉山富豪大理寺丞程文应之女，算得名门闺秀。她嫁到家境清寒的苏家，应属下嫁。在嫁过来后的好多年里，她面对的都是不怎么上进的夫婿。苏洵老大不小了还在东游西逛，她心里虽着急，但嘴上从来不说什么，只低头默默做事，尽着一个妻子的本分。

苏家原本是中产之家，但因苏家几代人都乐善好施，随着时间的流逝、人丁的不断增多，家财也散得差不多了。等到苏洵欲外出求官时，家里已无多少余财。可程夫人极富眼光，她果断地做了一个决定——从三代同堂的大家庭里搬出来，到眉山城南纱縠行街租了一栋宅子，经营纱縠生意。此后，她全力支持苏洵外出游学，把家庭的重担全部揽到自己肩上。

苏轼七岁开始读书，八岁就读于天庆观北极院，师从张易简道士。后来，苏洵离家四处游历，苏轼便退学，由母亲教读。

如今苏氏兄弟刚崭露头角，母亲却永远离开了他们。

在接下来近三年的时间里，苏轼和苏辙皆在故乡，为母亲守制，直到嘉祐四年（1059）十月，苏洵才再度携二子离蜀赴京。

这一次是举家搬迁，随行的不仅有苏轼、苏辙，还有两位年轻的媳妇。苏轼的第一个儿子苏迈即出生于这年赴京途中。

嘉祐五年（1060）二月，苏家一行人抵达汴京，在西冈租了一座宅院住了下来。

不久之后，朝廷授苏轼为河南府福昌县（今河南宜阳）主簿，苏辙也被任命为河南府渑池县（今河南渑池）主簿。因听说第二年要举行制科考试，兄弟俩均辞不赴任。

宋沿隋唐的贡举制度，设进士科以得常才，又设制科以待非常杰出之才。参加制科考试的成员，须经大臣奏荐，先考于学士院，合格者才能参加御试，受天子亲自策问与拔擢。因为制科极严，应试者极少，得召者不过三分之一。当然，也正因为极严极难，考中制科者，其荣耀自是加倍于进士及第。

为了应付这场超级大考，苏氏兄弟必须全力以赴。他们从家中搬出来，住到怀远驿专心备考。举家寄身京城，吃穿用度自然紧张，兄弟俩在怀远驿的生活非常艰苦，每日三餐，都是白饭就着白萝卜和盐。但苏轼是天生的乐天派，他笑称此为“三白饭”。

时光飞逝，搬入怀远驿时尚是春天，转眼已是盛夏。考试的日子渐近，气温也如兄弟二人的紧张情绪一样节节攀升。苏轼想到兄弟二人不远万里，从蜀中赶到京城参加考试，如此辛苦，一旦考中，便要各奔西东，不知何时才能再过上这种无忧无虑相伴读书的快乐生活，于是在那个风雨之夜，他在怀远驿与弟弟苏辙做了一个约定：日后功成名就，完成自己的社会使命之后，一定要及时退隐林下，同归故乡，兄弟二人再如儿时一样，在故乡的山水间携手徜徉，对床夜话，共享天伦之乐。

嘉祐六年（1061）八月，苏轼与苏辙一起参加制科考试。

按照规定，参加阁试者要在一天一夜内交出六篇文章，这对与试者来说实在是一个极大的考验。能够于文中充分表达自己的想法本就不易，大多数参试者已无暇顾及文之工巧，而苏轼却在一天一夜间将深厚的学养、满腔的济世之志，付诸笔端，化成纵横捭阖、极论国是的文字，让司马光等秘阁考官叹为观止，视他为天才人物。

结果出来，苏轼以贤良方正能直言极谏科考入第三等。宋代的制科共分五等，一、二等形同虚设，自设立以来，无人问鼎。一般参试者，多以四等入选。苏轼之前，只有吴育一人曾入三等。

苏辙的对策文章也极受司马光推许，被定为三等。后来发生了一段小插曲，覆考官认为苏辙在文中出言不逊，坚持不予。双方僵持不下，最后闹到仁宗那里。仁宗道：“以直言召人，而以直言弃之，天下其谓我何？”虽然如此，苏辙最终还是被降一等，以四等录取。

那一天，对于苏家而言，是一个扬眉吐气的日子。科考路上，父亲苏洵步步坎坷，频不得志，当时正奉命在京修礼书。两个儿子却在大考中一个三等、一个四等，占尽风光。

对于整个大宋朝廷来说，那一天也是可喜可贺的一天。据仁宗的皇后曹氏后来回忆，那天策试结束后，回到宫中的宋仁宗满脸喜色，对曹皇后说自己又得到了两位宰相之才。这二人便是苏轼、苏辙。

制策试后，苏轼被授予大理评事、凤翔府签判的官职；苏辙原以试秘书省校书郎充商州军事推官。但时为翰林院知制诰的王安石，对苏轼在文章中表现出的策士之风不满，又因苏辙的文章言辞尖锐，以为他将笔锋直对仁宗，从而不肯撰诰。

因苏洵当时奉命在京修礼书，苏辙便以父亲年老无人照顾为由，奏请留京侍奉。而苏轼则即将离开京城，前往凤翔，踏上他漫漫仕途的第一站。

## 二、漫漫仕途，始于凤翔

嘉祐六年（1061）冬十一月，正值北方寒冬，朔风凛冽。苏轼携妻挈子，一路向西，赴陕西凤翔就任。

京城的繁华渐次退去，呈现在苏轼面前的，是黄沙滚滚下的草木萧条，是冷清破败的村落。彼时的大宋，深受西夏兵的侵扰，现实的千疮百孔让苏轼颇感震惊。

越往西行，他心底的失望与落寞越浓。

天寒地冻中，苏辙执意送哥哥一家，送完一程又一程，一直送到郑州西门，兄弟二人才于十一月十九日依依挥手告别。向前，前路茫然不可测；回首，子由衣单帽寒，踏残月而回。勒马立在高坡上，看戴着一顶乌帽的苏辙在垄隔间时隐时现，浓浓的伤感之情自苏轼的心头升起。

后来，苏辙寄了一首《怀渑池寄子瞻兄》给苏轼，苏轼收到诗后按照原韵回了一首，这就是那首非常有名的《和子由渑池怀旧》：

人生到处知何似？应似飞鸿踏雪泥。
泥上偶然留指爪，鸿飞那复计东西？
老僧已死成新塔，坏壁无由见旧题。
往日崎岖还记否？路长人困蹇驴嘶。

人如鸿雁来去，为生计、前途奔波，在世间偶然留有的痕迹，转眼便会消失。老僧已死，竖立新塔，毁坏的墙壁上不见当年题句，一切如同雪泥鸿爪了然无痕。他希望弟弟不要忘记当年路过崤山时，道路崎岖漫长，人也疲倦困乏的情景。

苏轼早年已这般积极乐观。

嘉祐六年（1061）十二月十四日，二十六岁的苏轼抵达凤翔。

站在府衙前迎接他的，是一位温文尔雅的敦厚长者——凤翔现任太守宋选。

宋选，字子才，进士出身，早年与司马光、韩宗彦等同朝做京官，为人敦厚，官望颇佳。他对这位才气纵横的年轻人可谓照顾有加，以至苏轼念念不忘，与宋选的儿子说起来时还满腔感怀：

“某初仕，即佐先公，蒙顾遇之厚，何时可忘？”

当时的凤翔县令胡允文，在蜀时曾从老苏问学，如今与苏轼相见，自然多一份亲热。

太守宋选的顾遇之厚、县令胡允文的热情款待，总算抚平了苏轼初至凤翔的不适与落寞。一家人住进临时安排的官舍里，开始了在凤翔亦苦亦甜的生活。

时近新年，官府放新年假，苏轼初来乍到，也没多少公务可做，正好趁此机会遍览凤翔附近的名胜。

凤翔虽地处西北荒凉之地，境内却有不少古物可供观赏。

那段时间，苏轼乘兴游览了凤翔的许多古迹，天柱寺、真兴寺、秦穆公墓、李氏园……与寻常人游山逛水不一样，每到一处地方，苏轼都会赋诗发表一番感慨。

苏轼来凤翔，自不是游山玩水、怀古思幽的，他是怀揣使命而来。一个八品小官，人微言轻，但苏轼的使命感不小。他到凤翔，一边忙着观光写诗，一边也把充满忧虑的目光投向现实。

新年已过，苏轼这位签判也该正式走马上任了。

但苏轼很快就遇见了一件棘手事，准确来说，这算是一项需要尽快改革的弊政——衙前。衙前属于差役的一种，从五代十国一直延续到宋朝，主要职责是运送官府所需要的物资。按照朝廷的规定，苏轼供职的凤翔府需负责的衙前，主要是砍取终南山的竹木，编成木筏，沿渭河入黄河，经三门峡砥柱之险急，运往京城。被政府征召过来承担这项差事的百姓，往往会弄得倾家荡产，因为如果在运送的过程中不慎造成损失，是需要运送人担负赔偿之责的。苏轼对此不忍，曾上书韩琦反映这一情况，希望能够引起朝廷重视。同时，他也在寻找解决之法。经他观察，如果能够在黄河、渭水进入涨水期之前，由服役人员根据实际情况自行决定运送的时间，这样损失便能减轻不少。此前为官当吏者，不作调查，不据现实，任意发号施令，在河水上涨时运送竹木，自然造成不小的损失。

于是苏轼禀明上级，说明想法，并着手修订衙规，“使自择水工以时进止”，大大降低了衙前役的危害。这该算是苏轼到凤翔后为当地百姓做的一件大好事。

嘉祐七年（1062）二月，因凤翔属下各县遭遇水灾，诏令淹水诸县减决囚禁，苏轼被派往宝鸡、虢县等四县，督饬减刑释放囚犯之事。之后又遇上天旱不雨，他便亲自前往太白山上清宫祈雨。后来，太守宋选又遣人前往太白山祈雨。第一次，只下了点微雨，百姓认为雨量远不足以缓解旱情，苏轼遂再次陪宋太守前往。这一次，他们还在回程的路上时，大雨便沛然而至，足足下了三日方停。

雨过天晴，官吏庭前相庆，商贾市间欢歌，靠天吃饭的农夫更是在吸足了雨水的田间载歌载舞。苏轼把这一切都看在眼里，不由喜从心生。他去了喜雨亭，与同行者举杯相庆。

为百姓的忧而忧，为百姓的喜而喜，初入仕途，苏轼便表现出这样一份儒家知识分子的仁者情怀。这份情怀，一直与他风雨相伴，至死不曾改变。

在凤翔，苏轼一家挤在官舍小院里，每天还要面对数不清的烦琐公务……当年殿前高中的荣光渐行渐远，对前途的茫然无措、琐事绕身的俗吏生涯，慢慢让苏轼觉得厌倦。平日还好，每逢节日，他的思乡之情便抑制不住地满溢上来。

来凤翔之后的第一个重九日，同僚群官都去参加府会了，苏轼则独自去了东门外的普门寺。

理想何其高远，现实却如此不堪。回首当初与弟弟满怀报国济世之志，从眉山老家一路南下，山一程，水一程，一路饮酒唱和，留下多少诗赋佳作；又想起一年之前的寒冬月下，与弟弟在郑州西门挥泪作别……多少悲喜滋味，兄弟二人都已遍尝，理想的光芒却好像离他们越来越远。他被派到这样一处荒凉之地；弟弟苏辙因制策文章不被王安石欣赏，任命整整拖了一年，满腔热情已被消磨殆尽。

年底岁末，宦游在外的人总是特别思念家人与家乡。往年这个时候，在眉山老家，男女老少已经开始为年节奔忙。一年的农事结束，所有的收获都已入仓，终年劳苦的乡人们，趁着这稍纵即逝的岁暮闲暇，走亲访友，彼此馈赠。而今陪伴苏轼的，只有冷冷清清的官舍和眼前一豆飘忽不定的灯火。

初入官场的苏轼，会被种种不如意与烦恼困扰，但他会将烦恼在寄给好友与亲人的书信和诗文里一吐了之，不会久久徘徊其间。他那双天生富有审美力的眼睛，总是能在最平凡的地方找到风景，甚至能于没有风景的地方，靠自己的双手创造风景。

官衙北面的一处荒园，很快进入了苏轼的视野。他决心将那块闲置已久的废园开辟出来，作为“私家园林”。说干就干，将园内荒草杂树除去，筑一小亭，亭前为一横池，又在池边装上轩窗曲槛。如此，亭中可以俯瞰池水，水中可以养鱼种莲。池畔，苏轼还造上一小巧玲珑的板桥，以达池的对岸。沿池种上桃杏松桧，与原有的槐榆相映成趣。公务之余，苏轼会于亭中设酒，把酒临风，看小园花开，面对园中景致，心情也变得开朗不少。

于任所之地，努力诗意栖居，这只是一个开始。后来，在密州、杭州、惠州，甚至在天之涯的海南儋州，苏轼更是将这份生活的艺术与智慧挥洒得淋漓尽致。此是后话。

## 三、气盛才子，冷面上司

嘉祐八年（1063）三月，于大宋王朝来说是一个愁云惨淡的月份——仁宗在这月崩于福宁殿。

四月一日，皇太子赵曙即位，即后来的英宗。

英宗自少体弱多病，当时正患疾在床，只是徒担着皇帝的虚名而已，朝中政事基本由他的母亲光献太后处理。

此时的苏轼远在凤翔，朝局的变动对他的生活并没有太大的影响，但凤翔的人事调整让他接下来的日子颇不好过。这年，宋选罢任，原为京东转运使的陈希亮代之。

陈希亮，字公弼，"天资刚正"是他最醒目的标签，苏轼才与他交锋，便深有感触。

这位来自四川眉州青神县的上司，不仅是苏轼的同乡，论起辈分，还是他爷爷辈的人。老乡加长辈，按照人之常情，陈希亮应该比他人更加照顾苏轼才是。

事实却完全相反。在苏轼的眼里，陈希亮就是一个铁面无私，甚至刚愎自用的可恶老头。这个身材矮小、面目清瘦的上司，整日绷着一张冷脸，眼睛在堂上扫来扫去，扫到的总是下属与同僚的缺点与短处。作为他的助手，苏轼更是在被挑剔之列。

苏轼曾自述来凤翔的任务，其中一项便是“兼掌五曹文书”。这对参加过制策考试的苏轼来说，自是不费功夫。陈希亮却不这么看，面对苏轼递上来的文书，他那双严目恨不得每个字都不放过。结果，那些苏轼自以为得意的文书，总是被陈希亮涂改得面目全非，改过再扔给苏轼重写。

如此三番五次，弄得苏轼心中很是窝火，但上司的话就是命令，还是要按照要求去改。

其实，在凤翔，陈希亮不仅不受苏轼待见，他的下属、同僚，也多不喜欢他。士大夫们应酬宴游，席间莺歌燕舞，欢声笑语一片，但只要陈希亮出现，满座便鸦雀无声，即便还有人说两句，也不过是无味的应酬之语。

因此，那些有陈希亮在场的应酬，苏轼便不喜欢参加。

对于苏轼的想法，陈希亮心知肚明，但他丝毫没有打算收敛，反倒有变本加厉之势。

苏轼当初以贤良方正能直言极谏科考中制策三等，又加上他为人豁达随和，在凤翔，除了陈希亮，上上下下都颇喜欢他。有一个当差的小吏，每次见了苏轼都直呼他“苏贤良”。

陈希亮听到后，极不高兴——不过一个小小的判官，什么贤良不贤良？他将那个小吏狠狠地训了一顿还不够，又赏了他一顿板子。

那板子落在小吏的身上，更落在苏轼的脸上。自此，他更是将陈希亮恨在心里。天生一副硬骨头的苏轼，绝不肯向这位上司低头。后来，苏轼送了陈希亮一首极具讽刺之意的诗，陈希亮看后不过一笑置之。

依照惯例，中元节时长官要在官府中摆宴，大小官员都得参加，这是工作宴，也是政治宴。

嘉祐八年（1063）中元节，月朗风清，苏轼在家里置酒，请了三五好友，喝得不亦乐乎。

在那三五好友中，有那个呼他为“苏贤良”的小吏，还有陈希亮的小儿子陈慥。他不但没去参加陈希亮摆的官宴，还明摆着与陈希亮唱起对台戏。这赤裸裸的反抗带来的后果是，苏轼被罚铜八斤。

当时，罚铜是对官员获罪的一种处罚。

宋朝时，每一千文铜钱的标准重量通常是五斤，八斤铜等于一千六百文。对于一个靠官薪吃饭的小官来说，这惩罚实在是有些重了。

苏轼不是记仇的人，但他心里还是郁闷至极。陈希亮则像无事人一样，罚过了似乎也就解气了，依旧如往常一样对苏轼支来使去。

陈希亮居住的太守府紧邻终南山。终南山之高，终南山之秀，曾引得无数文人墨客竞折腰。陈希亮有近水楼台之便，却在到任好久之后才发现此处原是风景胜地。拄杖漫步于其下，露出在林木上面的山峰一座接一座，就像有人在山外行走，只见发髻一般。陈希亮的好奇之心与闲情逸致被彻底唤醒了，他决定在那个最佳的位置建一座高台以观山景。

就这样，没过多久，凌虚台便耸立在了太守府的院子里。

亭台建成，自然要写点什么。古往今来的名亭名台记，不外乎对亭台风景之胜或对建台者的功业大加赞颂。陈希亮有无此心不得而知，反正他毫不犹豫地把这个差事交给了苏轼。

苏轼极少写凌虚台本身，而是大发感慨。归根结底，也就一句话：自古至今，事物的废兴成毁接连不断，沧海桑田，凌虚台最终也逃不过埋没于荒草原野的命运。

新台初建，合府上下喜气洋洋，欲大贺一番，苏轼却打算给陈希亮泼一盆冷水。读过此文的同僚皆替他捏了一把汗——对陈希亮，他顶撞得已经够厉害了。

苏轼谢过同僚的好心提醒，将《凌虚台记》一字未改地递交了上去。

出乎所有人的意料，陈希亮竟对那篇铭记大加赞赏，他没有丝毫不快，倒是让人赶紧刻碑，堂堂正正地立在凌虚台上。

陈希亮的反常举动，让苏轼颇为意外，尤其是陈希亮讲的那番话，更让苏轼感动，为自己的狭隘而惭愧。

陈希亮说："吾视苏明允犹子也，某（指苏轼）犹孙子也。平日故不以辞色假之者，以其年少暴得大名，惧夫满而不胜也，乃不吾乐邪？"

可以说，陈希亮对苏轼的把脉是准的，才高者往往气盛，苏轼的仕途一波三折，谁说不与他的这种个性有关呢？

## 四、贤妻在侧，又识新友

仁宗驾崩后，韩琦出任山陵使，负责修筑皇陵，所需竹木依然由凤翔供应。

"编木筏竹，东下河渭"，为签判苏轼专职。早在一年之前与凤翔老校谈论衙前役之害时，苏轼就对这项差事的艰辛有所了解。

尽管在他的努力下，已对衙前役的相关规定做了调整，但修筑皇陵重任在前，苏轼还是不敢有丝毫松懈。

凤翔地处西北，干旱是常态。这一年，不幸又遇旱灾，渭河干涸，沿岸的堤坝也已破败不堪，需要挖土修补，运送竹木之事变得尤其艰难。皇陵工期刻不容缓，木材必须在规定期限内送达。延误王事的重责，谁也担不起。

看到上千民夫拖着巨大而笨重的木材，在渭河泥泞的河床上艰难前行，苏轼的心情无比沉重。身为负责此事的地方官，他不得不一次次督促他们，他渴望天降大雨，以减这些劳苦人民的负重，可上苍这一次没再垂顾他们。

繁重的劳役搅得苏轼寝食难安，他奔波在凤翔的山间水畔，整个人变得又黑又瘦。最累的时候，他甚至想过逃离。不远处的终南山太平宫溪堂是多好的读书场所，在春日的鸟啼花香里，于溪堂深处捧书静读，是何等惬意。可也只能想想而已，明天还会有数不清的琐事等着他。

为皇陵集运木材的差事，苏轼足足忙了五个多月才算交差。

来凤翔后，与远在京城的弟弟苏辙鸿雁传书、写诗唱和，是苏轼消遣愁闷、寄托思乡之情的一种重要方式。坐在终南山太平宫溪堂里，听着窗外潇潇的雨声，一种难言的疲倦之意漫上心来。忙碌太久的人，一旦闲下来，大概都有过这种体验。

环境的艰苦，对苏轼来说，也许算不得什么，最让人难以消受的是那份憋屈。那时的苏轼，还不懂得太守陈希亮的苦心，他觉得自己在衙门里处处受挤对，回到家常常闷闷不乐，好在家里有位贤内助王弗。

王弗，青神县乡贡进士王方的女儿，聪敏沉静、善解人意，与洒脱豁达、个性鲜明的苏轼正好互补。她十六岁嫁与苏轼。和苏轼刚成亲时，苏轼并不知道她通晓诗书，只见她终日不说话。苏轼读书时，她则拿着针线，静静地在一边陪坐。直到某日，苏轼读书“有所忘”，王弗竟准确无误地帮他接了下去，苏轼才知道妻子原来是个知书达礼的才女。

在凤翔那简陋的小院里，王弗整天做针线、理家务、照顾儿子。她虽年少苏轼三岁，却精明能干，又识大体，是苏轼生活中一位少不了的朋友与助手。

苏轼在外受了气，回来便会同王弗说，话里自然少不了陈希亮对他的种种非难。王弗总是含笑认真倾听，并时时安慰，叫他不必太过挂怀。有了妻子的陪伴与安抚，苏轼心中的郁闷自然减轻了不少。

苏轼天性热爱交往，和什么人都可以成为朋友，还常常把朋友带到家里。他说话口无遮拦，旁边的王弗时时为他担着一份心。后来，王弗想出一个妙招，苏轼在前厅会客时，她就静静地站在屏风后，听他们交谈些什么，通过察言观色来判断苏轼所交之人的品行。王弗似有一双能洞穿世事人心的眼睛，她的预言一次次被证实，苏轼对她也越来越依赖。

说到交友，在凤翔期间，苏轼认识了三位朋友，这三人对他后来的人生路都有着巨大的影响，不过他们的影响却向着完全不同的方向。

彼时的苏轼，在工作中受尽陈希亮的气，却与陈希亮的儿子陈慥打得火热。

陈希亮有四子，最小的儿子即陈慥，字季常。他与苏轼的相识，说来颇有侠者相遇的味道。

那是嘉祐八年（1063）夏季，某天苏轼去岐山闲逛，密林丰草间，忽见三人骑马携箭，呼啸而来。他们正在密林间打猎，追赶一只疾飞而过的鹊。中间的年轻公子，尤其吸引苏轼的注意。大约嫌同伴太过笨拙，他怒马而出，拈弓搭箭，箭起鹊落，看得苏轼不由得喝彩惊叹。

那天，苏轼与他并马而行，谈古论今，也谈国事兵事，相谈之下，发觉彼此竟如此“臭味相投”。陈慥身上的豪侠之气，苏轼同样不缺少。二人遂成了终生莫逆。

对这个不思仕进，整日骑马负剑、游山逛水的小儿，陈希亮骂也骂过，打也打过，后来只好由他去。等到苏轼后来再在湖北歧亭遇到他时，他已经完全变成另外一个人，此是后话。

治平元年（1064）正月，苏轼前往终南山，章惇听说后，携同僚一起从长安赶来拜谒。

章惇，字子厚，高大英俊，充满豪气，也博学善文，极富才华。嘉祐二年（1057），他与苏轼一起参加科考，并同中进士。然而，当他得知自己的侄子章衡高中状元后，因耻于官居侄子之下，竟负气而去。嘉祐四年（1059），他再次参加科考，高中进士甲科，才算出了口气。

章惇对苏轼，充满复杂难言的情感，羡慕、嫉妒、恨，合而有之。不过，此时二人还没有任何政治上的纷争与利益冲突，是无话不谈的好朋友。

那段日子，他们同游同嬉，遍览当地山水楼观。

某日，二人来到一处名为黑水谷的地方。谷中有一潭，名仙游潭，潭上有南北二寺。苏轼和章惇原本是去游寺的，却被谷中的仙游潭吸引。万仞绝壁之下，林木掩映之中，怪石耸立，潭水深不可测，以绳缒下数百尺不得其底，以石投之，石入水中如片叶旋于风中，徐徐而下，好久才看不见。

章惇提出一个让苏轼震惊不已的想法，他邀请苏轼到对面的绝壁上题字留念。苏轼连连摆手摇头，章惇却是毫不含糊，他健步走到两绝壁之间的独木桥边，平步上桥，借一根绳索和壁上草木，摄衣而下，至一峭壁前，用事先备好的笔墨，在石上书了五个大字："苏轼、章惇来。"再顺原路攀索而上。

整个过程，看得苏轼心惊肉跳。

再看章惇，却是面不改色气不喘。

"君他日必能杀人。"苏轼拍拍章惇的背说道。

"何也？"章惇不解。

"能自判命者，能杀人也。"苏轼回道。

一个连自己的生命都不珍惜的人，可想而知对待别人会如何狠心。多年之后，苏轼的预言不幸成为事实。不过，章惇高高举起的那把大刀，不是落在别人的头上，而是落在苏轼的头上。

送走章惇一行，苏轼还至岐山。在岐山下，苏轼又遇到了他生命中可称得上生死之交的朋友——文同。

文同，字与可，梓潼（今四川绵阳盐亭）人，与苏轼是西蜀同乡，还是苏轼的表哥。文同于仁宗皇祐元年（1049）中进士，苏轼曾赞他诗、词、画、草书为"四绝"，可惜他的草书早已失传，仅有四幅墨竹传世。苏轼曾跟文同学画，后自成一派，成为中国历史上一大画家。文同曾对人说："世无知我者，惟子瞻一见，识吾妙处。”

苏轼与文同的友谊，始于凤翔，绵延一生。

按宋代官制，文官三年一迁，武官五年一迁。苏轼于宋仁宗嘉祐六年（1061）十二月抵凤翔任签判，于宋英宗治平元年（1064）罢任。三年磨勘[1]期满，苏轼该回朝另候派遣了。

〈1〉 磨勘：当时官员考绩升迁的制度。

## 第二章
# 变法风暴

## 一、回京就职，妻亡父丧

与三年前来凤翔一样，苏轼再次在天寒地冻的季节离开。自凤翔一路向东，往京城汴京而去。一路风雪泥泞，却挡不住苏轼回程的热情。

一个归心似箭的游子，寒风吹面不觉寒，日行千里也嫌慢。

经过一个多月的长途跋涉，治平二年（1065）二月，苏轼返京，一家人终得团聚。

家中一切如故，堂前的芦、砌下的竹、堂后的石榴树、院子里的双柏及葡萄架……它们都还在，与三年前苏轼离开时没有多大区别。父亲在庭前开了一方水池，清澈的细流正从假山岩鼻中汩汩而下。

站在无比熟悉又陌生的院子里，看到颤巍巍迎向他的老父亲，苏轼不禁泪盈两眼。三年来，他不清楚自己有多沧桑，却发现父亲已经成了一位发白背驮的老人。

奉诏命，回京不久，苏轼就到新的岗位报到了。这一次，他被派到登闻鼓院当差。听书看戏，常见受了冤屈的百姓高喊着“冤枉啊”，将堂前大鼓击得砰砰作响。苏轼就被派到了这样一个地方。但他不是坐堂的青天大老爷，只是一个小小的办事员，掌管收受官民投递的章表疏文。

不管是论朝政得失，还是沉雪鸣冤、检举官吏，皆可到登闻鼓院击鼓递状。苏轼当初举贤良方正能直言极谏科取为三等，现在这个差事也算对路。

英宗却觉得，给苏轼安排这么个差事有点委屈他。对于苏轼的文名与才名，他早有耳闻。苏轼在凤翔的政绩，他也有所了解。循唐代先例，英宗想特召苏轼为翰林学士知制诰——那是为皇帝起草诏书的要职，相当于皇帝的机要秘书。

率先反对的是宰相韩琦。韩琦的大意是：苏轼才大器大，他日自当为天下用，但眼下朝廷还不能急于求成，要加以培养，使天下之士莫不畏慕降伏于他。等到天下之士无不想朝廷重用他的时候再重用他，谁也说不出什么来。现在贸然重用，怕不能服众，对苏轼来说也是一种负担。

英宗不甘心，继续道：“且与修注如何？”

修注负责记录皇帝言行，也是多少士子向往之职。对于此差，韩琦再次否决。他建议英宗还是按照一般通例，先召试学士院，再与馆职。

韩琦的做法，到底是出于私心更多，还是君子之爱更多，且不去追论。作为一位久经沙场的“学霸”，任何考试对于苏轼来说，都不过是手到擒来的事。在那次学士院召试中，苏轼以最高分的三等入选，优诏直史馆。苏轼没靠英宗眷顾，凭自己的实力说话。

从满目黄沙的凤翔重返宫阙林立的帝都，仿佛人间天上；如今，学士院的召试又如此顺利，苏轼再不用于风沙雨雪里四处奔波。皇家帝苑深处的秘阁里，虽无人可以把臂纵论古今，但所谓大隐隐于朝，在喧嚣的政坛之中，若能大智若愚，淡然处之，不亦强过那些唱高调的假隐士吗？

苏轼既已回京任职，他可以接过苏辙照顾父亲的重担了，苏辙也可以放心外任。

其实，苏轼重返京城，舒心的日子并没过太久，漫天的愁云惨雾就四下逼来。治平二年（1065）五月二十八日，苏轼二十七岁的妻子王弗突然因病去世，给他留下一个不满七岁的儿子苏迈。

这于苏轼来说，无异于晴天霹雳。

那段日子，苏轼被撕心裂肺的痛彻底吞没了，眼前晃来晃去的全是王弗的模样：她低头绣花做针线的样子，她含笑听他讲话的样子，她不疾不徐劝他交友须慎的样子，她低眉听他读书的样子……

往事历历，悲喜交织。回首这十年来他们走过的路，从眉山到京城，从京城到凤翔，再从凤翔重返京城，王弗跟着他吃过多少苦、担过多少心，又给过他多少提醒与帮助。如今安稳的日子才刚刚开始，她却匆匆离去。

王弗客死他乡，灵柩只得暂时停放在京城西郊。

王弗的早逝，对苏轼父亲的打击也非常大。他痛心地叮嘱儿子道：“妇从汝于艰难，不可忘也。他日，汝必葬诸其姑之侧。”

王弗对婆婆程夫人敬爱有加，程夫人生前如此，程夫人走后依然。王弗同婆婆一样深知苏轼的脾性，他太刚，又太率性，这样性格的人，行走于官场是会吃亏的。所以，王弗如婆婆在世时一样，不时给苏轼以提醒。

苏轼对文物收藏及炼制丹药有着浓厚的兴趣。有一年冬天，天降大雪，苏家所居院子里的大柳树下，有一块一尺见方的地方始终存不住雪。天晴之后，地面还隆起了几寸。苏轼的好奇心被勾起，他怀疑下面可能埋有丹药——丹药性热，故不能积雪。

苏轼找来工具，欲挖开看个究竟，却被王弗一句话给止住了："使吾先姑在，必不发也。"当年在眉山纱縠行街的院子里，母亲程夫人就曾制止家人去挖掘埋于地下的一只大瓮。

王弗的话，让苏轼惭愧罢手。

如今，再无人会在他说错话、办错事时直言提醒，也无人会在他疲倦不堪时温言抚慰。

封建时代的夫与妻，夫为妻纲，妻如衣裳。难得的是，苏轼与王弗在精神世界里相互欣赏，彼此依赖。对于苏轼来说，王弗已不仅仅是妻子，更是精神支柱。

苏轼对王弗的那份思念，从此如影随形。

眼前，苏轼还处在绝望与哀伤里，他哪里会料到命运之神已经再次向他露出狰狞的獠牙。就在王弗去世仅十一个月后，治平三年（1066）四月二十五日，父亲苏洵又因病逝世，终年五十八岁。

丧妻又失父，人生两大至痛，苏轼在一年之内尝尽。

苏洵的去世，在朝野上下引起不小的轰动。英宗诏赐银、绢，苏轼请辞，为父亲求赐官爵。六月九日，朝廷诰赠其为光禄寺丞，同时特饬有司备船只，载送苏洵灵柩回蜀。

七年之前，苏洵带领儿子儿媳辞别家乡，奔赴京城，一路虽历经艰辛，但还是完整而融洽的一家人。而今，兄弟俩却是披麻戴孝，扶着老父少妻的灵柩南返。其心情之苦，真是无以名状。

治平四年（1067）十月，兄弟二人合葬父母于武阳县（今四川眉山彭山区）安镇山之老翁泉，王弗就安葬在旁侧。苏轼将王弗的墓穴凿为二室，希望百年之后能与她死而同穴。

从治平四年（1067）一直到熙宁元年（1068）七月，苏轼和苏辙兄弟二人都在蜀中老家替父守制。

守丧期满，苏轼续娶王闰之为继室。王闰之是青神县王介幼女，是发妻王弗的堂妹。

岁末，兄弟二人又要还京了。这一走，何时再回来，谁也说不准。家中无人，但是祖坟需要人修护照看，一些田宅也要打理，还有亲戚间的人情往来。这些事，苏轼一并委托给了与他们一起长大的老邻居杨五哥（济甫），如遇大事，则由堂兄子安做主。

一入宦途深似海，从飞离故乡的那一天起，他们就四海为家，终生漂泊，再没能回去，故乡成了一直萦绕在心头的梦。

苏轼兄弟料理好家事后，携家眷重返京城。此时的京城，一场惊涛大浪正在掀起，苏轼兄弟也将无法避免地被卷入那场政治风浪的旋涡中……

## 二、神宗革新，安石献策

赵宋王朝，自乱世废墟上建立，经唐代安史之乱、黄巢之乱和后来的五代十国之乱，长达六十余年的战争与分裂，政权落到大宋皇朝手里时，已是民困国乏，积弱已深。

开国不到二十年，逐渐强大起来的异族，便开始对大宋虎视眈眈。北有契丹族建立的辽国，数次南下入侵；西北有党项族建立的西夏，以强悍的游牧骑兵，频频对边境进行扫荡式的洗劫。朝廷不得不在边境设重兵把守，沉重的军费和岁帛又成负担。

宋太祖赵匡胤通过发动陈桥兵变取得政权，曾目睹藩镇割据之乱的他，比任何一代帝王都更担心大权旁落，因此，大宋成了中国历史上一个尤其重视中央集权的朝代。

政权建立之初，宋太祖通过杯酒释兵权的方式，逐渐把军权、政权、财权都最大限度地集中在自己手中。作为宋太祖给子孙后代定下的“祖宗家法”，这种制度代代相传。

对于起自风雨飘摇之乱世的赵氏宋朝，这种制度在建立之初，对稳定政局、发展经济、抵御侵略都起了积极作用。但随着时间的推移，这些举措的弊端也渐渐显露出来，文臣治国，武备松弛，官僚机构越来越庞大臃肿，加之外患不绝，每年要给辽和西夏等大量岁贡，等到宋神宗赵顼继位时，大宋的国库已严重空虚。

苏轼在凤翔时已经意识到这些问题，曾指出大宋眼下主要存在三个问题：一是财政不丰，二是兵力不足，三是吏治不择。为此，他还提出了相应的建议。应该说，彼时的苏轼，为大宋号的脉是准的，开的药方也是有效的，可惜他的声音太弱，无人听得进。那些如沉疴痼疾一般的积弊，需要更加强有力的推波助澜者才能消除。

历史没有把这样的重任交给具有诗人气质的苏轼，而是交给了更富政治智慧与铁血手腕的王安石。

治平四年（1067），在位仅仅四年的宋英宗因病驾崩。同年，赵顼即位，即为宋神宗。神宗为英宗长子，母亲是宣仁太后高氏。

这一年，神宗刚刚二十岁，正是奋力欲为的年纪。还是太子时，神宗就已留心国事，注意到民贫国穷、军政凋敝的现状。富国强兵，也为一报家仇，这样的念头日复一日地冲击着这位年轻帝王的心。

国恨家仇，却为表面的承平盛景所掩。文人治国，士大夫们十之八九皆为文章能手，他们长于纸上谈兵，缺少果断有为的气概，而国家给他们的优厚待遇，越发加重了他们的不思进取。神宗的父亲英宗属保守一派，他不愿意改革，也不愿意与异族发生战争。在他在位的短短四年里，国内国外也相对平静。但那只是表象，平静的水面下早已暗流潜涌。

面对这样的朝局，神宗决定进行一番大刀阔斧的改革。

一项伟大的改革，要有领袖与倡导者，也要有有力的支持者与执行者。就这样，王安石被适时地推到了历史的前台。

在打算重用王安石之前，神宗先在朝廷重臣中做了一次民意调查，得到的答卷让他非常失望。

文彦博是当时为世人所景仰的名臣，神宗对他说："天下敝事至多，不可不革。"

文彦博对曰："譬如琴瑟不调，必解而更张之。"但他也仅是附和了一下，并无具体建议。

神宗又与富弼谈论治世之道。

富弼早已清楚神宗的心思，不等他多问，便回道："陛下临御未久，当先布德泽，愿二十年口不言兵，亦不宜重赏边功，干戈一起，所系祸福不细。"

神宗只得默然。

神宗又去向司马光请教，司马光言道："修心之要三，曰仁，曰明，曰武；治国之要三，曰官人，曰信赏，曰必罚。”总而言之一句话，要先修身后治国。

神宗看得很清楚，国家眼下最大的困难，在于欲举兵而兵力不足，欲足兵而饷不济。养兵备边、充盈国库、节约财用，这些都是当务之急。但他与这些朝中老臣谈及此事时，他们不是稀里糊涂敷衍了事，就是明言反对。环顾朝堂，满目朝士，竟然找不出一个同声相应者。

这些朝廷重臣也看得很清楚，大宋的积贫积弱，非一场改革所能解决，要沉着冷静、循序渐进地改变此种局面。新皇帝毕竟还太年轻，锐意有余，而持重不足。

一方要求锐意革新，一方力求稳当持重，神宗与这些朝廷重臣难以达成一致。环顾朝廷上上下下，一种难以言说的孤独与焦灼笼罩着年轻的神宗，他太需要一个强有力的支持者了。就在这个时候，王安石走进了他的视野。

王安石，字介甫，庆历二年（1042）进士。青年时代，王安石曾随父亲宦游天下，对当时的社会现实与民间疾苦深有了解，也早早立下经时济世之志。及至进士及第，他又屡辞馆阁之命，先后在鄞县（今浙江宁波）、舒州（今安徽潜山）、常州等地任职。在轰轰烈烈的新法推行之前，王安石已经在他任职的地方进行过一系列的改革尝试，且收效显著，也逐渐形成了一整套比较成熟的变法理论与方案。

嘉祐四年（1059），王安石写了长达万言的《上仁宗皇帝言事书》。在那封谏书中，王安石总结了自己任地方官多年的经验，指出国家积贫积弱的现实——经济困窘、社会风气败坏、国防安全堪忧，认为其根源在于不懂得法度，要求改革取士、重视人才。

这篇上疏可视为后来王安石变法的序曲，只可惜他的改革主张终未被仁宗采纳。

此后，朝廷多次以馆阁之职召王安石入京，均被他拒绝。王安石深知，国家承平日久，朝廷上下都被一种因循守旧之习气所主导，要改革，非得等到时机成熟不可。也正因为如此，他才数次拒绝了朝廷召他进京的美意。有人说他这是沽名钓誉，亦有人说他在为自己积蓄力量——经验、资历、名望。

神宗即位后，起用王安石为江宁知府，随后又召为翰林学士兼侍讲。熙宁元年（1068）四月，神宗越次召对，王安石欣然前往。同抱改革之志，君臣一见如故。就当前国事，神宗向王安石提出许多疑问，王安石侃侃而谈，神色自如。十年磨一剑，经仁宗之后近十年的磨砺，王安石的变法思想已更趋完善与成熟。

“大有为之时，正在今日！”蛰伏太久的王安石终于扬眉吐气。

而笼罩在神宗心头的愁云，也为王安石的那番豪情一挥而散，改革的决心与信心更加坚定了。一个力主改革的年轻君主，一位满腹变法主张又富有实践经验的臣子，一场影响后世的伟大变革，终于在此时奏响了号角。如同一股不可遏制的汹涌洪流，“熙宁变法”（也称“王安石变法”）冲上了历史的舞台。

这股洪流带给大宋人民的到底是福还是祸？它将把大宋王朝往哪个方向引领？这一切，神宗和王安石也无法预料。此时，他们拥有的是任谁也不能阻挡的热情与决心。

经过一年的酝酿和准备，熙宁二年（1069）二月，王安石再次升迁，由翰林学士而为参知政事，这是仅次于宰相韩琦的副相之位。王安石受命执政，雷厉风行，欲变风俗、立法度。神宗则视他为志同道合的知己，对他有求必应。制置三司条例司随之设立，作为主持变法的新机构，由王安石与知枢密院事陈旭共同掌管。

一场在大宋朝绵延了整整十六年的伟大改革，由此正式拉开序幕。

## 三、变法伊始，争论四起

眼下的局面，朝中的元老重臣怎会看得不清楚？王安石变法的宏论，也曾让他们寄予厚望。多年来，王安石任劳任怨的政治表现、不凡的理想与抱负，曾引得司马光、韩琦等朝中国老将他视为“圣人复出”。

但王安石没把这帮朝臣放在眼里。有神宗的大力支持，他的个性又非常偏执孤傲，满朝文武，在他眼里，不是庸人，就是奸人。与人议政时，一言不合就要开口骂人。这等于让神宗与群臣对立。

王安石的强势与固执，让朝中风向逆转。原来对新法寄予厚望的朝臣，已从中嗅到了危险的味道，纷纷站出来反对。

还在变法的酝酿和准备阶段，围绕王安石的任用问题，神宗已经和群臣发生过数次冲突，宰相韩琦甚至不惜离朝外任。临行前，神宗试探性地问他，在他离开之后，谁可以担当国家大任。

彼时的神宗，已有重用王安石之意。韩琦明白神宗意图，却避而不答。

神宗干脆直接挑明：“安石何如？”

“安石为翰林学士则有余，处辅弼之地则不可。”韩琦也丝毫不客气。

即便如此，也无法打消神宗起用王安石的决心。在王安石被任命为参知政事已成定局的情形下，大臣唐介仍劝谏神宗，认为王安石不堪大任。神宗恼了，反问道："卿谓安石文学不可任邪，经术不可任邪，吏事不可任邪？"

唐介回道："安石好学而泥古，议论迂阔，若使为政，恐多变更。"

后来的事实证明，这些大臣们的反对与担忧不无道理。若神宗能冷静考虑，多方听取一些意见，也许不至于导致后来无法收拾的局面。

众大臣的反对意见，也曾让神宗犹豫摇摆过，但富国强兵之梦最终占据上风，他决定排除一切干扰，将新法进行到底。

如此，在短短的两三年内，关于理财与整军的新法，便在一片反对声浪中渐渐浮出水面。这一系列新法，从立法之出发点来看，无不是为了富国强兵。

摆在神宗面前的这些新法方案，向他展示的是大宋富强、长治久安的美好宏图。那些落在纸上的方案，走到现实中到底利弊几何，他是看不到的。王安石也看不到。他们只是按照自己的想法，义无反顾地向前推进。

在一片反对新法的声浪中，司马光的声音最大。

王安石、司马光，都是当朝一流人物，无论品德、学问，还是社会声望，在朝中都旗鼓相当，但两人的出身背景与学术、政治思想完全不同。

王安石有过地方从政经历和改革经验，更是一位饱读史书的经学家，他所推行的新法均可从古制中找到源头。青苗法比之《周礼》的泉府，保甲法起于三代的丘甲，免役法本之于《周官》的府、史、胥、徒等。为变法，王安石苦心准备了十几年，绝不可能轻易向反对派妥协。

司马光是一个富有历史眼光的史学家，也是一个标准的经验主义者，更是一个脚踏实地的现实主义者。对于王安石所说的那些古制，他耳熟能详，但他更清楚，时移世迁，很多古制其实已不符合当下的现实情况。因此，他主张有选择地承袭近代汉唐法制，依据实际情况逐步改良。

尽管二人在思想观念上存在着巨大分歧，但在王安石推行新法之初，尤其是新法的弊病还没有充分暴露之前，司马光并未公开持反对意见，甚至还曾劝解那些要弹劾王安石的人。

但在青苗法推行之后，司马光对王安石的反对之声渐起。

按照王安石本意，青苗法原本也是一项有利于民，也有利于国家的优良社会融资政策，问题就出在执行这一政策的官吏身上。他们悄然改变了政策方向，依靠权柄强行放钱收息，青苗法竟变成重利盘剥的工具。

不仅如此，为大力推广新法，又出现了一项更大的流弊——抑配，即强迫摊配。原本诏令规定青苗钱的贷放采取民众自愿原则，不许追呼、均配和抑勒。而负责贷放青苗钱的官员，为求政绩，竟为各郡定额。为了完成定额，执行者们只能不计贫富，不择手段，强行摊派，把重负置于老百姓头上。

如此一来，全国各地就出现了这样一个现象：地方政府官员每日忙于强行发放青苗钱，对于到时积欠官钱还不上的贫户，又要追缴逮捕，甚至对他们施以残酷的鞭打。一时之间，因为还不上青苗钱，卖田产、卖妻女，甚至投水、上吊自尽的大有人在。

百姓怨声载道，神宗和王安石不可能听不到、看不到，但他们认为，任何一项伟大的改革，在推行过程中都要伴随着疼痛，甚至要付出巨大的代价。因此，他们一如既往，听不进任何反对的声音。

司马光却再也待不住了，在他看来，由国家施放青苗钱，比对百姓放贷收息危害更大。他与王安石的争论因此而起。

两位当朝重臣，各执其辞，各有其理，谁也说服不了谁，形成相持不下的对峙局面。而朝中的大小臣民，也很快找到了自己的阵营。赞成新法的，唯王安石马首是瞻；反对新法的，自觉站到司马光的身边。

熙宁二年（1069）二月，也就是王安石被升为参知政事，开始执政的时候，苏轼以殿中丞、直史馆授官告院，一下子闯进了这场风暴的中心。

及第之初，尤其在凤翔的三年地方任职经历，让苏轼对国家时局有了进一步的认识。那时，他是一个坚定的改良主义者，大声呼吁朝廷求变强国。然而一回朝，面对王安石新法的强劲风暴，他动摇了。

苏轼的这种矛盾思想，源自他所接受的传统儒学思想。变或不变，应以民为本。他应制科考时，仁宗当朝，经历了庆历新政的失败，朝中弥漫着求稳惧变、萎靡不振的气息，这让苏轼觉得沉闷、不满，所以他大声疾呼，要求以变革富国安民。而当神宗与王安石排除一切干扰，进行变法革新的时候，他思想中的求稳、求静又开始占据上风。特别是看到新法推行后在朝野内外掀起的惊天浪涛，还有新法中确实存在着一些不合理、于民不利的地方，他终于站在了变法改革的对立面。

他的反对，在当时来说，无异于螳臂当车。

苏辙也曾上书神宗，提出当下关键改革当从理财起。这个建议正合新法之意图，苏辙也因此被王安石安置进制置三司条例司任检详文字。

王安石以为苏辙是新法的支持者，万万没想到他竟给自己设了一个障碍，苏辙虽主张先从理财抓起，但认为理财的关键是节用，而不是广开财源——这一点又与司马光等旧派的观点一致。

进入制置三司条例司不到半年，苏辙就频频与王安石及其手下发生争执，批评新法，同时坚决要求外任。

苏辙此举彻底激怒了王安石，他极力要求治罪苏辙。好在神宗一向欣赏苏氏兄弟的学问与文章，最终没治苏辙的罪，但为了表示对王安石的尊重与支持，神宗还是撤换了苏辙。

熙宁三年（1070）三月，苏辙离京，到陈州（今河南淮阳）做州学教授去了。

不管是年纪轻、资历浅的苏轼、苏辙，还是为朝廷立下过汗马功劳的重臣韩琦、司马光、富弼等，都不能阻挡新法如火如荼地推行。

新法引发的巨大朝局震荡，导致后宫里的人也坐不住了。神宗的祖母——仁宗之妻曹后，神宗的母亲——英宗之妻高后，及神宗的皇后，纷纷泣谏，要求停止变法。

但这依旧挡不住君臣二人变法的脚步。

环顾朝堂四周，新旧两党的力量已经明显失衡。神宗和王安石，在把反对者压倒的同时，也把原本应该团结的支持者一律排除在外。得不到朝中重臣的支持，王安石便起用了一批新进官僚，如吕惠卿等，这是一帮欲借新法来为自己谋前途的投机之流。因急于推行新法，对于这些人的人品道德，王安石统统不管，只要他们支持就行。正是在这些人的推波助澜下，新法原本就存在的弊端愈演愈烈，原本的良法美意遂变成荼毒百姓的可怕工具。

面对如此巨大的革新风暴，苏轼也曾犹豫过，但他不会退缩。哪怕满朝只有一种声音，哪怕对手是位高权重的王安石，甚至是天子，他也要凭着良知一搏。彼时的苏轼，人微言轻，有的只有一腔爱国爱民的热忱和无畏向前的勇气。

鉴于科举选拔人才的种种弊端，王安石上台主持变法后，亦向科举制开刀，决定罢去诗赋明经诸科，以经义、策论为主，同时计划兴办学校，由学校代替科举培养人才。

科举取士，为国选拔人才，自唐已始，现要变科举、兴学校，王安石这一步迈得实在太大了，连神宗都犹豫了。他召令馆阁学士参与讨论，集思广益。

苏轼响应号召，坚决反对王安石此举。疏状呈到神宗的案前，神宗边读边忍不住赞叹，决定召见苏轼。

彼时，苏轼回朝才三个月，即被皇帝单独召对。苏轼是满心忐忑地去见神宗的，三个月来，他看过不少因反对新法而冒犯天颜遭严谴的官员。可那天的神宗，对他温言善语，苏轼悬着的心慢慢放松了下来。

“方今政令得失安在？虽朕过失，指陈可也。”面对神宗满眼的期待，苏轼的心里涌起一阵难言的感动。数年前，他在仁宗面前慷慨陈词，奉上策论文章，为的就是能为朝廷分忧。而今天子有着生而知之的禀赋，正是臣民之幸、国之幸。然而，他还是太年轻了。年轻的好处是有勇气、有锐气，缺点是太过急于求成。

“陛下生知之性，天纵文武，不患不明，不患不勤，不患不断，但患求治太速，进人太锐，听言太广。愿镇以安静，待物之来，然后应之。”苏轼的这番话，虽听起来温和，却是绵里藏针，把神宗在推行新法过程中的一些过失直言不讳地指了出来。

变法以来，尽管有不少元老重臣劝谏神宗，但这么直截了当地讲出来的，苏轼还是第一人。神宗的脸也禁不住微微变色，但他不恼，而是陷入深思。苏轼的这番话，对他的震动实在太大了。他是否真的太过急于求变了？

“卿三言，朕当熟思之。凡在馆阁，皆当为朕深思治乱，无有所隐。”神宗这番温煦有加的鼓励，让苏轼激动不已。退朝之后，他的心情仍然久久不能平复。年轻的皇帝，并非众人所讲，一意孤行不听劝谏，国家之复兴，大有希望了。

当苏轼大步迈向神宗的御座前，王安石的目光里充满了莫名的忧虑与火光。他原本没有把这个年轻人当回事，不过当他是一个爱发议论的毛头小子。可从现在的形势来看，这个年轻人实在不容小觑，神宗单独召对，后宫的太后娘娘们也喜欢他，就连已经逝去的英宗也曾不止一次地夸赞苏轼于人前。

王安石不是心胸狭窄之人，对苏轼的担忧、嫉妒，与狭隘的个人情感没有任何关系，只是苏轼的话分量如此之重，实在出乎他的意料。皇上听进了苏轼的谏言，满朝文武中欣赏苏轼文辞的也大有人在。这样的苏轼，偏偏站在了他的对立面。他隐隐预感到，苏轼将是继司马光之后又一个强有力的对手。他不得不防。

神宗与苏轼的君臣会晤，让王安石很是不开心，但他到底还是会错了神宗之意。神宗是把私心置于公事之后的，他虽欣赏苏轼的直言敢谏，但苏轼所谏，与新法相背，他不会采纳的。

虽然神宗并没有采纳苏轼的建议，但那次单独的召对还是给神宗留下了极好的印象。时隔不久，朝廷欲成立编修中书条例司，以改变以往官吏办事效率低下的弊端。神宗一下子就想到了苏轼，在征求王安石的意见时，王安石明确地表示了反对，称苏轼与他的所学及议论素有歧异，不宜担当此任。

神宗依旧不死心，又提出要任用苏轼修《起居注》。苏轼刚自凤翔还朝时，英宗也曾起意，但是被韩琦挡住了。这一次，阻拦的人是王安石。这一最为接近皇帝的侍从近臣之位，无论韩琦还是王安石，都不愿意拱手让给苏轼。在他们的眼里，以苏轼的资历，还远远不够坐上那个位置。韩琦当年说得还算委婉，说苏轼资历尚浅，放诸重位怕不能服众。王安石则说："若省府推判官有阙，亦宜用，但方是通判资序，岂可使令修注？"直接否定了皇帝。

苏轼再次与那个最接近天子的职位擦肩而过。不过，他似乎并不在意。他有求功名之心，却无追利禄之意，最终神宗给了他一个以殿中丞、直史馆判官告院权开封府推官的官职。对于朝廷此项安排，他亦欣然接受。

开封府推官，虽还在京城任职，但远离了皇帝的视线，并且各种地方行政事务繁杂，苏轼再无精力与余力在皇帝面前乱讲乱说了。这是王安石的深意，苏轼也懂。

## 四、上书惹祸，离京赴杭

时间到了熙宁二年(1069)年末，那是英宗去世、神宗即位之后的第三个上元节。这个上元节，非比往常。前两年，因为是国丧期，不宜举行盛大的庆祝活动。此时国丧已过，神宗欲借这个机会在宫中举行一场大型赏灯会，与臣民同庆，也向祖母和母亲好好表示一下孝心。

“东风夜放花千树。更吹落，星如雨。宝马雕车香满路。凤箫声动，玉壶光转，一夜鱼龙舞。”晚苏轼一个多世纪出生的辛弃疾，在他的词作中把元宵节的绚烂华丽描写到极致。

神宗时还没有这么奢侈，那时宫内的嫔妃只能在元宵节之夜登上宫中的高楼，望着远远的一片灯火，遥遥感受一下那份来自民间的节日气氛。神宗决定在元宵节给她们一个惊喜。他下诏令，让内使购买四千余盏当时最好的浙灯，在宫中各处悬挂。

购买花灯的任务刚好分派到开封府。购置浙灯的费用报上来，好大一笔，神宗嫌太贵了，但灯不能不挂，只能再下诏令——减价购买。

如此，国家的费用是减下来了，靠做灯卖灯生活的灯商却不乐意了。那是损百姓利益以谋国家之私。见此，苏轼又坐不住了，上书《谏买浙灯状》，对神宗温言相谏。

一语点醒梦中人，这一次，神宗听取了苏轼的建议，立即收回前命。

宋朝前后共有十八位皇帝，神宗应算颇有作为的明君。他也并非不能听取臣下的意见，但要分什么事。苏轼眼看着一个个国老重臣因为反对变法无奈离朝，心里非常难受，他管不住自己的笔和口，遇事无法让自己的眼睛不看、耳朵不闻。

神宗高坐于九重宫阙内，他看到的只是一份份激动人心的改革方案，却听不到来自千家万户的哭声。苏轼不一样，为民请命，是他的天职。这一次，苏轼决定好好向神宗谏言一番。

十二月，一封长八千余字的《上皇帝书》，赫然摆在神宗面前。

这是一封措辞激烈的谏言，若落在心胸狭隘的君主或暴君的手中，等待苏轼的或许只有一死。

神宗终究是一位明君，他只是不予理会，当作什么也没发生。

熙宁三年（1070）春，吕惠卿奉命主掌贡举考试，苏轼为编排官。神宗下诏殿试只考策问。

天子御试，不用诗赋，专考策问。揣摩主考官的心思，历朝历代的应试者莫不如此。当时新法正火热推进，很多考生都知道吕惠卿是王安石面前的红人。有一个叫叶祖洽的考生，竟公然在考卷上写道："祖宗以来至于今，纪纲法度，苟简因循而不举者，诚不为少。""与忠智豪杰之臣合谋，而鼎新之。"苏轼看到，当即要将此卷黜落，诋毁祖宗以谄媚时君，此等品行低下之人，如何引领士林？吕惠卿却大笔一挥，将该生擢为第一。

苏轼大为气愤，甚至向神宗直言大宋面临的是"乘轻车，驭骏马，冒险夜行，而仆夫又从后鞭之"的危险局面，劝诫神宗说："臣愿陛下解辔秣马，以须东方之明，而徐行于九轨之道，甚未晚也。"

就算神宗英明大度，面对这样的直谏，也难免不满。

其实，在上奏疏之前，苏轼已经预料到这样的结果。他自知人微言轻，说话行事根本改变不了眼前大局，但他还是希望朝中那些有发言权的重臣能站出来。

他去找曾公亮，希望他仗义执言，救民于水火。

无奈曾公亮在王安石变法之初曾公开表示大力支持，现在虽也意识到新法之弊，却不能自己打自己的嘴巴，只能装聋作哑。

他对苏轼说："上与介甫如一人，此乃天也。"

天意难违。天子之意也难违。

环顾四周，越来越多的朋友因反对新法被外放。一次又一次的话别，让苏轼的情绪越来越低落。

距上奏《上皇帝书》已过去一月有余，没有任何动静，于是苏轼继续上疏，几乎是痛心疾首地说道："今日之政，小用则小败，大用则大败，若力行而不已，则乱亡随之。"

这两番上疏，哪里是不吐不快，简直是生死不顾。苏轼不知道，几百年之后，像他一样的文人士子们，因为一句诗、一句话，甚至一个字就可招来杀身之祸。若生在那样的朝代，纵苏轼项上有几颗脑袋，怕也不够砍。神宗对臣子的宽容，在历代皇帝中并不多见。

一再上书神宗，面对全面推展开来的新法，面对有着"雷霆之威"的天子、"虎狼之怒"的王安石，苏轼直陈其失，无所畏惧。他的那份勇气，连前辈司马光都深感敬佩。

但正如曾公亮曾对苏轼慨叹的那样，天子与王安石现在如同一人，神宗对王安石已经到了言听计从的程度。广开言路，兼听则明，对于一位帝王来说，原本是好事。但凡事过犹不及。在苏轼、范纯仁等朝臣看来，神宗听言太广了。为了更多地寻求新法的支持者，王安石不断地把那些追随他的地方官带到神宗面前。对于他们的建议与意见，神宗皆虚心听取。

王安石一面不断把鼓吹新法的人带到神宗面前，一面又深恐年轻的帝王听信反对派的劝谏，他不断劝说神宗，在推行新政过程中要独断。一个独断的君主，一个深获君主专宠的大臣，一君一臣，控制了当时的整个朝局。他们听不进任何人的劝谏，也不去看满朝老臣眼中的忧虑与担心。

那些吃透神宗与王安石心思的投机之士，也趁机挖空心思地往他们身边靠拢。

为了攀附王安石，淮南转运使谢景温将自己的妹妹嫁给了王安石的弟弟王安礼，王安石遂举荐他为工部郎中兼侍御史知杂事。谢景温顺理成章地进了京，姻亲则使他与王安石亲上加亲，他一上任即成为王安石的鹰犬助手。

神宗希望广开言路，于是不断地在朝臣中物色谏官，让翰林学士范镇举荐合适人选。范镇举荐了苏轼，这让王安石深感不安。苏轼是新法推行路上的一块顽石，本就极难对付，若再让他坐上谏官之位，恐怕会如脱缰的烈马难以收束。倒不如先发制人，找个借口把他打压下去。

王安石的深意，谢景温领会了，他很快就抓了苏轼的一个短，上奏称治平三年（1066），苏轼与弟弟苏辙扶柩回蜀丁父忧，沿途妄冒名义差借兵卒，并于所乘舟中贩运私盐。

这当然纯粹是对苏轼的诬陷，乃无中生有之事，但谢景温把文章做得很足，动静很大。

神宗原本就已对苏轼有了不满，现在又出这样的事，他立即下诏，令江淮发运、湖北运司逮捕当时的篙工、水师，严厉查问。连苏轼沿途经过的各州县也收到了查询公文。更为过分的是，查到时任天章阁待制的李师中时，谢景温甚至无耻地要求他出来做伪证。

一时之间，苏轼的这个案子在京城内外闹得沸沸扬扬。对于这片平地涌起的黑云，苏轼不是完全没有准备。他早有预料，对新法的抨击，迟早会给他带来麻烦。但他万万没有想到，会是以这样龌龊的借口与方式。

百口莫辩时不如不辩，沉默有时就是最好的回击。苏轼表面上很平静，日子如常，心底早已风起浪涌，百味俱生。回首十年前，他和弟弟服完母丧重返京城，自此步入仕途。十年来，他自京师至凤翔，又自凤翔还京师，满怀抱负理想，却被现实一次次击打得七零八落。而今，面对进行得火热的新法，他比任何时候都更加忧心如焚。在上天子书中，他不过尽一位臣子的本分，直陈心底看法，却换来这样的结局。

面对谢景温等小人罗织的百般罪名，苏轼不辩，也无从争辩。他不辩，朝中仍不乏为他打抱不平者。

被强迫做伪证的李师中曾在史馆与苏轼共事，他如苏轼一样，做事一向光明磊落，怎会做违心之事？

彼时，因为反对王安石变法，也因为对朝政失望，司马光正在力求外放。神宗与他谈及苏轼时，流露出对苏轼的极度不满之感："苏轼非佳士，……韩琦赠银三百两而不受，乃贩盐及苏木、瓷器。"

神宗的一番话惹恼了司马光，于是他起而为苏轼辩护："凡人当察其情，轼贩鬻之利，岂能及所赠之银乎？安石恶轼，以姻家谢景温为鹰犬，使力攻之，臣焉能自保？不可不去也。”

一代名臣范镇，亦是铁骨铮铮，他上疏神宗，为苏轼据理力争。他说：“轼治平中，父死京师……先帝嘉其意，赠其父光禄寺丞，又敕诸路应副人船。是时，韩琦亦与之银三百两，欧阳修与之银二百两，皆辞不受。轼之风节，亦可概见矣。今言者以为多差人船贩私盐，是厚污也……”闻范镇此言，神宗一时语塞。

然而，彼时的神宗已听不进任何反对新法的声音。范镇与司马光对苏轼的辩护，倒加深了神宗对苏轼的成见。

此前，朝廷举办贤良方正制科，范镇举荐台州司户参军孔文仲对策，文仲写下九千余字的策言，力论新法不当。王安石大怒，请神宗御批不予录用，令以原官回任。

论青苗法不见听，连荐苏轼、孔文仲也不被用，反倒任用李定这等不认生母的道德沦丧之人，为之罢舍人，逐台谏。范镇对眼下的朝政失望透顶，他以“臣言不行，无颜复立于朝”为由，坚决请求致仕。

司马光在这年也以端明殿学士出知永兴军，数月后改判西京留台，退居洛阳。现在的朝廷是变法者的天下，神宗唯信王安石。而眼下的王安石，评人论事的标准只有一个——支持变法者是忠良，反对变法者为奸佞。

对于这样的朝局，苏轼很难不失望。他也决定效仿前辈，坚决求去。

一次又一次面对朝中元老重臣决然离去，神宗有很多的不舍与不忍，也曾一次又一次地温言相留。无奈在变法与不变法之间，君与臣找不到一条折中之路。面对苏轼递上来的外放请求，神宗也是同样的心情。对苏轼，神宗是既爱又恨。

苏轼终归去意已决，神宗只能忍痛提笔：“与知州差遣。”

苏轼自签判凤翔，至今十年，从地方官到京官，经十年的磨砺，他已有足够的资格任知州。中书省却强行驳回，改为通判颍州（今安徽阜阳）。神宗只得退而求其次，既然做通判，就让苏轼到东南第一大都会的杭州去做——那里的通判之职与一般知州算是同一级别。

杭州通判，遂成了苏轼仕途中又一重要驿站。

熙宁四年（1071）七月，苏轼携一家老小乘船离京。

陈州，成为苏轼出京后的第一站。

这几年在京中官场摸爬滚打，苏轼犹如一位持剑的侠义勇士，上敢犯天威，下与群小争，落得个身心俱疲。如今离开重重皇城宫阙，恰如鸟儿离笼、鱼儿脱钩，苏轼暂把所有的不如意都抛诸脑后。

在陈州，苏轼待了足足七十多天。直到九月间，兄弟俩才相偕同往颍州，一起拜谒致仕闲居在此的欧阳修。

欧阳修，一生辅翼国政，改革文风，振兴文化事业，提携后进，可谓呕心沥血。其文章风节，莫不深孚众望。可欧阳修一生历经忧患，屡遭小人污蔑，英宗治平年间，欧阳修连遭攻击，其门生蒋之奇竟造作“帷薄不修”的蜚语，言他与自家外甥女通奸。欧阳修自此心灰意冷，治平四年（1067）出知亳州后，先后多次上书求去，神宗熙宁四年（1071），终得所愿，退居颍州。

这一年，欧阳修六十五岁，苏轼三十六岁。

师生二人，已数年未见。再相见，彼此心底都有说不出的万端感慨。琴一张，棋一局，酒一壶，书一万卷，金石遗文一千卷，加一老翁，刚好六一，那个自号“六一居士”，“醉翁之意不在酒”的潇洒太守，而今已是一位头发花白、背驮齿落的迟暮老人。他双耳患严重的重听，终年牙痛，原本就深度近视的双眼，现近乎失明，加上身患消渴疾（即糖尿病），整个人瘦骨伶仃，简直如槁木一般。

其实，苏轼也好不到哪里去，才三十六岁，已满面尘霜，半头白发。

苏轼两兄弟的到来，让欧阳修特别开心。欧阳修带他们游览颍州西湖，于湖上饮酒赋诗，畅谈终日。

在颍州逗留数天后，师生三人就此作别。苏轼继续南行，苏辙回陈州。

那是师生此生最后一次相见。

第二年，熙宁五年（1072）闰七月二十三日，欧阳修在颍州溘然长逝。彼时，苏轼已在杭州任上，因公务无法脱身，只能遥寄哀思。此是后话。

辞别弟弟与老师，苏轼一家自颍州入淮，一路南下。

一路走走停停，游览山水，也拜访一些沿途故友。熙宁四年（1071）十一月二十八日，经过半年的长途跋涉，苏轼一家终于抵达杭州。离京时尚是酷热难当的七月，如今已是天寒地冻的冬日。

苏轼的人生，也将在这里掀开全新的一页。

第三章

# 杭州岁月

## 一、湖山之美，心中之苦

杭州占尽地利之便，土壤肥沃，物产丰饶。杭州亦曾占尽天时之利，虽开发较晚，却偏安东南，极少遭受战乱的侵扰。至宋代，杭州已发展为东南一大繁华都会，成为东南地区的经济中心和文化中心，其盛景虽比不上都城汴梁，但也是当时帝王臣民心中的风景胜地。

嘉祐二年（1057），年轻的苏轼正在蜀中老家服母丧，他的一位前辈梅挚被派往杭州任太守。仁宗亲自赋诗一首，为这位爱臣送行。

诗首联即曰："地有吴山美，东南第一州。"

天子一言，为杭州定评。

梅挚感念仁宗"地有吴山美"之赞，认为是杭人之荣，便于吴山造了一座有美堂，并邀请欧阳修作《有美堂记》。

苏轼拜访欧阳修时，欧阳修曾与他谈起杭州，并在临别之时将僧人惠勤介绍给了苏轼，说“惠勤甚文，而长于诗”。如果苏轼在杭州湖山之间求友不得，不妨去拜访惠勤。

抵杭后，来不及卸下满身的风尘劳累，苏轼就匆匆踏上前往西湖孤山的路，去访问惠勤、惠思二僧。

西湖孤山，闻其名便知其意，乃一座耸立于西湖之中的面积极大的岛屿。孤山四周碧波环绕，山间林木繁茂，亭台楼阁错落有致，早在唐朝就已闻名遐迩。

十二月的杭州，已进入寒冷的冬季。那是一个将雪未雪的日子，苏轼怀着激动的心情，乘船前往孤山。天阴欲雪，云脚低垂，站在西湖边上，遥望耸立湖中的孤山，但见云雾缭绕处，苍松翠柏间，亭台楼阁，若隐若现，宛如蓬莱仙境。

那天，苏轼如愿见到惠勤、惠思二僧。两位身披粗布僧衣的寺僧，听说苏轼是故人欧阳修的弟子，格外热情。纸窗竹屋，主客三人，静坐蒲团，抵掌而谈，直到天色很晚，在同行的仆人不断催促下，苏轼才恋恋不舍地下山。

告别孤山二僧，踏上回程的路，回望云烟四合的深处，哪里还有二僧的影子，但见野鹘在天际间盘旋，一种似真似幻的感觉深深摄住了苏轼的心。

孤山一行，于此时的苏轼来说，不过一个恬静而短暂的梦。

其时，青苗法、募役法、市易法等诸项新法，均已在东南诸地颁布实施，而极为讽刺的是，他这个在朝中极力反对新法的人，现在却摇身一变，成了新法的执行者。通判要辅佐知州处理地方各项政事，眼下各地政务的重中之重便是推行新法。

州府里，录囚决狱是通判的职责。曾经极言青苗之害的苏轼，现在亲眼见证当初的预言变成现实——青苗法给百姓带来的是无尽的灾难与牢狱之灾。他们被强行摊派，逾期还不上，又被追捕、严刑拷打。苏轼到任杭州，喘息未定即穿好官服，走上朝堂，去为堂下那些哭号的百姓签署无情的判词。

这年除夕，是苏轼一家来杭州之后的第一个除夕，也是让苏轼五味杂陈的一个除夕。按照旧例，除夕这天要将狱中所有囚犯一一点名，这也是通判的职责所在。

除夕之夜，万家团圆，苏轼多想早早处理完公事，回去陪家人过节，可眼下官府监狱里人满为患，从早到晚，他都在忙着对那些锒铛入狱的犯人一一点名做记录。

那些犯人中，有因欠青苗贷而被捕的，有因生活所迫铤而走险贩卖私盐的……在苏轼的眼里，他们都不过是被现实逼上绝路的人。

回首初入京都，天子御前的壮志凌云，那时他哪里会想到，自己有一天竟然也会为区区五斗米而折腰，不仅要向新法强权派俯首称臣，还将自己的理想封存搁置。

初至杭州的这段时间，苏轼脸上鲜有笑容。他整天所要面对的，不是满脸哀愁的劳苦百姓，就是开口新法闭口新法的俗吏同僚。除了杭州太守沈立，苏轼几乎找不到可以共话之人。身在官场，虚与委蛇在所难免，强装笑颜，口是心非，于苏轼来说实是一种痛苦。

天下苍苍，人海茫茫，能理解苏轼此时心中之苦的又有几个？

熙宁五年（1072）三月，正是杭州繁花锦簇的季节，苏轼也迎来了到杭州之后的第一场盛会——牡丹花会。

牡丹花开时节，洛阳年年举办牡丹花会，竟至万人空巷。此风由北及南，波及杭州。杭州安国坊（今杭州众安桥一带）吉祥寺内，种植牡丹千株，品种达上百种。每年花开，吉祥寺即成杭州人游览赏花的绝佳去处。

苏轼自从来到杭州，日日为衙门公务所缠，愁眉紧锁，太守沈立决定趁这次花会让苏轼好好放松一下。

那天天公亦作美，晴天丽日，惠风和煦，沈太守早早嘱人在吉祥寺置备下酒席丝竹。千万朵繁花，如千丈丽锦铺展在吉祥寺，摩肩接踵的游人，头戴牡丹，襟插牡丹，在花间流连徜徉。含笑带露的牡丹花，被置于金盘与彩篮中，更显富丽堂皇。

花香阵阵如潮涌，鼓乐声声如春雷，苏轼第一次在杭州看到如此官民同乐的盛景。

那天，苏轼真的喝醉了，醉得东倒西歪，走不成道。直到很晚，他才和沈太守一行人从吉祥寺归来。

曲终人散，扶头酒醒，一股难言的惆怅又涌上心头。人花两相看，花娇人已老。苏轼这年不过三十七岁，可他觉得自己的鬓间心上，都已布满华霜。

在同游吉祥寺赏牡丹后不久，沈太守就被调至京城，由陈襄移知杭州。幸运的是，陈太守与沈立一样，皆是勤政爱民的好官，与苏轼脾性颇为相合。

陈襄，字述古，侯官（今福建福州）人，进士及第后，历知县事，公正廉明，知人善荐。任京官期间，他竭力反对王安石变法，先是被从知谏院改为直学士院，又被外放知陈州，不到一年，又由陈州至杭州。

苏轼对陈襄一向敬重，此次杭州重聚，且成为朝夕相处的同僚，二人之间，唱和往还，即成寻常事。

时间来到八月，杭州举行乡试，苏轼受命主持。

前一年的二月朝廷正式罢明经诸科，改变以诗赋取士的做法，而将考试的重点放在儒学经义上。在这项改革提出之初，苏轼就曾明确反对，神宗也曾对此犹豫不决，但最终还是依从王安石全面推行。现在，苏轼却要亲临闱场，对那些应试举子们进行选拔。

闱场设于凤凰山中和堂的望海楼。八月时节，正值钱塘江秋潮，苏轼日日于望海楼上品茗观潮。雄壮的钱塘江秋色，与西湖之景大不相同，令苏轼极为难忘。

乡贡进士试，按照以往惯例，八月十五即可出榜。可这年的考生特别多，试官们挥汗如雨地埋头批阅，案头的考卷还是堆积如山。如期放榜已是不可能，想到放榜日考生们都翘首引颈站在试院大门外等候，又想着不能错过八月十八日的大潮，苏轼和同僚们只能挑灯夜战。如此，至八月十七日，终于顺利放榜。

对于此次乡试结果，外评颇佳。苏轼却丝毫高兴不起来，放榜之日，他独自登上望海楼，饮酒赋诗，聊以解闷。

那样的考试，又能为国家选拔出什么样的人才？真正的人才，却有可能被埋没在那些庸才俗士之间。

忙完乡试事务，苏轼回到府衙，面对的又是一堆推不开的公务。彼时，各项新法正陆续颁行天下，浙西各地，除青苗法、免役法、市易法等，还须推行水利法与盐法。

无论穷富贵贱，盐在百姓的生活中都有不可替代的位置。对于贫苦百姓来说，可以食无肉，可以居无室，然而不能一日无盐。盐税也就成了历朝历代政府重要的税源。尤其在宋代，盐一直由政府专控，在国家财政收入中占有极大的比重。

为了加强对盐税的管控，政府在食盐的主要产地江南遍设榷场，统一购销。由于政府开出的收购价格较低，以盐业为生的百姓贫困不堪。为生计，有些人不惜铤而走险，贩卖私盐。为此，政府又制定了严苛的盐法，如有违犯，立即流配。无力抵抗官府的小民，只好置刀备杖，联手结成数百人的盐枭集团，武装贩运私盐，这势必影响国家的财政收入。

熙宁五年（1072），新法在杭州、越州（今浙江绍兴）、湖州等地大力推行，却得到两浙发运使执行新法不力的报告，称杭、越、湖三地不行新法，盐的公卖收益不足。朝廷闻报，于当年二月即派卢秉提举两浙盐事。

卢秉受王安石赏识，重用于条例司，自是忠心耿耿地助王安石推行新法。由他制定的《卢秉盐法》，名义上是为振兴盐业，改善盐民生活，实际不过酷刑厉罚，杜绝私贩。

卢秉奉诏前来两浙，督导盐务。到任伊始，就显示出他干练的政治做派与铁血手腕。他一边调派兵士到杭、越、湖三地，加强对私盐的管控；一边以新盐法计算历年来盐户的亏短，以刑罚大力追缴。新账旧账一起算，让原本就在贫困线上挣扎的百姓更加走投无路。

眼睁睁地看着万千百姓在盐吏们的追缴驱赶之下，苟延残喘，命如草芥，苏轼的心在流血。可身为大宋朝的一名小吏，他身不由己，一次次被动地加入政府督导盐事的行列。

杭州仁和县的汤村有一赭山岩门盐场，卢秉到任后，决定在该村开凿一条运盐河，将盐外运。前往工地督导工程的任务，落到了苏轼的身上。

开河役夫皆从当地农民中征召。让百姓放下繁忙的田事开凿运盐河，在苏轼看来，本就属扰民之事；加之天公不作美，整日淫雨不止，道路泥泞不堪，浑身被淋得透湿的千名役夫，简直如栏圈中的猪鸭。

可苏轼又能好到哪里去？白天心急火燎地赶往工地，夜晚却要寄宿在当地的水陆寺里，听着雨声入眠。他与那些在泥泞中滚爬的差役又有什么差别？不过都是为了一口活命的饭。

人人都知苏轼豪迈豁达，不过那是后来的苏轼，是黄州长江岸边的苏轼，是惠州白鹤峰下的苏轼，是儋州与当地民众打成一片的苏轼。此时的苏轼，杭州通判苏轼，还没有经过油浇火烧般的磨炼，还没修炼到能自我开解的豁达境界。

因为严苛的盐法，百姓三月不知盐味，有些人不得不干起卖牛买刀、贩运私盐的勾当，而那些得了政府青苗钱的年轻人又怎么样呢？他们并没有把这些钱用于生产，发家致富，而是贪恋生活的安逸，钱一到手，便进了城，流连于赌场与酒肆之间，直至把钱财挥霍殆尽。

那样的现实，让苏轼觉得羞愧忧愁，他觉得自己正在沦为帮凶。于是他又忍不住写诗了，而且还写了不少。

来杭州任通判之前，文同说："北客若来休问事，西湖虽好莫吟诗。"苏轼把表哥的深情厚谊铭刻进心里，却把表哥的叮嘱当成了一阵风。

在杭州上天竺，有座灵感观音院，是五代时钱俶所建。宋仁宗时，因祈雨有应，赐名"灵感观音院"，以祀观音菩萨。麦子将熟时节，苏轼于雨中游灵感观音院。面对观中高高端坐于上的观音菩萨，苏轼曾赋诗曰：

蚕欲老，麦半黄。山前山后水浪浪！

农夫辍耒女废筐，白衣仙人在高堂！

此时，青苗法正在江南大力推行，这首小诗看似是对菩萨的嘲讽，实际是将对新法及推行新法的那些封建官吏的不满暗含其中，讽刺意味含而不露。

身为东南一大州的通判，苏轼与百姓接触得太多了，狱中问囚、督导盐务……他听过太多的哭诉，无法做到像表哥说的那样装聋作哑"莫吟诗"。做不了百姓的庇护人，至少可以做他们的代言人。他希望那些来自田间的哭声，能传到九重之内。

可这些表达对百姓的同情、对新法的不满的诗，在后来的乌台诗案中，竟成了扳倒他的罪证。

## 二、考察水利，萌生退意

熙宁五年（1072）冬，苏轼处理完盐事后回杭不久，又被漕司派往湖州，视察新筑的堤岸工程。

苏轼来湖州之前，心里已经有些抵触。他不精通水利，却看得清楚，所谓的筑堤防水，不过是权宜之计，解决不了根本问题。若遇长期大雨，什么样的堤坝都挡不住上漫的湖水。

湖州知州孙觉，字莘老，江苏高邮人。他是黄庭坚岳父，曾问学于陈襄。熙宁三年（1070），因与王安石意见相左，徙湖州。

在京时，苏轼即与孙觉往来频繁，这次苏轼来湖州公干，孙觉是故交加东道主，遂备下盛大的酒席款待。两人皆知彼此脾性，怕酒入愁肠，又要大发感慨，故在酒宴开始之前即做了一个约定：只喝酒，不谈时事，违者罚酒。

苏轼来杭州，孙觉来湖州，皆因对王安石新法不满。从京城来到地方，所见所闻更是让人心灰意冷，莫如别辜负眼前的青山与美酒，喝个一醉方休。

洞庭湖的橘子、顾渚山的紫笋茶、梅溪的带蒂木瓜、吴兴的脍鱼……在来湖州之前，苏轼已将湖州美食向老友如数家珍地念叨了一番。孙觉也热情，尽量满足老友的口腹之欲。

在孙觉的引荐下，苏轼在湖州又结识了几位志趣相投的朋友。也是因孙觉的介绍，苏轼第一次听说黄庭坚这个名字，尽管此时距离他们见面定交还有几年，但黄庭坚的为人与才华已深入苏轼心间。

与朋友相交，自然舒心，可离开朋友，走向田间，目光落在那些凄苦的百姓身上，忧虑又重聚苏轼的心头，而他要为民代言的责任感与使命感，也再次不顾一切地升上心头。

苏轼来湖州这一年，太湖地区秋雨成灾，致使要熟的粳稻根本无法开镰收获。苏轼眼见大片金黄的稻子卧于泥水中，绝望的农妇在田中欲哭无泪。对农妇的同情、对新法的强烈不满，让苏轼把朋友们的警告抛诸脑后，他的爱憎情绪悉数倾注于那首著名的农事诗《吴中田妇叹》中：

今年粳稻熟苦迟，庶见霜风来几时。
霜风来时雨如泻，杷头出菌镰生衣。
眼枯泪尽雨不尽，忍见黄穗卧青泥！
茅苫一月陇上宿，天晴获稻随车归。

汗流肩赪载入市，价贱乞与如糠粞。
卖牛纳税拆屋炊，虑浅不及明年饥。
官今要钱不要米，西北万里招羌儿。
龚黄满朝人更苦，不如却作河伯妇。

春播秋收，一年辛苦，却被凄风苦雨悉数败坏。可风雨带来的灾难，不及虐政带来的危害。

对于王安石变法，历来众说纷纭。毁之者认为王安石是北宋亡国的罪魁祸首，认为他在推行新法过程中用人不当，导致党争之祸起于宫墙，异族铁蹄肆无忌惮地践踏了繁华汴梁；大加赞赏者也大有人在，近代梁启超就高度赞扬王安石的变法改革。从历史角度来看，是利弊两分，变法的初衷是为了富国强兵，其中某些新法也确实对当时的社会发展有促进作用，但新法的弊端也不容忽视。

苏轼是一位伟大的艺术家，他的政治识见与经济策略，与王安石相比还是有差距的，他当时看到的，只是新法之害。提笔写诗作文，也就难免对新法进行讥讽。

熙宁六年（1073）正月下旬，苏轼巡按属邑富阳和新城两县。在富阳，自普照寺游东西二庵，他忍不住盛赞山景的清绝，却为庵中老僧一席话自嘲半天："居僧笑我恋清景，自厌山深出无计。我虽爱山亦自笑，独往神伤后难继。"

如果他能像寻常官吏那样，为官一任，只追求业绩，或者像那些违了良心、谎言连篇的官吏一样，只会向朝廷报喜邀功请赏，那走在初春的细雨里，就不会有痛苦在他的心底蔓延。

他想辞官了。

凡有心事，向弟弟倾吐；凡有要事，与弟弟相商。这么多年来，已经成了苏轼的习惯。苏辙年纪虽轻，亦无哥哥的纵横才气，可他沉稳，没有那么多不切实际的浪漫想法。

苏辙苦口婆心地劝慰哥哥，宦海风波险恶，令人百般不自在，可归隐山林就能远离忧愁吗？这无疑给苏轼浇了一盆冷水。

进无趣，退不能，苏轼还要在这个富有“江山风物之美”，却“风波险恶”的杭州待下去。

## 三、赈济之行，苦乐参半

熙宁六年（1073）秋，江、淮遭灾，言官罗拯上言朝廷，乞贷恤两浙、淮南东路。奉诏察访两浙的沈括亦上奏朝廷，言常、润二州岁旱民饥，请求朝廷赈济灾民。漕司奉诏，将去常、润一带放粮的任务交给了苏轼。

沈括与苏轼自此有了交集。

事实上，在来杭州前，沈括就已从神宗那里得到口谕：“苏轼通判杭州，卿其善遇之。”沈括表面上满口应承，私下里却对苏轼妒火中烧。后来，他利用私交之便向苏轼发起攻击。这属后话。

这年冬，苏轼自杭州启程，赴秀、苏、常、润一带赈济饥民。此次与他同行的还有柳瑾。

柳瑾，字子玉，进士及第，其子柳仲远娶苏轼堂妹小十二娘。是年，柳瑾往监安徽舒州灵仙观，刚好与苏轼同道。

天寒地冻，大雪纷飞，寂寞的旅途，因柳瑾的陪伴而倍增温暖。二人晓行夜宿，边走边游，留下不少佳作与佳话。临平僧舍，他们同访隐士陈烈；经秀州（今浙江嘉兴）而至无锡，饮钱道人捧出的用惠山泉水烹制的小龙团茶；登惠山绝顶，瞭望茫茫苍苍的太湖，听山上的松涛阵阵……

行行走走间，就到了岁末年底。这年除夕，苏轼独自在常州城外一小舟中度过。

佳节盼团圆，多少个家庭此时正围在热气腾腾的饭桌旁守岁共度，而陪伴苏轼的只有一床冰冷似铁的被衾，一豆飘忽不定的昏黄灯火，江面上的寒风，鬼哭狼嚎一样从黑夜深处涌来，愈发加重苏轼心中的悲凉。回首自己来杭州的三载，几乎大部分时间都在途中漂泊，这样的人生又有什么意义？而这样的漂泊，何时才是尽头？

这一夜，苏轼辗转反侧，竟至通宵未眠。过去三十八年生命历程中，那种漂泊无寄的感觉，在这个除夕之夜达到巅峰。

常州公务结束，他要继续奔向润州（今江苏镇江）。至润州金山，到柳瑾家。

苏轼与堂妹小十二娘自小感情深厚，如今他乡遇亲人，苏轼的漂泊无依之感总算得以消解，柳家设宴，盛情款待。

润州一行，从正月至四月，乃苏轼此行中一段心情颇佳的旅程。他和好友柳瑾、刁景纯结伴游鹤林寺、招隐寺、金山寺，拜访僧人，踏青酬唱，置酒共醉，好不欢乐。

离杭时尚是大雪纷飞，眼下已是春老四月。苏轼漂泊在羁旅长途已有小半年光景，连在杭州的陈襄也有点坐不住了，催他早点回去。

苏轼何尝不想早点回去？他亦想念家人，还有杭州的老友们。

吉祥寺的牡丹花也应该开了吧，他实在不想错过。

苏轼于四月离开润州，五月至常州，然后到无锡，再经苏州，过吴江、秀州，等回到杭州交差时，已是炎炎六月，润常赈饥之行终于宣告完成。这是一次苦乐参半的行程，一路上，苏轼尝尽羁旅行役之苦不说，还眼见太多他不愿意看到的沉重现实。好在有沿途风光悦目，亦有故交新知慰藉疲惫的心灵。

作为一名不得不为食禄奔忙的朝廷小吏，苏轼是痛苦的；而当他面对大自然的山山水水，随意挥洒他的才情，为后世留下一首首佳作时，那又何尝不是他的幸运？

## 四、督导捕蝗，别友离杭

苏轼重返杭州，而好友陈襄已备好离别的酒。此前朝廷下诏，任命陈襄掌管应天府，而太守之位将由杨绘接替。

在杭州的两年多，陈襄与苏轼往来密切，他们政见相同，脾性情趣相投，常常于西湖的湖光山色间设宴饮酒，吟诗唱和。陈襄公务在外时，有时还会请苏轼权代知州事务；苏轼外出，陈襄频频寄诗催问。

此时，苏轼在杭州的三年任期也将满，上天似乎有意考验他，在他离杭之前，依然要让他忙碌一番。这年秋天，京东、河北两路发生蝗灾，自西北而来的飞蝗，如乌云一样遮蔽天日。飞蝗过处，草木稼禾被席卷一空，萧然之状惨不忍睹。于是，苏轼又被派往临安、于潜、新城一带，督导各县捕蝗。

他白日奔走在田间，检查蝗灾情况，晚上则挑灯夜战，与同僚们研究捕蝗的方法。如此高强度、连轴转的工作，让苏轼疲惫不堪。

熙宁七年（1074）的秋天，于苏轼来说，不但是忙碌的，更为秋风秋雨浓浓离情浸透。送走陈襄，迎来杨绘，再面临自己别杭，席间的酬唱总离不开一个“离”字。

从应天府任上调来杭州的杨绘，字元素，四川绵竹人，曾为御史中丞，深得神宗眷顾，后因极论新法之弊，渐失皇宠而遭外放。与陈襄、苏轼一样，杨绘也是个才子，好醇酒妇人，与苏轼极合得来。可惜他八月才到任，苏轼九月就接到朝廷诏诰，将去杭赴密州（今山东诸城）任。

九月二十日，苏轼前往西湖南北二山，与山中道友话别。那也是他此次在杭州任上最后一次畅游西湖。之后，苏轼离杭，杨绘因有事要去湖州，于是和苏轼同舟离杭，张先、陈舜俞则因约苏轼同访湖州太守李常，亦相偕同行。

一帮文人雅客，皆是大宋史上有名的才子，暂得闲情，相聚于湖州，又适逢李常生子做三朝，于府上大宴宾客分赠洗儿钱和玉果。热烈的场面，暂时冲淡了离愁。

这一年，以词名满天下的大词人张先已经八十五岁高龄，却是鹤发童颜，兴致比谁都高。他比苏轼大四十六岁，却与苏轼诗词往还，唱和不断，结成忘年之交。

湖州别过，杨绘将苏轼送至京口。杨绘、苏轼二人，皆从万山环抱的蜀中走来，奔赴京城，欲大展抱负，却都在现实面前频频碰壁。苏轼于朝中屡受群小攻击，无法立足。杨绘原本深膺帝眷，也因反对新法而遭冷落，飘零在外。

人生如萍，到处漂泊。

于杭州来说，苏轼只是一个匆匆过客。

于苏轼来说，杭州曾让他身陷俗务，却也留下太多值得回味的美好，那里的山水、僧侣、文朋诗友，甚至席间萍水相逢的红裙歌伎，在最后的离别时刻，都让苏轼忍不住举笔落纸，深情写上一笔。

苏轼在杭州通判任上，始有词作出现，到离杭赴密州任之前，更是创作了大量词篇。

而此年还有一件很重要的事：一个伶俐的小姑娘，以家伎身份进入苏府。她就是后来陪着苏轼走天涯的王朝云。

这一年，王朝云年仅十二岁，苏轼三十九岁。在苏轼的眼里，王朝云还是一个不谙世事的孩子。

## 第四章
# 漂泊三州

### 一、密州任上，身陷公务

苏轼在杭州三年任期满后，因弟弟苏辙在齐州（今山东济南）掌书记任，所以上章朝廷请求到山东当差，以便离弟弟更近一些。

熙宁七年（1074）九月，朝廷诰下，命苏轼以太常博士直史馆权知密州军州事。

自熙宁四年（1071）九月，兄弟二人在颍州分别，已是三年未见。按照苏轼的计划，他要经海州（今江苏连云港）绕道济南，先去看望弟弟一家，再由济南赴密州。无奈时令不等，待苏轼告别杭州北上时，北方已进入寒冬，从海州去济南必须要经过的青河已经冰封停航，苏轼只能直奔密州。

从山水江南，一路逶迤向北，江南的满目青翠，渐次退出苏轼的视野，取而代之的是裸露的原野和光秃秃的山石。尤其进入新任所密州之后，苏轼的心头更是升起一股难言的失落。

密州位于山东半岛西南端，西汉初年在此设东武县，隋朝时改称诸城，宋时改为密州。此地开发较早，文化、经济一度繁荣，但自经济重心转移到江南之后，其各方面的发展就远远落后于江南了。

寒冬时节的密州，寒风呼啸，尘沙扑面。苏轼携着一家老少，颠簸前行。虽是冬季农闲时节，苏轼却在途中不断看到百姓忙碌的身影。他们有人在深翻土层，有人在铲除路旁田间的野草并点火焚烧，细问之下才知道，原来这年秋天密州遭遇严重蝗灾，百姓在忙着将含有虫卵的土块埋入地底，把含有虫卵的草皮烧毁。

看着寒风中躬身忙碌的密州百姓，苏轼的心头升起难言的苦涩。他才在东南经历过一场蝗灾，来密州之前还在为灭蝗救灾而奔波，看来北方的蝗灾比东南还要严重许多。

眼前的萧瑟、行程的劳碌、与弟弟苏辙相望却不得相聚的无奈，无不让苏轼心凉。回首，当年那两个壮志凌云的少年已然远去，近二十年东漂西泊，崎岖世路皆走过，换回的却是一事无成。

十二月三日，苏轼抵密州任所。相较于通判之职，身为一州太守，苏轼有了更大的权力。苏轼来密州，第一紧要事是灭蝗救灾。沿途所见，早已让他心急如焚，他来不及在府衙安坐，便走向田间地头，走进村落农舍。调查的结果，比他途中所见更为严重。百姓告诉他，至今，捕杀的蝗虫已几近三万斛。

如此严重的灾情，当地的官吏却说“蝗不为灾”，甚至给出一个荒唐至极的理由，蝗虫来是“为民除草”。

苏轼知道，自新法推行以来，某些官吏为了献媚执政者，一味美化新法，但没想到他们竟如此不顾百姓死活，公然隐瞒灾情。到任二十多天后，苏轼便上奏朝廷，报告京东蝗灾的严重，请求朝廷减轻秋税，“或与倚阁青苗钱”以资救济。

蝗灾之外，还有旱情肆虐。密州临海多风，沟渠又不能留水，故常受干旱之苦。此时，地冷天寒，早已过了冬麦播种季节，即使勉强种下，麦苗也无法生长，与往年相比，十分之中只种得二三分，来年的收成基本无望。连年的蝗旱灾害，使得此地早已饿殍遍野，好多人只能靠吃草根树皮艰难度日。

苏轼一边上书论救，一边积极带领民众自救。由于从夏至冬长期干旱，蝗虫幼虫遍地滋生，如果放任自流，等来年春天气温回升，这些幼虫长成，将造成无法想象的灾难。所以，当务之急是赶在春暖之前将这些幼虫消灭干净。

在苏轼的发动与带动下，密州人民展开了一场轰轰烈烈的灭蝗运动。火烧、土埋，争取最大限度地减轻来年的蝗灾。为了激励群众更积极地投入灭蝗行动中来，苏轼专门拨出粮米，对积极灭蝗的群众进行奖励。

虽然捕蝗除害是地方官的职责，对这等关乎农业生产的大事，不应有丝毫马虎，但像苏轼这样为捕蝗累得人困马乏、精疲力竭的太守，还是难得一见。

为了汲取更多的捕蝗经验，苏轼常向当地有经验的老农请教。老农告诉他，从来旱蝗相连，大旱之后必有蝗灾，如果天降大雨，旱情解除，蝗虫自会消亡。这让苏轼想起自己在凤翔为百姓祈雨的经历，他决定再次焚香沐浴，为密州百姓祈雨。

熙宁八年（1075）四月，苏轼前往常山祈雨，求山神赐福，解救百姓。

然而，在巨大的天灾与落后的生产力前，这位为民所爱的太守有时也显得力不从心。尽管他全力率领民众进行抗灾自救，密州的百姓还是无可避免地陷入了饥荒。好多穷苦人家，吃不上、喝不上，只得含泪把亲生骨肉遗弃。每每看到那些尚在襁褓却被遗弃的婴孩，苏轼总是忍不住泪湿衣衫。

为了给这些孩子寻找稳妥的去处，苏轼大费周折。他设法从库中拨出数百石粮米，单独储存，又在各处张贴告示：凡愿意领养弃婴的家庭，每月可享受官府补助的六斗米。在当时饥荒蔓延的情形下，六斗米对于很多家庭来说，都是不小的诱惑。很多人家即是在这种诱惑下，前去领养弃婴。

苏轼来密州，除了要应对蝗灾旱饥等各种自然灾害，还有一个颇让他头疼的问题——缉盗。所谓“穷山恶水出刁民”，在长期的贫困无望中挣扎，孱弱者只得含泪抛儿弃女，强悍者则常常铤而走险，恃强抢劫。京东一带，原本就民风剽悍，遇上灾荒年景，更是盗贼蜂起。

苏轼自到任后就开始详细研读盗案，最终制定出悬赏缉盗的办法。其实，这种方法并非苏轼新创，而是原已有之。

依照旧法规定，赏金根据罪犯刑罚轻重有高有低，获判死刑者，可赏五十千文；获判流以下刑者，赏金减半，可得二十五千文。近年因州中连年遭灾，赏金都下降一等，很多人冒着生命危险缉盗，所得赏金却寥寥，这自然大大降低了人们缉盗的积极性，也加大了官府缉盗的难度。

对于悬赏缉盗，苏轼其实并不认可。他认为这并不能从根本上解决问题。民穷必反，眼下的当务之急，是宽政利民，给人民一条生路。然而，作为一介地方长官，苏轼手中的权力毕竟有限。他只能一再上书宰相韩绛，又给三朝元老文彦博写信，请求救助。

自从因反对新法被排挤出京，苏轼轻易不再公议朝政，忍无可忍之时，也只是写几首诗词，以婉曲达到为民请命的目的。这一次，上书韩绛、给文彦博写信，他也是心怀忐忑，言辞之中分外小心。

昔日遭人排挤的阴云仍在，苏轼来密州之后尽力谨慎，但当百姓的切身利益受损之时，他依旧毫不犹豫地挺身而出。在上书宰相韩绛时，除言蝗灾之害外，苏轼还说到手实法的流弊、方田均税法的祸患，并竭力反对拟议中将在京东榷盐的做法。

之前，熙宁七年（1074）四月，神宗迫于反对变法派的压力，罢去了王安石的相位，以平息众议，由韩绛接替相位。韩绛出身于官僚世家，对民间疾苦不像苏轼那般体会深刻，加之他性格懦弱，才具亦平平，得相位后只遵王安石新法遗规，以求稳定。而当时任参知政事的，是曾为王安石倚重的吕惠卿。吕惠卿原本就有着强烈的政治野心，大权在握后更是一意孤行，大力打击排挤他的对手。慢慢地，连韩绛也在朝中失去了发言权。

这年秋天，朝廷实施吕惠卿制订的手实法。

所谓手实法，即先由政府规定统一物价，令各户主自行填报家产，登入官方簿籍，再据其总值，课以五分之一的财产税。官府会要派人挨家挨户检点，一一对号入座，如有隐匿，一律没收。为了增加政府收入，还以赏金鼓励民众告发，很多中上之户，多被仇人检举，弄得家破人亡，人心惶惶，社会风气愈加败坏。

苏轼的这些上书，多如泥牛入海，几乎没起到什么作用。

面对强势的吕惠卿，苏轼的硬脾气又来了。身为一介地方官，倔起来的苏轼有时连朝廷的态度也不顾，而是依据自己的原则处置州中事务。对于新法中有害无益的，他拒不执行，新法中尚可接受的，酌情参量。

宋时设九司，属尚书省，分别办理各项事务。司农寺原职掌仓储、苑囿、库务之事，手实法推行后，司农寺仗势行权，竟私自行文各路，威胁地方政府，如不按时施行，将以违制论。

面对前来督促新法的提举常平官，苏轼拍案大怒，其刚烈之态，连一向蛮横的提举官也被惊到。

苏轼来密州，原本想与弟弟苏辙离得近些，没承想，不但弟弟没见到，自己还身陷更为繁重的公务之中，整日烦忧不断。如果仅是公务繁杂倒也还过得去，他更大的苦闷来自生活的清苦与精神的寂寞。

## 二、千古经典，成于密州

熙宁八年（1075）正月二十日这天，苏轼忽于梦中与亡妻相见，此时距王弗去世刚好十年。醒来后的苏轼伤感不已，只好借笔抒怀，这首凄恻缠绵的《江城子》，成了千古经典悼亡词：

> 十年生死两茫茫。不思量，自难忘。千里孤坟，无处话凄凉。纵使相逢应不识，尘满面，鬓如霜。
>
> 夜来幽梦忽还乡，小轩窗，正梳妆。相顾无言，惟有泪千行。料得年年肠断处，明月夜，短松冈。

这个在尘世中只陪苏轼走过十个年头的女子，倏忽已淡出苏轼的生命又十年。十年里，苏轼的生活发生了太多变化。因反对新法，在朝中频遭排挤打击，百不如意；到密州后，又遭逢凶年，整日忙于政务，生活上困苦到以杞菊为食。身边虽有继室闰之夫人和三个儿子绕膝，但那些苦闷烦恼又怎能随意说与人听？

当然，隐痛也只在一念之间。苏轼向来是一个善于自我解脱、善于享受当下美景乐事之人。

在密州，他全身心投入吏政之中，但闲暇时也会与朋友、同僚登山临水，探奇访胜。广泛的兴趣，让他在那方穷僻之地，再次把日子过得有滋有味，摇曳生姿。

这年秋，为答谢常山山神赐雨而重修的常山庙落成，苏轼亲自前往祭祀。归来途中，苏轼与同官梅户曹会猎于铁沟。

那是一次场面盛大的会猎。北方晴朗的秋空下，苏轼豪情满怀地骑马率众疾驰在密州的原野上。那天，苏轼暂放下所有的政事，卸下所有的烦恼，一心会猎。他时而扬鞭催马，时而搭弓远射，直到日落西山，才满载着收获的猎物回转。

那天的会猎，让苏轼找回了曾经的激情。

老夫聊发少年狂，左牵黄，右擎苍，锦帽貂裘，千骑卷平冈。为报倾城随太守，亲射虎，看孙郎。

酒酣胸胆尚开张，鬓微霜，又何妨。持节云中，何日遣冯唐？会挽雕弓如满月，西北望，射天狼。

如此壮志豪情，不仅因为会猎场面激烈盛大，恐怕也与当下的时事有关。就在这年七月，大宋与辽因疆界问题发生冲突，宋朝失地七百里。作为大宋朝的一份子，时刻关心国家、人民命运的苏轼，岂能置身事外，这次会猎中小试身手，恐怕也让他产生了欲上阵杀敌、收复失地之意吧。

这年冬天，一座旧亭台以新面目重新出现在密州城北，而这要归功于苏轼。到任后的第二年，苏轼便派人到安丘、高密等地砍伐木材，兴致盎然地修葺官舍与荒芜的庭园，而庭园之北一处废旧的亭台引起了他的注意。此处台基很高，台上四望，视野开阔，只要稍加修葺，即是登临眺望的休闲之处。

在苏轼的主持下，旧亭台很快被修葺一新，既高又稳，深广明亮，站在台上，不必受日晒雨淋之苦。此处南望是若隐若现的马耳山、常山，东望是郁郁苍苍的庐山，西望是隐然如城的穆陵关，向北俯瞰，烟波浩渺的潍河尽收眼底。雨雪之朝，风月之夕，约上三五好友，摘些新鲜园蔬，捕取池中游鱼，携上自酿的秫酒，于高台上听风吟雨潇，看月升月落，何等快乐！

苏轼把这份心情寄给在济南的弟弟，连苏辙也忍不住有些羡慕，给这个高台取了个新名字——超然台，并创作了一首《超然台赋》，而苏轼也欣然创作一篇《超然台记》。一座曾经湮没在密州城北荒草间的无名高台，自此走入史册。

时间一晃而过，转眼已到了熙宁九年（1076）八月十五，这是苏轼来密州之后过的第二个中秋节。

中秋月已两度圆，苏轼与弟弟仍未能见面。这一夜，苏轼置酒于超然台，与僚友举杯同乐。面对美酒明月，想着与弟弟同在齐鲁却不得相见，想着入仕以来的种种遭遇，苏轼喝得大醉，并为后世留下了公认的最好的中秋词——《水调歌头》。

明月几时有？把酒问青天。不知天上宫阙，今夕是何年。我欲乘风归去，又恐琼楼玉宇，高处不胜寒。起舞弄清影，何似在人间！

转朱阁，低绮户，照无眠。不应有恨，何事长向别时圆？人有悲欢离合，月有阴晴圆缺，此事古难全。但愿人长久，千里共婵娟。

密州，于苏轼的人生之旅来说，是不甚得意的一站；于他的创作来说，却是一处福地洞天，几首流传千古的词作，皆在密州诞生。

## 三、朝局再变，改知徐州

忙忙碌碌中，光阴流转，倏忽间两年已过。熙宁九年（1076）十一月，朝廷诰下：苏轼以祠部员外郎直史馆移知河中府（今山西永济蒲州）。

从湖山胜地到桑麻之野，又从密州被派到更荒凉的河中府，苏轼难免失落。彼时，密州已经进入严冬，大雪纷飞中，苏轼置酒会客于山堂。酒后感慨不已，他在给老友周开祖的信中说："某此无恙，已被旨移河中府，候替人，十二月上旬中行，相去益远矣。往日相从湖山之景，何缘复有？"

语淡而意深，落寞失意于书中隐然可现。

十二月中旬，孔宗翰抵任，苏轼也要离开了。同两年前于杭州依依不舍地离开一样，此次离开密州，苏轼的心情亦复杂难言，甚至比离开杭州之时更添几分沉重。

从密州一路向河中府，沿途入眼，屋斜墙倒，村落凋敝，尽是荒凉。这年除夕，苏轼一行行至潍州（今山东潍坊），刚好天降大雪，只好暂留此地，直到元日天放晴，才得继续前行。

熙宁十年（1077）正月，北方大地被朔风大雪弥漫。苏轼一家顶风冒雪，行走在漫漫旅途。将至济南，时任齐州知州的老友李常，早已派人远道来迎。三个侄子——苏迟、苏适、苏远，也在风雪中迎候。

因朝局变动，苏辙已于上月罢齐州任进京述职。虽不能即刻与阔别多年的子由弟相见，但见到当年不谙世事的侄儿如今都已长成翩翩青年，苏轼心里也由衷地高兴。

老友李常热情相待，于大明湖畔临水设宴。宴上，李常取出外甥黄庭坚的诗文稿来，请苏轼指教。对于黄庭坚的才华，苏轼早已从其岳父孙觉那里有所耳闻，此次赏读其诗稿，对他更是欣赏有加。只是两位艺术巨匠此时依旧无缘相见，黄庭坚仍在北京国子监任教授。

苏轼一家在济南逗留一个多月，直到二月上旬，也未等到苏辙回来。苏轼只得携带家人，继续赶路。

苏轼在济南与老友席间唱和、与侄子们共享欢聚之乐时，远在汴京的苏辙正寄寓在京城郊外范镇的东园中，静观时局，以便伺机而动。

自两年前王安石复相进京，朝局再次发生巨大变动。

破镜重圆，裂痕隐然。经历了罢相复相的波折，重回朝廷的王安石与神宗再也回不到从前。这一年，天下水旱灾害频频，恰巧又发生彗星出现的异常天象，神宗怕惹上天发怒，遂避殿减膳，并下诏广求良言。至此，神宗也不得不开始怀疑和王安石全力推行的新法。

王安石没能领会神宗之意，依然坚持变法，他始终认为，人定胜天，事在人为。

君臣之间的交流，至此陷入僵局。

重返朝堂之际，王安石也曾满怀东山再起的热情，可后来发现，他现在面对的是一个更加难以收拾的局面。不管他承认不承认，新法已惹得天怒人怨。而他当初倚重的助手吕惠卿等人，小人得志，做起恶人，率先落井下石，虽然最终被罢黜，但还是深深地伤了王安石的心。

无奈之下，王安石只得倚重儿子王雱助他推行新法。王雱自幼敏悟，才高志远，却是少不更事，狂放不羁。他欲彻底打垮吕惠卿，却被吕惠卿反咬一口告了一状，王雱内外交困，郁愤难平，一气之下，竟疽溃而卒。

儿子的死，彻底击垮了王安石。他在一夕之间老去，力求解职归田，不再涉足政事，任神宗如何挽留，也难改其去意，神宗遂命王安石判江宁府。

熙宁九年（1076）十月，王安石落寞离朝，归居金陵。曾经炙手可热的新法大佬们，皆随后一一离去，神宗以吴充、王珪并掌中书门下平章事。

吴充，字冲卿，与王安石是同年进士，还是儿女亲家。得力于王安石的提拔，吴充于熙宁年间连升数级，官至三司使、枢密副使等要职。然而，私交深并不意味着政见同，对于王安石的很多做法，吴充都表示过反对，如今也是朝中实在无人可用，他才被推上宰相重位。

吴充上台，所言所行几乎处处与王安石背道而驰。除向神宗陈说新法种种不便之外，吴充还力求神宗召还当年的旧党派司马光、吕公著，又极力举荐因与王安石不和而遭外放的李常等人。

这种种迹向已经表明，朝中风向会再度转变。

苏辙已敏锐地捕捉到京城中的政治风向之变，来京期间，他上书神宗，力言青苗、保甲、免役、市易四法之弊害。

无疑，苏辙此番上奏，正应其时，也颇合神宗之意。

二月上旬，苏轼一家离开济南，苏辙早已闻讯出京相迎。在山东鄄城道，兄弟二人相遇。此时，两人已有近七年未见。七年久别，一朝重逢，欣喜亲密自不必说，二人策马并肩而行，冒着早春的寒风，一起往河中府进发。

行至陈桥驿，苏轼忽然接到朝廷的新诏诰，又改知徐州。国门近在眼前，但当时外官非奉诏一律不许擅入国门，苏轼只得就此止步，与苏辙同回范镇东园。

东园主人范镇，人称蜀公，是苏轼的蜀中同乡，因反对新法被迫离朝退休，王安石剥夺了他应得到的恩礼。东园之中，这位远离了朝政旋涡的元老，表面上整日宴饮游乐，私下里却无日不在关心国政。王安石再度罢去，此时的朝局走向不能不让人担忧。

在范镇眼中，苏轼、苏辙皆是后生晚辈，对他们一直怀着殷切期望。苏轼兄弟二人在东园逗留两月有余，离开东园之前，范镇设宴送别，并对他们留有重托。

这自不是一般的嘱托。

范镇当年极力支持司马光，直言新法是残民之术，而今王安石离朝，他有意鼓励在洛阳闭门写书的司马光再度出山，以救天下苍生，希望苏轼兄弟二人能支持司马光。

面对范镇重于山岳的嘱托，苏轼却犹豫了。

自熙宁四年（1071）离京至今，苏轼辗转于杭州、密州，吃尽苦头，对广阔的社会现实有了更深刻的见解，对王安石变法的态度也有所转变，甚至开始后悔自己当年的意气用事。当年，他只凭一份狂热，不顾一切地反对新法。而今王安石离朝，他才发现大宋朝是何等需要这样敢作敢为、有胆有识的勇者。

就在苏轼兄弟二人逗留东园期间，范镇曾去洛阳拜会司马光。从洛阳归来，范镇带回司马光给苏轼的信。苏轼来不及回复，就急匆匆踏上了前往徐州的征途。

熙宁十年（1077）四月二十一日，苏轼与弟弟一同抵达徐州。

地处华北平原东南、长江三角洲北翼的徐州，古称彭城，北倚微山湖，东临连云港，又有京杭大运河穿过，自古便是北国锁钥、南国门户，是历来兵家必争之地。

此地山水甚佳，也没有密州那么多的盗贼与诉讼，苏轼的公务相对来说较少。初至徐州的那段日子，差不多就是陪着弟弟苏辙游山逛水，尽情领略徐州的山光水色。

转眼间，苏轼已来徐州三月有余，苏辙也接到朝廷新诏，将于八月赴南京（今河南商丘）签判任。百余日内，兄弟二人朝夕相处，携手同游，说不尽的舒适快意，而今又要离别，浓愁别绪不请自至。

苏轼坚持留弟弟在徐州共度中秋，并邀了很多朋友来送别。

八月十六日，苏辙登舟别去，把无尽的思念与牵挂留在了彭城，留给了苏轼。

在徐州的百余日，是苏轼与苏辙七年以来最为酣畅的一次欢聚。送走苏辙，苏轼也该正式投入徐州的公务之中了。

## 四、筑堤建楼，倾力抗洪

苏轼来徐州之后不久，就遇到了一桩棘手的大事。这桩事让苏轼几乎夜不能寐，也让苏轼与徐州百姓结下了鱼水交融的深情厚谊。

徐州地处黄河下游，每每黄河水患，徐州均难以幸免。苏轼到任徐州不过两个多月，七月十七日，黄河在澶州（今河南濮阳）的曹村决口。决堤之水，如脱缰的野马，一奔千里。

黄河在澶州决口，远在徐州的人无论如何也想不到大水会奔到徐州。大水发了一月有余，汴河还一直保持秋季干旱少水的状态。谁料八月二十一日，南清河的水一下子暴涨，大雨又至，顷刻之间，大水急涨到徐州城下。水拍城墙，如雷轰鸣，浑浊的泥浆水花漫天飞溅。

徐州百姓被这突然而至的大水吓蒙了。

徐州城南，两山横截，东南又有吕梁山和百步洪阻挡，大水无法从此处排泄，故从东、西、北三面触山而上。一直往上高涨的大水，竟高出城中平地一丈九寸。水高城低，好在有厚厚的城墙，暂时挡住汹涌而至的大水，但若城墙倒塌，整个徐州城的人就成水中鱼鳖了。

面对这样危险的形势，最先恐慌的是城中那些富人。他们纷纷收拾金银细软，准备出逃。苏轼看得清楚，一旦这些富人外逃，民心立刻就会动摇，徐州城随即会成为一座乱城，那徐州百姓就真的难逃灭顶之灾了。

穿上蓑衣草鞋，高高挽起裤腿，身为一州之首的苏轼，顶风冒雨登上高高的城墙，察看水情，又走到那些准备外逃的富人中间，苦口婆心地规劝。

太守如此铁心为民，哪还有不与他共同守城的道理？

骚乱的人群安静下来，大家各回各家、各归各处，随时待命抗洪保城。

为了抗击洪水，苏轼又亲入武卫营，寻求他们的帮助：“河将害城，事急矣，虽禁军，宜为我尽力。”

据当地的抗洪经验，抢建防水堤把洪水挡在城外，是目前保城的唯一良策。在苏轼的召集下，五千多名民夫与武卫营的兵丁马上投入筑堤行动中。

苏轼把筑堤工地当成了家，他身披蓑衣，脚穿草鞋，拄着木杖，在滔天的洪水面前，他坚毅的身影就是城墙上那面高高扬起的旗帜。

至九月二十一日，大水围城已整整一个月，测量水高，已达两丈八尺九寸。这时，一道长九百八十四丈、高一丈、阔两丈的长堤，挡住了城外来水，城内暂保安然。

许是天佑徐州人民，自十月五日开始，洪水渐退。十月十三日，澶州突然刮了一场大风，大风整整刮了一天，风停，桀骜不驯的黄河水被收服，一支流复入黄河故道，向东入海。

水患终于解除。百姓们敲锣打鼓，欢声雷动，庆祝劫后余生，也向这些天来一直带领他们奋战在抗洪前线的太守致谢。

围城大水已退去，秋阳高照，徐州城内城外又恢复往日生机。被大水淹没的草木，重新挺直腰背，城内街衢再度熙来攘往，繁华依旧。如果不是那些挂在城外树梢房顶上的小舟和层层沙痕还在，人们几乎忘记曾有一场几乎要灭顶的灾难造访。

苏轼却不能忘记。这次洪水退去，不代表下次洪水不来。如果不能从根本上解决防水问题，他担心这里的百姓将再次遭受水淹之苦。稍事休整之后，苏轼开始做下一步的筹划——加固徐州防水工程，确保明年洪水再来时可以安然度过。

有人建议说，可以在荆山下筑沟容水。苏轼便立即带人前往此地实地考察。考察的结果颇让人失望，荆山一带乱石遍布，根本无法施工，此计只能搁浅。

思来想去，苏轼最终还是决定通过修建石岸来抵御洪水，并于这年十月向朝廷上奏此项计划，请求准建，并乞准于十二月以内下旨。

根据苏轼的筹划，此次建立城外石堤，要用钱二万九千五百余贯，需征用役夫一万五百余人，粮要七千八百余石。如果按他在上疏中所计划的，十二月旨下，雇募人匠，准备材料，正月初即可着手，到明年四五月间即可完工。这笔费用看起来很大，却可保徐州城百年平安。他相信朝廷应该会同意的。

可苏轼把形势估计得过于乐观了。尽管他在上疏中筹划周详，但递上去的奏状到次年正月还没有半点消息。苏轼猜想，可能是建石堤费用太大的缘故，他赶紧重新筹划，将原先计划的工费减少一半，改修筑石岸为木岸。

奏折提交上去还是没有半点消息，眼看着日子在等待中耗去，苏轼心急如焚，他不得不给京城友人写信，请求帮忙从中斡旋，敦促朝廷抓紧核准此项计划。

在苏轼和他京中友人的努力下，朝廷终于同意了苏轼的请旨，在徐州城外筑木岸。同年八月十二日，一座名为黄楼的楼台也正式落成。

徐州子城的东门，有府库在此，而此地正当水之冲，因空间狭窄，又不宜做城。苏轼实地勘察之后，果断下令把原来的城门扩大，并于城门上建一座十丈高的楼台。从传统的五行观点来看，金木水火土，五行相生相克，黄代表土，而土能克水，故为此楼命名为黄楼。

黄楼是抗洪胜利的标志，又成为未来防水的力量象征，更是苏轼任徐州太守的一座纪念碑。后人去徐州，登黄楼，无不缅怀苏轼。

## 五、好友故交，自远方来

黄楼落成当日，苏家又有一个小生命呱呱坠地，即苏轼的长孙箪。

欢喜之余，苏轼也有小小的感伤。许是整年的劳碌奔波，损害了苏轼的健康，时近中秋，他又病倒，咳嗽得厉害，佳节卧床，对远方亲朋的思念愈发浓烈。

去年中秋月夜，苏轼曾于古城东设宴为弟弟送别。当时也有许多朋友陪同兄弟二人赏月品酒，而今那些朋友多星散而去。这个中秋，陪伴苏轼的只有破窗而入的清冷月光。

苏轼一生重友情，徐州防洪工程竣工，黄楼落成，苏轼准备于九月九日重阳节，在黄楼举行盛大的庆典，他也把这次庆典当成与故交新友把酒言欢的一次机会。

请帖发了很多，连远在京城的王巩也收到了邀请。

王巩，字定国，是名相王旦之孙，比苏轼小十岁左右。当年王巩的父亲王素知成都，曾将王巩托付给苏轼。后来，王巩又做了苏轼恩师乐全老人张方平的女婿，他们的关系更深了一层。二人亦师亦友，相处不拘形迹。

王巩出身世家，好夸诞议论，身上不脱贵公子习气。两三年前，他因被牵涉进一桩政治案子，连降两级，并勒令停职。这是王巩颇不得意的时候，来徐州后，苏轼曾频邀王巩前来散心，无奈一直未能成行。

九月九日的黄楼大典，苏轼最盼望见到的就是王巩。

让苏轼望眼欲穿的一天终是来到，到场参加庆典的知名人士有三十多位，王巩自是最重要的来宾。席间，红粉侑酒，笙歌不绝，王巩劝酒不止，苏轼喝得大醉。

王巩在徐州逗留期间，几乎无日不携美酒佳人同游。泛舟泗水，登临圣女山，南下百步洪，玩得不亦乐乎。

一日，王巩依旧玩到很晚才乘月色而归，不能作陪的苏轼早已备好酒菜，在黄楼等候。他静静地立于月下黄楼之上，遥望一小舟自远而近，徐徐驶来。此时，月明如水，水月相映，不知从何处传来的笛声响彻山谷，尽兴而归的王巩，正拥着丽人，谈笑风生。面对此情此景，苏轼不觉欣然长叹："以为李太白死，世无此乐三百余年矣。"

苏轼稍有闲暇，便抓住与这位好友同游的机会，他们一起登上城东云龙山的黄茅冈，在仿若遍地群羊的乱石之间，喝得酩酊大醉，就地而眠，仰看白云悠然来去，二人忍不住引吭高歌，引得路人频频张望。

来徐州后，苏轼似乎从来没有这般放松过。可惜这样的欢聚太过匆匆，因家中有事，王巩不得不打道回府。

王巩走后，苏轼又迎来了一位远道的朋友，于潜诗僧参寥专程从杭州前来拜谒。

苏轼在杭州任通判三年，曾数次前往于潜，足迹几乎踏遍此地的庙宇山寺，却没能与参寥相识。参寥此次到来，还是因秦观的引荐。二人一见即有似曾相识之感，遂成为终生知己。

苏轼嫌参寥原名昙潜不好，为其改名道潜，字参寥。

参寥是浙江于潜浮村人，自幼出家，性情偏执，与大多数人都合不来。如遇他看不顺眼者，更是不留情面，常让人下不来台。只有苏轼，敢同他开些深浅不一的玩笑。

某日，苏轼宴请群僚，参寥却没有参加。苏轼想调侃他一下，遂对座客言道："参寥不与此集，然不可不恼也。"遂与众宾客一同前往参寥所居逍遥堂。当时有一名佳丽名马盼盼，在苏轼的授意之下，持笔款款走向参寥，向他索诗。参寥倒也没忸怩，挥笔笑作一绝句：

> 寄语巫山窈窕娘，好将魂梦恼襄王。
> 禅心已作沾泥絮，不逐春风上下狂。

苏轼原本要作弄他一番，不料竟意外索得如此好诗，不由得拍手叹道："吾尝见柳絮落泥中，私谓可以入诗，偶未曾收拾，遂为此人所先，可惜也。"

参寥在徐州的这段时间，苏轼常与其同游同唱和、同饮同醉，直到十二月中旬，参寥才启程离开。

## 六、离徐赴湖，且行且歌

元丰二年（1079）春天，苏轼来徐州已近两年，在朝廷诰下之前，他也不知道自己下一站将飘向哪里。但他知道，两年来，他与徐州这座城，与徐州的百姓，结下了太深的情缘。

尽管这两年被种种琐务缠绕，比如这年正月，苏轼去视察监狱，看到狱中患病的囚犯常常因得不到救治而死，又动恻隐之心，立即上《乞医疗病囚状》，请求军巡院及州司理院，各选差衙前一名、医生一名，每县各选差曹司一名、医生一名，成立专门为病囚治病的医疗队。他甚至把如何分配治疗经费、如何奖惩，都条理井然地记录在上书中。再比如之前遇到过洪水围城的大风大浪，也有为干旱所扰的烦恼。但是总体来说，生活还算恬适。有徐州的好山好水相伴，有远近的文朋诗友纷至沓来，更有徐州百姓的敬爱，他内心孤寂的褶皱被抚平了不少。

这年三月，朝廷诰下：苏轼以祠部员外郎、直史馆知湖州军州事。

行将离徐，告别难免。

徐州百姓对苏轼的感情，更是非比寻常。若无苏轼，整城的百姓在那年的大水中或将性命堪忧。百姓定要依照当地俗例，举行一场攀辕的挽留表演。

在一般官吏眼中，攀辕也就是一场表演：地方官任期满离开时，百姓列队相送，并有人将骑马官吏的鞭蹬割破，随之再发动一批百姓来马前阻挡，以表示百姓对这位官员的留恋不舍之意。

苏轼临行前一天，徐州城里的百姓早早来到官道边翘首以待。当苏轼骑马缓缓而来时，凄凉幽咽的管乐之音瞬时四起，人们纷纷从道旁挤到苏轼的马前，拦马拉缰，苦苦相挽。

苏轼天性好玩，对生活中一切新奇之事都充满兴趣。来之前，他原本也想着这是一出戏，在他看来，他来去匆匆，不过做了一些分内之事，又有何德何能，值得百姓为他拦马泣涕？可跨坐马上的他低头就看到了百姓眼中的不舍，旷达如苏轼，想来那一刻也是百感交集的吧。

三月的漠漠春阴中，苏轼终是一步三回首，依依告别徐州城。

依苏轼的计划，他要先到南京与弟弟苏辙一家相聚。

一路羁旅颠簸，苏轼到南都之后就病倒了，只好在弟弟家住下来，大约半月后才启程离去。

旅行于人大约不外乎两种情况：一类人只管饱眼福口欲，一路走马观花、吃吃喝喝，沿途的风景不过是浮光掠影，从眼前一闪而过；一类人用心灵在旅行，把一路风景收集入心，化诗成文，以作纪念。

苏轼当然属于后者。他走到哪里，一支诗笔就带到哪里。

暮春江南，落英铺地，飞絮撩人。江山依旧，而陌上人却已沧桑满面。别徐州，过南都，一路迤逦南下。元丰二年（1079）的春天，苏轼一直走在江南的大地上。

告别弟弟苏辙之后，苏轼一路坐船到达灵璧县，友人张硕早就在张氏园亭设下酒宴。

张家算是本地的显达人家，张硕的伯父和父亲都在朝为官，从他父亲这一代开始在灵璧县定居，遂建造了这座园子。园子里处处青桐翠柏掩映，奇花异草连绵，还种有瓜果蔬菜自给自足，闲来信步园林，观荷听雨，怡养性情，大有一种现世桃花源之感。

苏轼大约也很羡慕这样的生活，在张硕请他作的《灵璧张氏园亭记》中，就表达了自己老了希望能够在泗水之滨买地养老的愿望，一方面是因为对徐州有眷恋之情，另一方面，可以时时往南去往灵璧，观赏张氏园亭，一起把酒言欢。

辞别张硕，又经宿州、泗州（今江苏盱眙），一路会友赏景，写诗、赠诗、寄诗。到了高邮，又与参寥、秦观重逢。于是三人乘船同游，过金山，再至京口，去往刁景纯墓地祭拜，再一同游览惠山，经过松江时，与关景仁、徐安中在垂虹相会。

关景仁，字彦长，比苏轼稍年长，多才多艺，钟律、历数、草隶、图画都会，尤其擅长作诗。

五人一起诗酒话天地，笑谈风和云。

就这样一路走一路游，从繁花满眼到绿叶成荫，直到这年四月二十日，苏轼方抵达湖州。

湖州地处浙江北部，西依天目山，北濒太湖，因地处太湖地区而得湖州之名。对于这处山清水秀的江南之地，苏轼太熟悉了。在杭州通判任上时，他曾到湖州相度堤岸工程，在那里与一帮故交新友徜徉于湖州的好山好水之中，尝尽湖州的山珍海味。而今归来，算是故地重游，自是分外亲切。

七月初七，秋阳灼灼，天朗气清。苏轼搬出了藏在箱中的书画，打算趁着这样的好天气好好晾晒一番。

其中一幅画在不经意间闯入他的眼帘，那是表兄文同送他的。就在这年正月二十日，表兄文同已在陈州亡故。

时隔半年，画在人亡，苏轼不由废卷痛哭失声。

自熙宁四年（1071）京城一别，二人便天各一方，再没相见。

苏轼在密州时，文同于熙宁八年（1075）秋冬间徙知洋州（今陕西洋县）。洋州也是一颇富园林山水之胜的地方，文同到后，对此处园林池湖一一游历吟咏，并赋诗三十首，寄赠苏轼。苏轼读后再次唱和，他人虽未亲至洋州本地，却因文同的诗作仿若身临其境。

汉川气候湿润，极适宜竹子生长，而洋州有一山谷，名为筼筜谷，以漫山遍野的翠竹闻名。文同到洋州之后，干脆在谷上建了一座亭子，朝夕在亭中观竹、赏竹、品竹、画竹。他曾画竹图赠予苏轼。

世间大约再没人比苏轼更懂文同竹画的妙处了。苏轼是文同的知音，也是竹的知音。苏轼喜欢画竹，就是因文同而起。

这幅竹图如一把钥匙，轰然洞开苏轼记忆的闸门。表兄文同，从画中竹间走来，他一本正经板着脸调侃的样子、为某事失笑喷饭的样子，在那个瞬间全在苏轼的眼前鲜活起来。

一桩桩、一件件，历历如在眼前，苏轼的眼泪几乎把面前的竹图打湿。那时，他哪里会想到，京城中，他的对手正紧锣密鼓地张网备笼，准备向他展开围剿，那携雷挟电的狂风暴雨正从天边滚滚袭来。

## 第五章
# 乌台诗案

### 一、党争之祸，蓄势而发

新的疆场，也是新的开始。在湖州这个山清水远、风俗阜盛的地方，苏轼希望尽心尽力地为百姓办点实事。抵达湖州，在给皇帝的谢上表中，苏轼诚惶诚恐，极尽谦卑。他哪里能想到，就是这样一篇字斟句酌写下的谢上表，却成为那场大灾难的导火索。

王安石推行新法，当苏轼站到反对派的队列中时，他的灾难其实就已经开始了。那条战线拉得很长：在京中，他与新法派据理力争；到杭州，他写下一首首议论时政的诗词；到密州，为给当地百姓争得最大权利，他极力反对不合理的制度；在徐州，他没有什么过激的言语，率领百姓抗洪建黄楼，还受到了皇帝的嘉奖。在一直寻机要置苏轼于死地的对手眼中，所有功过都是理由。但这些理由，最终还需要一个合理的出口。宋代的台谏制度，成了牵引苏轼走向黑暗囚牢的铁索钢镣。

唐代时谏官隶于门下省，为宰相所辖制，能向皇上直言进谏的，往往也是宰相。为防大臣专擅侵主，宋代时对谏官制度进行了一些改革。谏官直接由皇帝选擢，不再由宰相举荐。台谏的地位，在无形中被抬高，有时其权限甚至超过宰相。台谏官不但有权直言大臣之过失，还可以随时弹劾。

为了广纳贤言，对这些台谏官，皇上尤其倚重，不但允许他们“风闻言事”，即便说错了话、弹劾错了人，也可以不承担任何后果。如此宽松的劾谏氛围，一方面给那些忠良谏官最大的说话自由，一方面也给某些人排除异己提供了机会。

如此一来，台谏官的人选，就显得至关重要了。必须选那些忠公体国的忠臣才好，若选了品行不端、动机不良的小人，后果不堪设想。

很不幸，当时围绕在神宗身边的就是一帮小人。

在宋代十余位帝王中，神宗算是英明有为的皇帝，但他也有缺点，比如就有人批评他尚义而好名。为了尽快扭转大宋积贫积弱的局面，把富国强兵的新法在全国推行开来，年轻的神宗有些冒进，在用人选人时，也就难免失察。他只看到那些台谏官们踊跃言事，却看不清其背后的利欲与私心。当这些台谏官群起而向苏轼发起攻击的时候，虽然神宗最初也有一些犹疑，但最终还是公事公办，让这些人对苏轼展开进一步的调查。

此时，远在湖州的苏轼还没有察觉到任何异常，他像平常一样在府衙值班。京城朝中，却已经因他掀起了一场气焰炎炎的纷争论辩。

率先向苏轼发起进攻的，是权监察御史里行的何正臣。他紧紧抓在手的，是苏轼才递上来不久的湖州谢上表。苏轼那篇极尽小心斟酌写就的文字，在这些反对者的眼里尽是天机。

表中说："知其愚不适时，难以追陪新进；察其老不生事，或能牧养小民。"在新法的朋党之争中，"新进"专指突然升迁的无能后辈。

何正臣说他"愚弄朝廷，妄自尊大"，又说："一有水旱之灾、盗贼之变，轼必倡言，归咎新法，喜动颜色，唯恐不甚。""轼所为讥讽文字传于人者甚众，今独取镂版而鬻于市者进呈。"

何正臣所说的"镂版"，是指苏轼的一卷诗集，诗集中收录了他在杭州、密州等地写的一些诗，想不到竟成了他的罪证。这些居心叵测的小人，得诗集如获至宝，一行行、一首首地分析——其中光明正大议论新法的就足够给苏轼定下死罪，连在钱塘江边看潮时抒发的观感也被强行扣上了一顶讥讽水利法的大帽子——如此这般寻章摘句、牵强附会的解释，数不胜数。

紧随何正臣之后弹劾的，也是监察御史里行的人，叫舒亶，他在奏折中将苏轼在杭期间写下的议论新法的诗，逐条解析给皇帝听。

读着这些折子，英主神宗的脸色越来越难看。也许，苏轼的案子比他想象得要重大得多。他将折子批交中书省复议。

舒亶的折子算是递成，走在同僚中都昂首挺胸。

这个来自浙江慈溪、治平二年(1065)间的进士，是个不折不扣的小人，在士林中，一向为人所不齿。他早年中进士之后为县尉，因杀人罪而被停废多年，后得御史张商英的举荐，重入仕途。

张商英算是他人生中的一大贵人，可是他一得势，便翻脸不认恩人，竟上奏检举张商英所托的私人小事，张商英也因此被降职处置。对恩人尚且如此，对早让他怀恨在心的苏轼自然更不会手软。他的札文，比何正臣的弹劾更有分量。

何正臣、舒亶之后，权御史中丞李定出场。

在李定的札子中，直言苏轼有“可废之罪四”。他觉得苏轼是一个侥幸得官之人，却不知收敛，动辄毁谤朝政，陛下宽宏大量，不予追究论罪，以待其悔过自新，而苏轼却“怙终不悔”，此该杀者一；不仅不知悔改，还“傲悖之语，日闻中外”，此该杀者二；所作文辞，充满毁谤性，极力蛊惑人心，使人“不循陛下之法”，此为该杀者三；他读书明理，明知“事君有礼，讪上有诛”，却仍然“肆其愤心，公为诋訾”，频频反对新法，明知故犯，此为该杀者四。

李定的这篇札文，无异于火上浇油，神宗终于按捺不住，拍案而起。李定的聪明之处即在于此，他直接将苏轼置于皇帝的对立面。

盛怒之下的神宗当即下旨：将苏轼谤讪朝政一案送交御史台根勘闻奏。

何正臣、舒亶、李定，何以如此痛恨苏轼，要对他下这般狠手？尤其李定，其上书直接决定了苏轼的大狱之灾。有人怀疑李定这是携私报怨，苏轼当年作贺朱寿昌母亲的诗，有“感君离合我酸辛，此事今无古或闻”句，说是暗讽李定不服母丧之事。当时对李定不服母丧的做法看不惯的，哪止苏轼一人，而且事隔多年，早已无人再提。

生活中的小恩小怨，其实根本不值得这些人大做文章。他们如此做，有着更深层的政治原因。

王安石变法直接导致新旧两党在朝中的对立。以王安石为首的变法新党派，以司马光为首的反变法旧党派，势如水火。随着新旧两党的首脑相继离朝，两派的力量对比也发生了变化。吴充为相，但他持中立态度，对新法派也没有什么实质性的支持；另一宰相王珪，则是老奸巨猾的老官僚，虽然支持新法，但无论声望还是能力，都无法与王安石相提并论。这种局势，让新党派很是担忧。

再说旧党派，司马光虽一直躲在洛阳独乐园著书立说，但明眼人都看得出，他不过是在此蓄势待发，以民间对他的仰望和皇帝对他的器重，复出是迟早的事。而一旦司马光复出，朝中又将是旧党派的天下。所以，以李定为首的新党派决定不计一切，阻止这一天的到来。

司马光是这些人心头最大的隐患，也是最让他们无奈的一个。数年来，哪怕外界为新法闹得沸反盈天，司马光只装聋作哑，闭口不谈。

寻来找去，苏轼就撞到了枪口上。他是司马光器重之人，也是司马光的坚决拥护者。可他不像司马光那样明智，他一路走一路指划，明着暗着都给自己埋了太多的隐患。如此说来，苏轼是党争的牺牲品，他是被自己一步步送上敌人的祭台的。

## 二、押解还京，阶下之囚

七月二十八日上午，皇甫僎带着两个台卒抵达湖州，直接闯入府衙。皇甫僎居中，身着靴袍，表情严肃；两个台卒左右夹持，皆是白衣青巾，面目狰狞。待皇甫僎持笏于庭中立定，两台卒始大声呼喝苏轼接旨。

那阵势把全衙的人都吓住了，堂上肃然一片。

堂后的苏轼早已听到了前厅的呼喝声。多年来，他虽经历过大大小小的风浪无数，却从未见过这种阵仗。

眼前，可求助商量的人，只有代理州事的通判祖无颇。

“事至于此，无可奈何，须出见之。”好在祖无颇还算冷静。

苏轼以为，那一刻他已是朝廷罪犯，于是问无颇该穿什么衣服出见。

无颇说：“未知罪名，当以朝服见也。”

苏轼于是穿了靴袍官服，秉笏出现在庭中，与皇甫僎对立于庭下。祖无颇及众官吏都戴小帻，列于苏轼身后。

那一刻的空气似乎都凝固了，皇甫僎面带寒霜，久久不开口，两个台卒也是凶神恶煞。苏轼悄悄打量时，发现他们的衣物底下有隆起之物，似是匕首。他的心不由咯噔一下，如此兴师动众来捕，想来此行凶多吉少了。

皇甫僎一直不开口，苏轼只好先开口：“轼自来激恼朝廷多，今日必是赐死。死固不辞，乞归与家人诀别。”

至此，皇甫僎才缓缓开口道：“不至如此。”

待皇甫僎命台卒从怀中取出台牒交给祖无颇，祖无颇急急展开才发现，那不过是寻常的追摄行遣。皇甫僎虚张声势，不过想给苏轼一个威吓。可接下来，他们的做法与逮捕死囚恶犯并没有差别，两台卒走上前，将苏轼绳捆索绑，推推搡搡地带出衙门。

彼时，早有人到苏家报信，王闰之夫人得讯，一路急奔而来，家人们也号泣相随。大家哭作一团，苏轼倒已从最初的恐惧慌乱中平静下来。他不知道该如何安慰家人，情急慌乱中突然想起以前在洛阳时，李简夫给他讲过的一个故事。

真宗东封还都，沿途遍访天下隐士。知杞人杨朴擅诗，遂召他朝中相见。上问："临行有人作诗送卿否？"杨朴回曰："惟臣妾有一首云：'更休落魄耽杯酒，且莫猖狂爱咏诗。今日捉将官里去，这回断送老头皮。'"皇上被逗得大笑，之后便让他回去了。

看到王夫人哭得如泪人一般，苏轼强颜欢笑逗她："子独不能如杨处士妻作一诗送我乎？"王夫人不觉失笑。苏轼则大步随台卒而去。

后来，苏轼在《东坡志林》中记述当日之事，一场惊心动魄的抓捕与撕心裂肺的离别被他信手一抹，一笑带过。据当时的目击者称，情形远比那不堪得多。抓捕苏轼的整个过程，祖无颇都在场，他当时被吓得躲在一边，没敢出门相送。事后与人说起，还是心有余悸，愤愤难平："顷刻之间，拉一太守，如驱犬鸡。"

大祸临头，亲人有时尚不能相顾，何况同僚朋友。那天，苏轼如犬鸡一样被带走，他的亲戚朋友无人敢为他送行。倒是从徐州跟随而来的王适与王遹两兄弟，一直送老师到郊外，并劝慰道："死生祸福，天也，公其如天何！"

同僚中，只有掌书记陈师锡还敢为苏家出头，帮忙安置苏轼的家眷。王适兄弟送苏轼走后，也匆匆赶回去，帮苏家整顿行李。合家上下遭此大浪，都一时慌张无主，幸亏王闰之夫人于乱中冷静下来。湖州无法再待下去，现在只得举家迁往南都苏辙家暂避，再作打算。

苏轼被皇甫僎一行押解前行。途中，皇甫僎以安全为由，请于途中每夜所过之处，将苏轼送往当地官署寄监——那是押解作恶多端的江洋大盗才用的手段。

这种要求连神宗也觉得过分——让苏轼来不过是要问清楚他吟诗的事情，何至于如此？

此计未能成行，皇甫僎只能把满腔私愤暂压心底，对苏轼的态度越发恶劣。苏轼现是虎落平阳，只能任人摆布，被置于舟中，随人呼喝，百般凌辱。那一刻，倾倒后世的大宋才子苏轼，神采俱失，满面尘灰，双目失神，只盯着船舷外的水面，一语不发。

船行到太湖鲈香亭下，需停舟修舵。这一晚，月色澄明，风涛倾荡。如此良宵月夜，苏轼的胸中却是恶浪滔天。回首走过的路，苏轼才发现自己埋下了太多的祸患，如今已是悔之不及。此去如何审判倒还在其次，他早已将生死置之度外，可他无法忍受亲人们因自己而受连累。倒不如眼前一跃，万事皆空。

所谓的伟人、圣贤，没有一个不是踏着遍地蒺藜和血忍泪前行。他们亦是凡胎肉体，忍不住痛的时候，也会如常人一样心灰意冷。明代大儒王阳明被远贬贵州龙场时，曾将自己置于冰冷的石棺中以求速死；晚清名臣曾国藩，只手打造湘军挽大清于将倾，战败之后万念俱灰，欲投水自尽。而在此之前几百年，苏轼亦曾有过如此经历。

那晚太湖鲈香亭下，苏轼越想越绝望，也越想越怕，他生了寻死的念头。船入扬子江，苏轼终于瞅准了一个机会，他奔向船边，抬腿即跳，却还是被眼疾手快的卒吏一把拉住了。那卒吏大约也不是怜惜苏轼，他承担不了那个责任。

一次不成，便再无机会。苏轼被管制得越发紧了，求死无门。

八月初，苏轼被押解至扬州。扬州的太守是他的好友鲜于子骏，他们之前一直书信不断。苏轼案发，知些内情的人都跑来劝鲜于子骏，赶紧把和苏轼的书信唱和之作都烧了，以免引火烧身。

“欺君负友，吾不忍为。”鲜于子骏坚决不那么干。

不但如此，他还主动往火坑里跳。听说苏轼已到扬州，鲜于子骏要求独见苏轼一面。苏轼现在几同朝廷要犯，这个要求自然被拒绝，鲜于子骏只好怅然而归。

苏轼一路被押解着，在经过平山堂下时，隔墙看见友人杜介家的纸窗竹屋。此刻，朋友或正黄冠草履，与人对坐棋盘之前吧？如此清静的生活，他却再也过不得了。这种感觉，直到他后来被贬黄州还挥之不去。在给老友杜介的信中，他曾提及当时事："去岁八月初，就逮过扬，路由天长，过平山堂下，隔墙见君家纸窗竹屋依然……未知死生，慨然羡慕，何止霄汉。"

苏轼被押解着一路向京城而去，身后的家人也凄惶惶乘船赶往南都。

人性之善催生出世间多少温情的花朵，人性之恶又让多少人间悲剧上演。苏轼被拘，于苏家来说无异于大厦倾塌，阖家满室，老老少少，瞬时被弃于风雨飘摇之中。苏轼才至宿州，离最终给他定罪还有一段很长的路，御史台已迫不及待发出新命，令所在州郡搜索苏家。

彼时，苏轼一家正在前往南都的舟中，州郡官急急派遣大批吏卒坐船追赶。苏家所乘的小舟，如何抵得上官船！他们很快就被追上了，又是一番吆三喝四的无理搜查。当然，他们也不过查查而已，苏家要财无财、要物无物，除了一船被苏轼视为珍宝的书卷，终究查不出什么。

但是这阵势把苏家人吓坏了，尤其王闰之夫人，想到这场从天而降的灾难，全是因了夫君那些书，她再也忍不住心中的悲愤，说："是好著书，书成何所得，而怖我如此！"一气之下，她下令把那一箱箱苏轼视若宝贝的书画信件，当场烧毁了十之七八。

这是苏轼生命中永远无法抹去的痛。

可叹，王夫人在宿州被搜索，大怒烧书，苏轼对此还一无所知。前方的路，于他来说是雾瘴弥漫，亦是险恶重重。他已自顾不暇。

## 三、狱中问讯，身心俱疲

八月十八日，苏轼被押解到汴京，关进御史台狱一间又黑又小的独居牢房里。

一般的建筑坐北朝南，台狱的大门则向北而开，取阴杀之义。因其四周遍植柏树，有数千只乌鸦常年栖聚于此，因此又称乌台。此处霜气森森，凉气逼人，一般只有那些犯了大案要案之人，才会被送到这里。

神宗朱笔御批，把苏轼直接送来了。

据苏轼后来在诗中的描述，那是一间非常狭小的牢房，小到一举手一伸腿就要碰到阴湿粗硬的墙壁，他只能勉强蜷缩在那可怜的方寸之地。抬起头，可以看到屋顶上开着一个天窗，天窗很小，透下的微光是苏轼眼前唯一的一点亮。总之，整间牢房就像一口百尺深井，把这个名满天下的诗人牢牢锁住了。

而后，苏轼被拉到堂上问讯。高高坐于堂上的，是苏轼深深不齿的人。

他们傲慢又冰冷，问苏轼五代以下有无誓书铁券。

那无异于对苏轼的公然侮辱。

誓书铁券，是皇帝特赐给功臣的一种诏书，有此诏书，日后子孙犯罪可得赦免。苏轼出身贫寒，完全凭着自己的努力与才华跻身仕途，这是举朝尽知的事实。他哪里来那种誓书铁券?

他们发此一问，不过是想明确地告诉苏轼：这一次，你苏轼死定了！

要坐实罪名，自然需要证据。要想把苏轼送上断头台，还需要大堆的资料助力。他们成竹在胸，关于苏轼该诛的证据，现在已整整齐齐地摆在堂上——有何正臣从坊间搜集来的苏轼诗集木版印本、舒亶缴进的“印行四册”，另有检会送来的题名《元丰续添苏子瞻学士钱塘集全册》刊本。这三种都是市上通行的版本，自然好找。就连那些没入集、散落于民间士子手中的零星诗文，他们也以通天之能一一搜罗来了。那些不过是苏轼平时与文朋诗友的唱和之作，或游山逛寺时的随意题咏，现在都成了可以置苏轼于死地的罪证。

证据确凿，只待罪人苏轼应承画押。苏轼大约从来没有想过，他写下的那些诗原来还可以如此解读。他听着那些人口沫翻飞地演绎着他的诗作，觉得这个世界荒唐而又滑稽。那些诗文，有些确实与新法有关，苏轼供认不讳。有些却纯粹是欲加之罪，对于那样的无理解读，苏轼以沉默作答。

君子与小人的较量，常常是小人得胜。因为小人无须顾及颜面，他们不要人格品德，软磨硬泡，威逼利诱，让受审的人疲于应对，最后只得向他们投降。

苏轼在杭州时曾写下《八月十五日看潮五绝》，其中第四首被舒亶等人揪住不放：“吴儿生长狎涛渊，重利轻生不自怜。东海若知明主意，应教斥卤变桑田。”

舒亶说，这是攻击陛下兴修水利。

这样的控告让苏轼愤怒，他坚决不予承认。

九月二十三日至二十七日，审讯再次陷入僵局。这一次，关乎好友王诜。乌台诗案案发，王诜冒着丢官弃命的危险派人去南都通知苏辙，苏轼如何能把他拉入那池浑水？他曾将《汤村开运盐河雨中督役》一诗寄与王诜，王诜被搜问时没敢隐藏此诗，据实交出。为了这首诗，苏轼整整被审了五天。五天之后，在精神与肉体都已濒临崩溃时，苏轼方承认。

至此，王诜案似乎可以了结。但与苏轼来往密切的王诜，早已被新法派定为二号打击对象，他们哪里肯罢休？继续深挖。诗文唱和，人情礼往，全要细细统计。王诜多次给苏轼送酒食茶果，又送弓一张、箭十支、包指十个；苏轼托王诜令人裱背画幅三十六轴，却没有付钱；苏轼赴杭州任通判，王诜送茶、药、纸、墨、砚等，赴徐州又送羊羔酒四瓶、乳糖狮子四枚、龙脑面花象板裙带系头子锦缎之类……

那一张长长的清单，是数年来王诜与苏轼友情的见证，此时却成了二人交通犯罪的证据。面对这张清单，苏轼怒火中烧，却也只能任由编排。

王巩与苏轼的诗文唱和较少，实物往还也不多，与王巩关涉的，只能找出他出访徐州时，曾带去的张方平诗稿《乐全堂杂咏》一卷，苏轼曾在诗卷末题诗。乌台诗案中指此诗以荒林废沼比朝廷新法，致有人物衰谢、风俗虚浮之叹。这样的关联纯粹是牵强附会，王巩却因此被远贬岭南，是除苏轼之外所受惩罚最重的一个。究其根源，他是替岳丈张方平承受了那份惩罚。张方平反对新法，是新法派的眼中钉，可因他为三朝元老，在朝中地位非同一般，无可撼动，只能找他的女婿下手。

从王巩一案也可以看出，此时的大宋政事之混乱不可睹。所谓的乌台诗案，正变成一帮得势的政治狂徒发泄私愤、排除异己的工具，为达自己的目的，他们几乎无所不用其极。在狱中，他们除了对苏轼进行百般的精神打击与侮辱，甚至大打出手。这让苏轼真正体味到什么叫生不如死。

现在，苏轼唯一的安慰就是儿子苏迈，他从湖州一路追随到京城，每日都来狱中送饭。这个不过二十岁的年轻人，虽然被伤心与劳累弄得憔悴不堪，却没有被这场突如其来的灾难吓倒，除了为父亲做饭送饭，他还负责替父亲收集外面的一些消息。如何在戒备森严的狱中传递这些消息，则让他大费脑筋。后来，父子二人终于想出一条计策：平时无事，只送蔬菜和肉；如果哪天得到凶讯，就送一条鱼。

说来也巧，这天恰好无钱无粮，苏迈需出城借贷，只能托京城中的一位亲戚代为送饭。临行前，却忘了交代。这位亲戚几次见苏迈送饭，所送皆不过肉与菜，就想着换一下口味。他知道苏轼爱吃鱼，便特意精心烹制了一条鱼送去。

饭食送到，苏轼像往常一样打开食盒查看，不看则已，一看整个人都呆住了。鱼到了，他的死期也就到了。苏轼不怕死，亦曾想过自寻了断，但当这一日真的来到，还是百般滋味在心头。

亲戚走了，儿子那天也没来，苏轼独坐狱中，思前想后，心潮滚滚，难以平息。想自己从小就有经世之志、舍身报国的理想，进入仕途之后对朝廷一直忠心不二，可匆匆二十余年已过，却换了个“无尊君之义，亏大忠之节”的罪名。他死不足惜，可负着这样的罪名去死，让他如何瞑目？

想到家中老妻，布衣钗裙，多年来随他东飘西荡，没过上一天好日子，却将三个儿子养育得个个丰神俊朗。要舍离他们，何其难也！

又想起他与子由昔年的约定，这次真的是要成为泡影了。想到在不久之后的某个凄凉雨夜，与他天人相隔的弟弟只能独自面壁，黯然神伤，苏轼的眼泪便再也忍不住了，他颤抖着给亲人们写下诀别之书。

他得想办法把这些话捎出去，才能闭目。

彼时，有个叫梁成的狱卒与其他狱卒不同，他敬重苏轼，在日常生活中，总是想方设法地给苏轼以照顾。苏轼有睡前洗脚的习惯，梁成每天夜里都为他烧壶热水送来。于是苏轼真诚地拜托他："轼必死，有老弟在外，他日托以二诗为诀。"

"学士必不至如此。"梁成安慰苏轼。

"使轼万一获免，则无所恨。如其不免，而此诗不达，则目不瞑矣。"

苏轼将写给子由的两首诗交给狱卒梁成，请他代为转交，梁成只得接来。

那两首诗有一个很长的题目：予以事系御史台狱，狱吏稍见侵，自度不能堪，死狱中不得一别子由，故作二诗授狱卒梁成，以遗子由。

圣主如天万物春，小臣愚暗自亡身。
百年未满先偿债，十口无归更累人。
是处青山可埋骨，他年夜雨独伤神。
与君世世为兄弟，又结来生未了因。

柏台霜气夜凄凄，风动琅珰月向低。

梦绕云山心似鹿，魂飞汤火命如鸡。
眼中犀角真吾子，身后牛衣愧老妻。
百岁神游定何处，桐乡知葬浙江西。

苏轼入狱之后，杭州父老感念他，为他作解厄道场，祈祷神灵保佑他平安无事。这些消息传到苏轼耳中，让他万分感动。故土遥遥，何况他一戴罪之身，还有何颜面魂归故里。不能回蜀中，死后葬于西湖山上，于他也算是一个理想的归宿吧。故在此诗中，有如此交代。

苏轼当然没有被处死，苏迈第二天亲自送饭，一场虚惊自然解除。

梁成拿到诗，却并未递出去，而是悄悄私藏于枕中，直到后来苏轼出狱，才将此诗还给他。此属后话。

从八月十八日入狱，一直到十月上旬，勘问才算完毕。御史台撰成勘状，请皇帝批示去了。苏轼终于可以安静下来，不必再去应对无休无止的拷问。

经历了如此漫长而非人的生活，他已无初入狱时的不安与痛苦。该吃时吃，该睡时睡。明天的风雨，且待明天再理会。

## 四、亲友论救，神宗迟疑

苏轼入狱，凭空卷起一阵狂风，不但刮乱了亲朋好友的生活，也刮向京城内外的角角落落。对于苏轼此次入狱，当然是亲者痛、仇者快，但要站出来替他辩护说话，需要很大的勇气。

彼时，苏轼的故交在朝中任职者也不少，面对一波又一波来势汹汹的审讯，举朝竟无一人敢站出来替他说话。那场景本是李定之流所期盼的，可李定竟然也会偶生恻隐之心。

那日，群臣皆在崇政殿前等候早朝。这时，李定忽然自言自语道："苏轼诚奇才也！"

无人知道，他这句没头没脑的话，所为何来、所用何意，也就无人敢接他的话。李定环视众人，又接着道："虽二三十年所作文字诗句，引证经传，随问即答，无一字舛，诚天下之奇才也。"

大家依然用一片沉默回答。

李定的慈悲之心、惜才之情，当然也就限于那轻声一叹。回到卷宗前，他依然铁面铁心肠，不把苏轼彻底踩死，绝不肯抬脚。

苏轼的供状，已经御史整理摘要，做成勘状呈给皇帝。勘状中指控苏轼攻击新法、毁谤朝政，只要神宗认可，朱笔御批，此案即可了结。

苏轼此时静坐狱中，等待最后的判决。那时他并不知道，狱外有另一股风潮正在暗暗涌起。与李定、何正臣等人向苏轼发起的围攻大潮相反，一股裹挟着爱与正义、希望与光明的大潮，正自京城内外向神宗的御案涌去。

苏轼被逮捕入狱，与他感同身受的是他的弟弟苏辙。他从哥哥还未入狱之时，就已多方替他斡旋努力。他的努力，没有拉住哥哥跨向乌台的脚步。苏辙随即上书神宗，乞纳在身官以赎兄长之罪。苏辙提笔，虽如万箭穿心，下笔却尤其小心谨慎。他以兄弟情深动人，更以一名臣子的身份来替苏轼解释，恳求神宗宽恕。

苏辙为兄长赎罪，到底是手足情深。那些远离了朝廷，早已致仕归隐的老同事、老朋友，也纷纷向苏轼伸出援手，替苏轼申冤求告。

身在京城的范镇以户部侍郎致仕，因知道他与苏轼交好，御史台率先向他索取与苏轼往来的文字，以为必有收获。当御史台派人气势汹汹地赶往范镇所居东园时，范镇的家人和子弟都被吓坏了，劝范镇赶紧把相关文字交出。范镇却顾不上这些，他急急铺纸提笔，上书皇帝论救。

张方平在南京，苏轼被押解进京，要路过此地。老人闻听消息，心急如焚，虽自知此时已没有发言权，还是越级上奏，论救苏轼。

张方平原本想将此附在公文中一并进呈，孰料府官不敢接受。无奈之下，张方平只得派儿子张恕亲往京城登闻鼓院投递。张恕远无父亲的豪侠义气，他来到京城，到得登闻鼓院门前，徘徊良久，终把那纸论救书悄悄收起，没敢递上去。

这位愚且懦的公子只是怕惹火上身，不料竟在无意中救了苏轼一把。张方平在激动情急之下写就的上书，其实有着很强的刺激性。苏轼以文惹祸，他却在上书中说“其实天下之奇才也”。这样的上书递上去，恐怕只能引起神宗更大的反感。

当时在朝任职的官员中，也有苏轼的好友，但是他们怕株连入案，一个个吓得噤若寒蝉，莫说上书论救，避之唯恐不及。但在当时的士林之中，还是有人肯站出来替苏轼说句公道话的，他们甚至不惜冒犯天颜，与神宗据理力争。左相吴充，即是其一。

有一天上朝时，吴充突然问皇上道：“魏武帝何如人？”

皇上道：“何足道！”

“陛下动以尧、舜为法，薄魏武固宜。然魏武猜忌如此，犹能容祢衡，陛下以尧、舜为法，而不能容一苏轼，何也？”

吴充一番话，让神宗大惊，他回道："朕无他意，止欲召他对狱，考核是非耳！行将放出也！"

御史台虽近在天子脚下，但是宫墙高深，神宗日日处在深宫，对于苏轼案的详细审理情况并不了解，他看到的不过是御史台递上来的一个结果。吴充的质问，让他陷入沉思。史上魏武帝以爱猜忌不容人而为后人所唾弃，却能容忍直面骂他的祢衡，所顾忌的不过是舆论的力量，而今他作为堂堂大宋皇帝，竟然动用手中政治权力限制一位名士的言论自由，后世之人又将如何看他？

吴充的话，让神宗冒了一身的冷汗。

类似的论救与质问并没有完。

王安石此时已退隐金陵，他的几个弟弟尚有在朝者。苏轼此次因反对王安石变法而惹起祸端，王安石的弟弟王安礼奋而拯救。李定向来知道王安礼之为人，他有几分玩世不恭，天不怕地不怕，还对哥哥推行的新法颇有微词，自动站到了反对新法的行列。李定怕他为苏轼求情，提前给王安礼打了预防针，叫他不要犯糊涂站出来替苏轼说话。

这对王安礼根本不起作用，他只是在等一个合适的时机罢了。彼时，王安礼直舍人院，同修《起居注》，每日与皇上接近。他想为苏轼说话，机会一大把。那一日，见神宗心情不错，王安礼趁机进言："自古大度之主，不以言语罪人。轼以才自奋，谓爵位可立取，顾录录如此，其心不能无觖望。今一旦致于理，恐后世谓陛下不能容才。"

比吴充还要直接，王安礼直接把一顶"不能容才"的大帽子扣到了神宗头上。

经过多天的反复思量，神宗对苏轼的火气已经消了很多。又见这么多人来为他求情，正想找个台阶下，但考虑到还有那些言官们紧盯此案，只能缓来。他对王安礼道："朕固不深谴也，行为卿贳之。卿第去，勿漏言，轼方贾怨于众，恐言者缘以害卿也。"

进入十月，京城已是深秋，早晚凉气逼人。那间小小的牢房，越发阴冷潮湿。一封封的论救书，从各地飞向神宗案头，神宗已有意赦免苏轼，从轻发落，却忌惮朝中言官，迟迟不下最后的结论。苏轼只能在御史台那冷森森的监狱中继续等下去，直等到他生命中的又一位贵人出现——神宗的祖母，光献太皇太后曹氏。

苏轼被逮捕之时，太皇太后已在病中，神宗是一位至孝之人，天天去祖母病榻前问候，他脸上的忧虑之色，自然瞒不过老太太的眼睛。

太皇太后关切地问询："官家何事数日不怿？"

"更张数事未就绪，有苏轼者，辄加谤讪，至形于文字。"

"得非轼、辙乎？"

"娘娘何自闻之？"神宗惊讶地问道。

"吾尝记仁宗皇帝策试制举人罢归，喜而言曰：'今日得二文士，然吾老矣，度不能用，将留以遗后人。'二文士盖轼、辙也。"

交谈中得知苏轼正在狱中，曹太后大惊道："轼以作诗系狱，得非仇人中伤之乎？捃至于诗，其过微矣。吾疾势已笃，不可以冤滥致伤中和，宜熟察之。"

说完，曹太后的眼泪流了下来。神宗也为曹太后此番话语感动，更坚定了宽恕苏轼的想法。

见太皇太后的病势愈重，神宗想要大赦天下为太皇太后祈福求寿。曹太后闻此讯息，对神宗道："不须赦天下凶恶，但放了苏轼足矣。"

十月十五日，神宗罢朝，前往景灵宫，命辅臣祈祷天地、宗庙、社稷，减天下囚死罪一等，流以下释之。

## 五、百日监禁，尘埃落定

皇上大赦天下，对于苏家人以及所有关心苏轼命运的人来说，无疑是一个天大的好消息。苏轼原以为自己必死无疑，乍然听到这个消息，如溺水之人忽遇救命舟楫。

十月二十日，太皇太后曹氏崩。此时苏轼仍在狱中，想到太皇太后于病榻之上还在为拯救自己拼尽心力，而他却因戴罪之身不许服丧，不禁黯然。

彼时的苏轼虽已得到大赦天下的消息，知道自己暂无性命之忧，但出狱之后何去何从，又成了困扰他的新问题。

他不知道，此时的朝堂上，为阻挠对他的赦免，李定等人正在掀起新一轮的反苏狂潮。从图谋策划到精心罗织罪证，再到入狱审讯，一步步做了多少努力，只为把苏轼送上断头台。如今眼看就要结案，却节外生枝，他们不甘心功败垂成，试图做最后的挣扎，决定再向神宗进言，以降罪于苏轼。

这次出马的是宰相王珪，他受李定等人委托，故伎重施，仍然试图从苏轼的诗文中寻找破绽。

王珪，字禹玉，四川华阳人，算是苏轼同乡，他心气极高，为文博赡瑰丽，认为自己的文章在当时独步天下，对于后起之秀苏轼颇不服气，充满嫉妒。

该罗织的、不该罗织的，差不多已被搜罗殆尽，实在难再找出把柄来。搜来查去，一首苏轼在杭州时写的咏物诗被翻了出来。其中有一句是："根到九泉无曲处，世间唯有蛰龙知。"

李定等人得到此诗，欣喜若狂，以为苏轼在诗中的"蛰龙"之语，是对当今天子的讥讽，实为大逆不道。一旦此罪名成立，苏轼便不能再入被赦免之列。

此诗纯属咏物之诗，与政治丝毫不搭边，但王珪还是将其拿到朝堂之上，硬说苏轼写此诗怀有不臣之心。陛下飞龙在天，而他苏轼却大加赞美地下的蛰龙，这不是不臣又是什么？

这样的解读，在过去的几个月里，神宗听了太多，但像王珪这样的无稽之谈，让他也忍不住要反驳了："诗人之词，安可如此论，彼自咏桧，何预朕事！"

章惇此时刚好也在旁边，连他也听不下去，站出来说："龙者非独人君，人臣皆可以言龙也。"

"自古称龙者多矣，如荀氏八龙、孔明卧龙，岂人君也？"神宗挥手退朝，他已经厌倦了这样的指摘。

彼时的章惇还没有露出他的獠牙，对苏轼倒有极尽回护之意。他在朝堂上直接反驳王珪，及至退朝，又上前诘问王珪道："相公乃覆人家族邪？"

王珪无以回复，只得讪讪道："此舒亶言尔。"

"亶之唾，亦可食乎？"章惇说完，拂袖而去。

苏轼对章惇的救恤之情分外感激，到黄州后，曾专门致书章惇，以示感谢之意。此属后话。

王珪献诗神宗，却灰头土脸地败下阵来，自讨了没趣。李定、舒亶却不愿就此罢休。

为了彻底打倒苏轼，舒亶要求将那些牵入此案的人一并治罪。

王巩、王诜，罪不容诛，甚至连早已致仕远离朝堂的张方平、范镇、司马光等元老重臣，他也要求严惩。

被舒亶拉上杀头黑名单的，竟然有长长一串。这让神宗大为反感，他将舒亶的奏折扔到一边，置之不理。但在做出最后的决定之前，神宗还是有意要考验苏轼一番。是夜，他专派一个小黄门去狱中查看情形。

那天半夜时分，就寝的更鼓敲过，苏轼刚要入睡，就见一人排闼而入，进门亦不说话，只将手中的席子和枕头在苏轼旁边放好，倒头就睡。苏轼亦不以为意，继续大睡。睡到四更时分，苏轼被人推醒，推他的就是上半夜莫名其妙闯进来的那个人，他连向苏轼道喜。苏轼翻身坐起，待要问有何喜可贺之时，那人匆匆挈箧而出，只给苏轼留下一句没头没脑的话："安心熟寝。"

那个小黄门急着去报告皇上：苏轼一夜安睡，鼻息如雷。

神宗听后大喜，环顾左右道："朕知苏轼胸中无事者。"

既已完全明了苏轼的胸次，神宗随即特遣冯宗道赴御史台复审此案。十二月二十六日，苏轼及相关涉案人员的处分判决出来了：责授苏轼水部员外郎充黄州（今湖北黄冈）团练副使，本州安置，不得签书公事；苏辙由应天府判官监筠州（今江西高安）盐酒税务；驸马都尉王诜，追两官，勒令停职；另外，张方平、司马光、范镇、黄庭坚等二十二人，均受罚铜处罚。

十二月二十九日，苏轼出狱。

从八月十八日入狱，至十二月二十九日出狱，历时四月有余，苏轼在乌台监狱中度过了人生中最难熬的一段岁月。这段经历也成为苏轼人生的重要分水岭，诗案之后，苏轼的人生与思想及文学创作都发生了翻天覆地的变化。

## 六、正月离京，放逐黄州

元丰二年（1079）十二月二十八日，是苏轼在乌台监狱中度过的最后一天。

回首一百三十天来，在狱中所过的这段非人生活，想到明天又可以如常人一样重新回到阳光下，苏轼的内心百感交集。此次责授水部员外郎、黄州团练副使，将他从死亡边缘拉回，但所获自由其实非常有限。诏令规定“本州安置”，苏轼在黄州不得擅自离境，要接受地方政府的监管；又言“不得签书公事”，实际上苏轼所得的黄州团练副使不过一个虚职罢了，有名无实。但刚刚经历了生死大劫的苏轼，对这一切都不在乎了。

二十九日出狱，随之而来的就是新年。按照规定，被贬谪的罪官奉诏即行，不得逗留京城。苏轼的情况更为特殊，“令御史台差人转押前去”。

元丰三年（1080）正月初一，新年伊始，整个京都汴梁正沉浸在节日的喜庆气氛中，苏轼却和长子苏迈收拾起简单的行囊，在御史台差役的押解下，离开京城，往贬谪之地黄州而去。

在辚辚车声中，曾经的繁华与荣光、刚刚历过的屈辱与痛苦，都被一一抛在了身后。未来如何，苏轼还顾不得去想，眼下有两件极要紧的事需要处理。

自他湖州被捕入狱，全家老小便奔南都投奔了苏辙。而今弟弟被贬江西筠州，一家人也是自身难保，去黄州之前，必须先安排好两家家眷。

第二件让苏轼揪心的事，是表兄文同的丧事。自上年正月文同于陈州病逝，已近周年，只因家贫没有盘费，文同的灵柩至今还停放在陈州，无法安葬。

陈州是自京赴黄的必经之路，苏轼遂约弟弟来陈州文家，共商这两件大事。

虽然新年才过，但因热孝在身，文家显得凄凉又冷清。素帷穗帐之下，苏轼见过文家老少，又去灵堂上拜祭表兄文同。看到摆在堂上的文同灵位，往事历历又现眼前，表兄文同的苦心劝告言犹在耳。苏轼说不出是羞愧还是难过，只任眼泪滚滚而落。

苏轼在文家等了几天，正月十一，苏辙从南都赶来。

那是大狱之后，兄弟二人第一次相见。

眼前的苏轼，面容黑瘦，眼窝深陷，头发、胡子白掉了大半。在狱中，他承受了什么样的折磨？苏辙紧握兄长大手，未语声咽。

苏轼见到弟弟，却是喜的成分更多。因为他眼中的苏辙，面色丰润，两目炯然有光，一看便知他的健康情形良好。

在文家，兄弟二人住了三日，匆匆议定家事后便又洒泪告别。

十八日，苏轼抵达蔡州（今河南汝南），一场大雪突然席卷而来，朔风怒号，道路湿滑，行程之艰难以尽叙。到新息（今河南息县），苏轼想顺道去拜访一下曾任黄州通守的世交前辈任师中，也好于风雪中稍作整顿，无奈扑了空。

一路冒着风雪向南，朝离新息，至是日傍晚，一行人已过淮河，来到淮河南岸的加禄镇。天晚又赶上下雪，一行人只得在小镇驿所中夜宿。之后继续赶路至光山县，听说县南四十里处有一建于唐朝神龙年间的净居寺，为光黄之间的名胜，苏轼不免兴起，遂芒鞋竹杖，与儿子苏迈一同前往。

与前一日的雨雪泥泞不同，进入山中，恍如进入另一个世界。这里竹影婆娑，溪声潺潺，林间鸟啼，婉转绕耳。回想狱中恐怖种种、路上的艰辛颠簸，净居寺大殿中，苏轼深深地向菩萨行礼，俯身、叩拜，两行热泪竟然不知不觉地滑落。

二十日，度关山，过春风岭，岭上遍生梅树。初春的寒风中，满坡满岭的梅花点缀于草荆之间，有半开，有怒放，有些已随风飘落至岭上清溪之中，徐徐随波而去。

这一路，苏轼边走边吟，边走边写。他的心情，随一路的风景变换而阴晴不定。离黄州越来越近，他心底的忐忑也就愈聚愈多。他怎么都不会想到，就在快到黄州之时，上天竟然又给他送来了一个不小的惊喜。

那天，苏轼一行行至岐亭以北二十五里时，忽见远处有一人骑白马、张青盖，自林间缓坡上奔驰而下。待此人行到眼前，苏轼和他几乎同时怔住。你道眼前这个头戴高耸方帽、骑白马者是谁？原是早在凤翔就与苏轼定交的陈慥。

二人一别十余年，没想到竟然在这里重逢。

陈慥一脸诧异，急忙问苏轼为何来此。苏轼把事情的来龙去脉粗略告诉了他。陈慥听完，低头不语，片刻之后又仰天大笑。他再没有提及这件事，只热情邀请苏轼父子到家里小住几日。

苏轼亦不推辞，跟随陈慥一路回他的家。

陈慥的家就建在岐亭山下，一栋简陋的木屋，室内环堵萧然。他的家人和奴仆很是热情，虽然衣着粗朴，却个个面带喜悦之色。

见有客来，且是陈慥多年来心心念念的好友苏轼，家人忙着杀鸡备酒，招待苏轼一行。

苏轼看着这一家人忙进忙出，再回头看老朋友陈慥，头戴方帽，身着布衣，与十余年前在凤翔结识的陈家四公子已全然不同。那时，他亦喜骑射，却整日华衣锦服，出门左拥右抱，佳人丽姬如影相随。为着他的这份“不务正业”，他的父亲陈希亮不知生了多少气、操了多少心。

陈慥大约读出了苏轼眼底的迷惑，不等他问，便滔滔不绝地讲起这些年来的经历。他亦曾心怀报国大志渴望有所作为，却终不遇，慢慢就灰了心，把洛阳的豪宅和河北的良田全都弃之不要，带着家人来到这岐山山中，筑木屋，自号静庵，粗茶淡饭，学道炼丹，潜心研究长生之术。

苏轼听着陈慥不疾不徐地讲着这些年的经历，慢慢地竟喝醉了，在椅子上沉沉睡去，陈慥亦不惊动他，任苏轼头上的巾帻跌落在地。

陈慥留苏轼父子在家住了五天，方让他们继续上路。送君千里，终须一别。两人再三约定，今后一定要常来常往。

别过陈慥，离黄州已不甚远，不过两天的路程。

黄州城就在眼前，苏轼将在这里掀开人生的另一页。

第六章

# 谪居黄州

## 一、初到黄州，一家团聚

元丰三年（1080）二月一日，苏轼父子结束了长达一个月的旅程，终于抵达黄州。这个地处长江之湄的小镇，以特有的山水风物，向这位失意的诗人张开了温柔的怀抱。

风雪泥泞中挣扎前行，山光水色间流连吟唱，苏轼的心情一直处在悲悲喜喜、起起落落的不平静状态。人说近乡情怯，此时的黄州虽不是苏轼的故乡，可那份“情怯”之感更胜“近乡”。尽管在来的路上，他已经做好种种准备，但心里还是不由得生起对未来生活的隐隐担忧。

水部员外郎、黄州团练副使、本州安置、不得签书公事，朝廷的旨意如此细致，又如此苛刻，用条条框框把苏轼死死地固定在黄州这块偏远又贫瘠的土地上。他其实就是一个被流放到此地的罪官，有虚职，无实权，还要时刻接受地方官的监管。

相较于人心险恶的尘世江湖，大自然从来都是怀着一颗宽宏仁爱之心，不会厚此薄彼，对远谪此地的失意人，亦捧出丰盛的礼物来款待。

世间大凡被称得上是生活家的人，往往能于未出发时做到未雨绸缪，更能于前行过程中随时发现、随时调整。前一刻，苏轼还在为明天的口腹而忧，下一刻，当行至黄州城外，看到江水平静舒缓地绕城而流，远处山上翠竹成林，他的心情瞬间放晴。他似乎听到了江中肥嫩的鲜鱼出水时的泼剌声，又似乎闻到了满山春笋的清香。

鱼鲜笋美，何愁此处无物可饱腹？虽为"逐"客，到底还有一个水部员外郎的虚衔，而他并非被流放到此地的第一人，梁朝的何逊、唐代的张籍，这两位前代大诗人亦曾在这里做官。如此想来，先前的担忧和郁闷竟一扫而光。

宋代官吏的俸禄有一部分以实物折价抵算，称为折支。苏轼来黄州，名为水部员外郎，实为遭流放的贬官，他的折支也以最便宜的退酒袋抵。所谓退酒袋，即朝廷造酒后废弃的酒袋。苏轼曾在诗中自嘲自讽，说自己贬官至此，无补于朝廷，反而还要浪费官家酒袋。

诗中偶发牢骚尚可，现实中要做的正事，却一丝不能马虎，半分不得苟且。来黄州，苏轼要做的正事，首先有两件。

一要立即去找黄州地方长官报到。当时的黄州太守陈君式，早闻苏轼大名，极为欣赏苏轼的才华，对待被贬至此的苏轼，可谓礼遇有加，丝毫没将其视为"罪官"或下属，这让初来乍到的苏轼深感宽慰。

二是要进谢上表。数月之前，苏轼因在湖州的一封谢上表而引火烧身，引来乌台诗案之灾。这一次写谢上表，他提笔落笔更是谨慎万分。但苏轼从不会在皇权面前摇尾乞怜，尽管身处贬境，依然保持着不卑不亢的姿态，不过在谢上表中如实陈述自己的立身本末，向皇上表示知遇之恩，以及口舌惹祸的悔过之意。

身为一介贬官，初来乍到，没熟人，也没朋友，甚至连最起码的住宿问题也无法解决。苏轼初来黄州的日子，实在难过。

好在苏轼走到哪里，总有人提供帮助，渡过一道道难关。黄州城里有一处寺院，名为定惠院。定惠院不似其他深山野寺那般荒凉寂寥，因地处城中，香火颇为旺盛。寺院内花木扶疏，竹风阵阵，是修身养性的佳处。苏轼找陈君式报到后，径直寻到定惠院，欲暂寓居于此。寺内僧众对于苏轼的到来，表示了极大的关注与热情，他们同吃同住，视苏轼为座上宾。

苏轼漂泊的心灵与身体，算是暂时找到了栖息之处。

放下行囊，卸下满身的风尘疲惫，轻轻掩了定惠院那间静室的门，苏轼长长地舒了一口气，开始梳理自己一路以来散乱的思绪。逃过诗案的生死大劫，最初的喜悦已渐行渐远，眼前要面对的是一片茫然未知。曾经的功名热望，曾经的经世报国理想，在这处连行动都不自由的地方，已无从谈起。

这些无法不让苏轼介怀，而每每想起这些，他都会陷入一种难以自拔的悔惧之中。他不想见人，亦不想说话，白日躲在定惠院中，闭门不出，蒙头大睡；夜深人静之时，才步出定惠院大门，在山间江畔走一走。苏轼像一个飘忽在黄州城的幽灵，昼伏夜出，在很长的时间里，他都是黄州百姓心底的一团迷雾。

后来，苏轼慢慢开始出现在黄州街头，出现在青天白日之下，他常去街头酒楼，借着一杯又一杯的淡酒将苦闷冲下去，然后起身迅速离开。

心里苦，苦到连睡觉、喝酒、写诗都不能化解。苏轼会给远方的朋友写信，当然是写给他最信得过的朋友，比如那个曾经携带着满满一车自家佳酿，从京城跑到徐州去看他的王巩。

苏轼来黄州的日子渐长，在此地的活动半径也越来越大，由定惠院走向安国寺，又由安国寺走向更远的地方。寻溪傍谷，钓鱼采药，他好玩的天性正在黄州平静的江声与月色下慢慢复苏。

山间寺庙、私家园林、江畔林下，黄州人注意到这座寂寞的小城多了一个陌生的身影，他面色和善，却满目忧郁，孤单的身影在夕阳下忽而被拉长忽而又变短。他会为一株野花低吟，为一块山石驻足，却依旧不愿与人多打交道。

好奇心很快驱使小城人打探到了想知道的一切，对于这位被贬谪至此的诗人，他们一直报以善意的微笑与沉默。

定惠院东边有一座小土山，苏轼常常到此处散步。一株丝毫不起眼的海棠，引起苏轼的注意，没有梅兰之幽姿，亦无百花之香馥，在黄州当地人的眼中与杂草无异。黄州的春天，从来不缺繁花的点缀。然而这株海棠，却在特定的岁月、特定的时刻，与苏轼蓦然相遇。

荒山野草之间的一株海棠，不与满山俗艳的桃李争春，兀自在月下孤独，不正是此时苏轼的写照吗？他亦如这株荒山杂草间的海棠，正努力在黄州扎下根来。

苏轼和儿子苏迈正在慢慢适应这里的生活。这边的日子稍稍安顿好，苏轼的心里便没来由地升起另一份牵挂与担忧——他的妻儿老小，还有苏辙一家老少，还在奔往黄州的路上。

自陈州相别，苏轼与弟弟苏辙便兵分两路。苏轼与儿子来黄州，苏辙则回南都做公务交接，然后带领两大家人，自南都登舟，一路沿水路南下，前来与苏轼父子相会。

目前在黄州，苏轼与儿子苏迈仅能勉强容身糊口，一大家人来了之后，生计该如何安排？这不能不让苏轼犯愁。苏轼一直在计算着他们的行程准备迎接，既盼着与亲人早日团聚，又害怕这一天的到来，但总归期盼是多于忧愁的。

数月前，苏轼于冰天雪地中与弟弟苏辙在陈州洒泪而别，而今又要在黄州重逢，想来恍如梦中。

元丰三年（1080）五月，被贬筠州的苏辙安顿好家眷后，亲自护送哥哥的家眷赴黄。

船驶到黄石江面，离黄州已不到六十里。团聚在即，天公却不作美，有意作难。那两天，风大浪高，船为风浪所阻，无法前行。幸好当时磁湖与长江之间有胜阳港相通，苏辙的船只得以从胜阳港拐进磁湖避了两天风。船停靠在湖中一小岛边上，望着白浪滔天的湖面，苏辙有感于兄弟二人的遭遇，百感交集，当即给苏轼写了一封信。

接到弟弟的信，苏轼再顾不得什么皇权圣旨，听说风浪已过，即匆匆坐船到巴河口迎接。

清晨时分的江面，风平浪静，晨雾缭绕，苏轼乘坐的小舟轻轻划破江面碧波，如在画中行。那份静谧祥和，却不由得让苏轼想起了去年在乌台监狱的生活。

那时候，他哪里会想到还会有今日光景。如果弟弟愿意来黄州，他甚至愿意在这里买田置业，与弟弟一家在此相守终老。天真的人，一生都不曾放弃对美好生活的向往，尽管那些天真的想法，有时不过是终生无法实现的梦。苏轼的这份天真，注定会一直伴随他到老。

眼下，苏轼首先要解决的，自然不是买地与弟弟定居，他得先给家人找一个妥当的住处。

鄂州知州朱寿昌是苏轼的老朋友，苏轼来黄州的这些日子深得他的眷顾。在他的帮助下，苏轼很快为家人物色好了住处。长江边上的临皋亭，属于官府的水上驿站，房屋不大，对于苏轼的庞大家庭来说，实在是拥挤不堪，且每天都要承受太阳西晒的威力，但是也让苏轼感激不尽。

苏辙因哥哥而远贬筠州，又一路辛苦地把哥哥的家眷亲自护送到黄州，见到弟弟，苏轼心底有说不出的感动与欣慰，执意留苏辙在黄州待了数日。在那些天里，兄弟二人遍游黄州山水名胜，还到江对岸的武昌寒溪西山寺游玩了一番。

家人到来，柴米油盐，家长里短，临皋亭的上空多了欢歌笑语，有了人间烟火气，苏轼在黄州开始了真正的贬谪生活。

那生活，果真不易。

拥挤的住房暂且不说，聊可容身即满足，最让苏轼头疼的是经济问题。薪俸已断，家中人口众多，实在没办法，只好“痛自节俭”。苏轼规定，每天花费不能超过一百五十钱。为了严格控制收支平衡，每月初一取出四千五百钱，平均分为三十份，挂在屋梁上，每天早起用画叉挑取一份，然后将画叉藏起来。当日没用完的钱，则另存于一个大竹筒里，用于日后接待宾客。

在后来给秦观的信中，苏轼曾把这些当作经验传授。他并没有以此为苦，倒是不断于贫困的生活中发现美好。

临皋亭虽然屋狭室小，门外的景色却极佳。亭在江边水驿旁，亭下即是大江。苏轼每天枕着滔滔江水而卧，也常常拄杖静立江边，目光掠过茫茫江面，望向对岸的樊口。想着每日饮用的是从家乡峨眉雪山上流下来的水，又想到这无限的江山风月竟可独归一人观赏，苏轼的心中便升腾起一股莫名的得意。他对远在京城的老友范子丰说："临皋亭下八十数步，便是大江，其半是峨眉雪水，吾饮食沐浴皆取焉，何必归乡哉！江山风月，本无常主，闲者便是主人。闻范子丰新第园池，与此孰胜？所以不如君子，上无两税及助役钱尔。"

范子丰，名百嘉，是蜀郡公范镇三子，亦是苏轼的儿女亲家。因两家关系至亲，苏轼才敢在信中以临皋亭与范家的新第园池相比，也才敢在信末留下一条不寻常的尾巴。

苏轼因抨击新法引来大祸，被贬到长江边的小城，仍然改不掉"如鲠在喉，不吐不快"的旧习，但也仅限于在最信任、最亲近的朋友面前表露。更多的时候，他选择沉默。

来黄州最初的一年里，除了要淡忘乌台诗案的巨大打击与承受清贫生活的折磨，频频的家庭变故也给苏轼带来了深深的痛苦。

六月间，弟弟苏辙携家眷到贬所筠州，刚到即丧一女；跟随苏家三十余年的乳母任氏，跋山涉水跟到黄州来，大约是水土不服，也于这年八月间病逝；还没从乳母去世的苦痛中走出来，又得知堂兄于九月中逝世。

一连串的事情，让苏轼越发感受到生命的脆弱与无常。每隔一两日一次的安国寺静坐，已无法让他摆脱内心的痛苦，他需要另一份更强大的心灵支撑。

冬至后，苏轼向黄州天庆观的道士借得道堂三间，在此闭门谢客燕坐四十九日。“虽不能如张公之不语，然亦常阖户反视，想当有深益也。”出关后，苏轼写信对好友王巩如是说。

初来黄州的这段岁月，苏轼时而在佛寺中焚香默坐，时而去道观中闭关自修，如此频繁不定的行动变换，恰恰是他内心动荡不安的外在表现，在接踵而来的重重打击面前，他不想被痛苦的泥沙埋没，只能多方尝试，以求自赎。

从苦难到省悟，从省悟到超脱，苏轼的人生之路常循着这样的轨迹前行。现在的苏轼，对生命与人生有了更多的省察与感悟，却还没有找到一条清晰的超越自我、救赎自我的道路。

## 二、结识新友，迎来故交

苏轼入佛寺，读佛书；入道观，闭关静坐。说到底，都不过是为了给自己的痛苦寻一个出口。

相较于幽寂的古刹寺庙，苏轼更喜欢往人多的热闹处行。他喜欢游山逛水，喜欢结交朋友，喜欢在喧闹的市井间体味人间的烟火气息。他最不能忍受的，其实是寂寞。

来黄州后，苏轼结识了一些新朋友。

在黄州，最能影响苏轼生活的应该是黄州地方官。黄州四年，苏轼共接触了两任知州，其中与第二任知州徐大受（字君猷）交往甚密。依照宋朝制度，作为贬官的苏轼与徐大受当属上下级关系，苏轼不但要受徐大受的监管，还要定期向徐大受谒告。对于一般地方官来说，能正常将贬谪罪官视为部属已经不错，有很多人根本不把这些贬官放在眼中，动辄呵斥，故意羞辱。此种行径，不一而足。

苏轼何其幸运，在这里遇上徐大受。同为进士出身的徐大受，不对苏轼端官架子，而是将他视为亲人，对他百般照顾，他不用苏轼谒告，倒是常常设宴请苏轼喝酒。

重阳节在宋时是一个十分重要的节日，登高望远，赏菊品酒，无限风雅韵事。徐大受知道苏轼在黄州举目无亲，每年重阳节必定要在黄州名胜涵辉楼或栖霞楼设宴，邀请苏轼共度佳节。

檀板金樽，红粉佳丽左右相随。曾几何时，在杭州西子湖畔，在徐州的黄楼之上，苏轼也曾被那些歌姬所绕。今夕何夕，如果不是徐大受，他哪里还敢奢望重温那段曼妙的时光？

苏轼有时也会受邀去徐大受的家里。在那里，徐大受更会使尽浑身解数，以美酒、美食招待这位失意的下属兼好友。

与徐大受来往得多了，苏轼在他面前也逐渐随意。苏轼跟他谈起黄州生活之种种，好的、坏的都直言相告——黄州的鱼鲜笋美，可惜市上所酤之酒味道太劣。说者无心，听者有意。在那个雨后微雪的冬日，徐大受竟带着一坛偶获的好酒踏雪而来，轻轻叩响了苏轼的门。

门外雨雪霏霏，门内炉红酒热。一对老友相对而坐，边喝边聊，喝得心头热辣，目光迷离。眼下的生活，常让苏轼有一种恍如梦中的感觉。他又喝醉了。一夜酣睡，次日酒醒，推窗看到门外银装素裹，而好友的车马已辘辘响起，准备回程。

“始谪黄州，举目无亲。君猷一见，相待如骨肉，此意岂可忘哉！”后来在给徐大受之弟徐大正的信中，苏轼还对徐大受表达了说不尽的感激。

在黄州，苏轼不仅与知州徐大受交情深厚，与很多市井百姓也打得火热。与黄州隔江相望的武昌，山水佳绝，苏轼常常涉江而过，去那里的山水间徜徉，慢慢认识了几位新朋友。

来自四川犍为的王齐愈、王齐万兄弟，与苏轼算是同乡。王氏兄弟寓居武昌，听说苏轼来了黄州，特意过江前来拜访。那时，苏轼才来黄州不久，王氏兄弟的来访颇有雪中送炭之意，让苏轼异常感动。

你来我往，苏轼在黄州有了乡亲。每次苏轼去，兄弟二人总是杀鸡炊黍，热情款待。逢风大浪高，苏轼不能过江回来，便一连数日留在王家。王氏兄弟殷勤招待，从不厌烦，他们让苏轼在万里之外找到了家乡的味道。

潘丙是苏轼到黄州之后的新交，他在樊口开了一家小酒坊，以卖酒为业。苏轼常常驾小舟渡江，到潘丙的小酒坊内喝酒，由此与潘丙熟识。潘丙原本是一个考场失意人，考中举人之后，在进士门前止步。他认识了苏轼，对苏轼的才华与人品皆顶礼膜拜，后来又介绍哥哥潘鲠和弟弟潘原与苏轼相识。三兄弟与苏轼一起喝酒，谈诗论词。潘鲠和潘原，后来都成为江西诗派的大将。

在潘丙的引荐下，苏轼又认识了另外两位朋友。一位是古耕道，新平人，此生虽然椎鲁无文，为人却极纯朴，待人真诚。他平素最喜欢为人跑腿，做些公益之事，见着苏轼，亲切莫名，为苏轼鞍前马后，乐此不疲。另一个是在西市卖药的郭遘，原籍汾阳，据说是唐朝大将郭子仪的后裔。

苏轼平生有两大爱好——酒与药草，与这些人结交为友，一点也不奇怪。

酒坊老板、药铺伙计、市井闲人，苏轼交的这些朋友，虽然皆来自社会底层，却携带着草根一族特有的江湖义气，他们不在意苏轼是被贬谪来的还是被流放来的，也不在意别人如何看待他们之间的交往。苏轼后来为生计开辟东坡，这几位朋友都曾鼎力相助。

除了新朋，还有旧友。

在来黄州的路上，苏轼遇到了十几年前的故交陈慥，来黄州之后，苦于住房紧张，想请陈慥来黄州的愿望一直被压着，定居临皋后，苏轼一直想着寻合适的时间邀请陈慥前来一聚。

为了迎接这位好友，苏轼可谓煞费苦心。他想去承天寺借一间僧舍，或者干脆把临皋亭门前泊着的那艘大船改造一下。

陈慥隐居的岐亭离黄州并不远，可在苏轼未来之前，黄州于陈慥来说不过是一个冷冷的地理名词。而今已大不同，黄州正热辣辣地呼唤他，炎炎夏日，也挡不住陈慥奔向黄州的嘚嘚马蹄。

元丰三年（1080）七月，他打马而来，眉宇间依旧如十几年前那样显露豪侠之气。他带着满腔的热情，亦给苏轼带来一些寻常的酒馔果食，没有人比他更清楚苏轼眼下的生活困境。

陈慥的到来，像一团火把黄州小城热烘烘的空气点爆。他虽没来过黄州，但大名在黄州早已如雷贯耳。人们争相出动，想一睹这位传奇人物的风貌，还有一些地方豪侠纷纷前来邀请，陈慥一一婉言辞谢。他退隐山林久矣，此次前来，只为老友苏轼。

临皋亭那间临江的西晒房，成了陈慥临时的住所。一对老友在蒸笼一样的小屋里喝酒，喝得汗如雨下。

陈慥这样的造访，在此后的四年中，有七次之多。二人往还的密切，自不必细说。

初来黄州之时，苏轼与故交断绝音讯，有些固然是惧祸疏远，更多的是苏轼刻意疏离，他不想连累他们。

范镇、张方平、司马光、李常等，在诗案中均受牵连，受到不同程度的惩罚，但无人在意这些，诗案发生后，他们仍为营救苏轼多方奔走。苏轼来黄州之后，他们常以书信相慰。

老友杜沂，是苏轼来黄州之后从外地赶来探望他的人之一。杜沂的儿子孟坚在武昌做官，他前来探亲，并借探亲之便，特意带上特产酴醾花菩萨泉来黄州求见。

古谚曰："人情似纸张张薄，世事如棋局局新。贫居闹市无人问，富在深山有远亲。"一场牢狱之灾，还是让苏轼尝尽了世态之炎凉，杜沂的远道来访，对于此时的苏轼来说尤显温暖。

钱塘主簿陈师仲，在乌台诗案中也受到牵连，但他丝毫不以前事介意，一再主动给苏轼写信，在新作的诗文中也常常提及苏轼兄弟。更让苏轼感动的是，在世人都对他的诗文敬而远之的时候，陈师仲却光明正大地在市间收集。他把苏轼在密州、徐州时期的作品分别编为《超然》《黄楼》二集，寄给苏轼。捧读两本散发着墨香与友情馨香的作品集，苏轼如何忍得住眼中的热泪？

远在杭州的故人王复、张弼、辩才、无择等不能前来，便凑钱雇请专人一年两次前往黄州，捎来杭州的土产，更把满满的情谊捎来。

故交的时时牵挂、身边朋友的陪伴，让苏轼紧锁的眉头日渐舒展，他不再是那只游荡在寂寞沙洲上无枝可栖的孤鸿，他又可以大口喝酒、大口吃肉，与友人谈笑风生了。

## 三、东坡垦荒，雪堂落成

马梦得来黄州，在苏轼的意料之中，又在意料之外。他知道，以他们的交情，马梦得总有一天会来的，却没想到来得这么快。

十几年的光阴，十几年的漂泊无定，催老了这个只比苏轼小八天的男人，但他的笑声依旧朗朗。

再见故人，马梦得笑哈哈地说，他还记着当年说过的话，希望苏轼早日显贵，让自己也沾些光。

这话自然是调侃，眼前苏家的景况，历历落在他的眼中，那份艰辛，他看得清清楚楚。这也是他执意来黄州的原因。

苏轼却为老友的调侃冒了汗。十多年了，他们在一起的时候极少，心却从未远离。他倒真的想自己能飞黄腾达，能让这个忠心追随自己的老朋友买田置产，过上安稳日子。可眼下，他不但什么也给不了，还要在马梦得的帮助下，重新筹划在黄州的生活。

来黄州近一年，尽管有多方好友相助，苏家的日子还是日渐捉襟见肘。从到凤翔担任签判至湖州任上被捕，整整十八年，苏轼虽拿着朝廷俸禄，却因不善经营，书生意气，导致家中全无余积。至黄州，情形愈坏，谪官身份让他连那份微薄的俸禄也没有了，只能领一点可怜的实物配给。

无钱有粮亦可，无粮有地亦可。面对苏轼的百般愁肠，马梦得表现得云淡风轻。相较于只习惯于读书与做官的苏轼，马梦得闯荡江湖多年，生活经验与生活能力均胜苏轼。他来黄州摸清了苏家的情况后，就匆匆出门找到当地官府，欲为苏家申请一块废弃营地，开辟一个可以耕种的农场。

马梦得终究把这件事做成了，尽管过程一波三折。那是一片旧营地，位于黄州城东门外的小山坡上，有数十亩。

苏轼怀着满腔的喜悦，疾步走向那片荒地，当遍地的荆棘瓦砾映入眼帘时，浮在他脸上的笑容又慢慢隐去。地是有了，可在那样荒凉的地方，如何长出稼禾？近二十年来，他无数次做过归隐田园的梦，当这一天真正来至眼前，他才发现，他的手，只握过笔，未碰过锄。

世间无路，迈开步即是路。车前无辙，走过了就会留痕。日子已经赶到这里了，苏轼没有任何退路。于是，他带领全家老少，挑担荷锄，涌向城东门外那片荒坡。马梦得、潘丙、古耕道、郭遘，他们都挽起衣袖裤脚，加入苏家开荒的队伍。短暂的沮丧之后，苏轼重新振作了起来。

白日在田间谙尽耕耘之累之苦，荷锄归家后有妻儿陪伴在侧，他自觉比陶渊明过得惬意，比冯敬通生活滋润。

“子还可责同元亮，妻却差贤胜敬通。”苏轼给远贬广南的好友王巩写信寄诗，自得之意，溢透纸背。

陶渊明有菊花下酒，却终生没放下儿子不争气的遗憾。陶渊明的儿子，个个读书不争气，让他甚是无奈。在这方面，苏轼恰与陶渊明相反。

苏轼的三个儿子，性格各异，才情亦不同。

长子苏迈，字伯达，生于嘉祐四年（1059）。他七岁丧母，在继母王闰之的精心抚养下长大。苏轼身陷御史台监狱时，他一同随往京师，奔走照顾，之后又随父亲一起来黄州。

此时的苏迈已是翩翩青年，他没有继承父亲的倜傥之气，为人老实，才华不及父亲，也不及两个弟弟，但他用功。夜坐无事时，父子二人常常在灯下以联句为乐。

次子苏迨，字仲豫，熙宁三年（1070）生于京城开封，为王闰之所出。他生下来即体弱，四岁还不会走路。苏轼在杭州任通判时，与天竺寺的住持辩才法师交好，遂将此子皈依其名下。苏迨体格虽弱，却志尚奇逸，长大后好为楚辞，深得苏轼喜爱。

三兄弟中，论性情才气、文章翰墨，与苏轼最为接近的当为老三苏过。熙宁五年（1072），苏轼任杭州通判时，苏过出生，此子天生聪颖过人，读书习文，深得父亲的神韵。

后汉冯敬通有个以悍妒出名的太太，严禁冯敬通纳妾。王闰之夫人是持家好手，对苏轼更是温厚、宽容。她不但不反对苏轼在外酬唱交叠，更主动张罗着纳妾之事。

有田园可隐是浪漫的，可开垦出那样一片田园着实不是一件轻松的事。苏轼先把遍地的荆棘、野草割除清理干净，之后依照当地烧荒的经验，一把火将积年的荒草野荆全部烧成灰烬，再将散落在地面上的瓦砾石块一一捡拾出来，最后一锄一锄地深翻土地……

那些日子，在黄州城东门外那片沉寂多年的荒坡上，苏轼带着他的垦荒大军，从早忙到晚。这年黄州春旱严重，大大加剧了开垦的难度，身体上的劳苦有时也难免让苏轼生出一份沮丧之意。从繁重的劳动中直起腰来，苏轼忍不住叹气，眼前的荒芜几乎让人看不到希望。

那口暗井算不算是上苍赐给苏轼的一份珍贵礼物？一日，家童忽然跑来告诉苏轼，说是发现了一口暗井。这个消息让苏轼大为振奋。水是一切生命之源，有了水，这片荒坡就有了希望。他跟着家童一路寻过去，发现井水来自远处山岭间一道细细的山泉。翻过那道山岭，更大的惊喜出现在苏轼的面前，一口十亩见方的水塘才是暗井真正的源头。

连续数月干旱，土地都干裂了，湖水水位下降，泉水亦随之枯竭。昨夜一场大雨，湖满泉丰，干涸多日的枯井又泛起清波。

这口井的出现，扫去了苏轼心头的尘霾，一场透地雨，也让接下来的开垦变得轻松。男人们开垦，孩子们帮工，女人们则把做好的饭菜用提篮装了送来。荒寂多年的山坡上，有了笑语生机。

负责送水送饭的是日渐长大的王朝云。自熙宁七年（1074），十二岁的王朝云踏进苏家，已经整整七年了。当年那个青涩的小姑娘，已经出落成姿色佳绝的丽人，她聪明又懂事，在家里是王闰之夫人的好帮手，亦是苏轼的好学生。不忙的时候，苏轼会把她叫到身边，教她读书习字。

脚下的土地在一寸一寸地向前延伸，心中的希望也在一寸一寸地向上生长。站在山坡之下，苏轼放眼四望，那股泛着青草味与泥土味的新鲜气息让他迷醉。他开始在心里铺画一张蓝图，他要依照此处的地势高低制定具体的种植计划：地势低洼的潮湿地，用来种稻；东面地势平坦，可种枣树和栗树，住在江对岸的同乡王氏兄弟，已经答应送他树苗。“宁可食无肉，不可使居无竹。”苏轼喜欢竹子，可竹子的生命力太过顽强，他怕在这里种下一片竹后，整片山坡都成了竹的天下，只好作罢。

因了岭后那片湖、坡上那口井，苏轼把蓝图向更远的地方铺展开去——他准备在这里筑水坝、修渠道，把湖中的水引到地里来。有了水，何愁变不成一年四季常青的绿洲？

苏轼对未来的设想，总是先于现实茁壮生长。站在这片还未播种的土地上，他似乎看到了新播下去的稻种，在细如牛毛的清明雨中破壳而出；初夏分秧时节，棵棵茁壮的秧苗在月光下迎风舞动，叶片上露珠闪烁；秋来霜降，沉甸甸的稻穗低垂，田垄间蚱蜢跳跃翻飞，他甚至闻到了来春入甑新米的芳香。

这一片田园的丰年盛景，当然只能以幻想的方式出现。眼下摆在苏轼面前的，不过是一片还没有完全开垦完毕的光秃秃的土地，他一颗种子也没播下去呢。

尽管有马梦得和几位朋友的亲力帮助，数十余亩的荒地，全靠人工开辟出来，实非易事。等到把那片地开垦得差不多时，时已深秋，早过了种稻子的季节。苏轼只能退而求其次，改种麦。

新垦的处女地，地肥人又勤，撒下种子后不到一个月，便生出郁郁葱葱的麦苗，这让苏轼大喜过望。当他幻想来年的收获时，当地的农民却给他浇了一瓢冷水——麦苗长得如此旺，会影响来年的收成，要想收成好，最好让牛羊进地啃食一下。这是让苏轼听来匪夷所思的新鲜事，但他还是照办了。

最终，麦子获得大丰收，有二十石之多。那二十石麦，卖来不值钱，对苏家来说却是及时的救命粮。当时家里的大米刚好吃完，市面上米价又极高，苏轼便命家里奴婢舂麦以为饭。家中小儿女们对这种来自北方的食物似乎充满新鲜感，在饭桌上啧啧有声地咀嚼，说是“嚼虱子”，惹得全家人大笑不止。

“嚼虱子”之说，其实有两重意思：一为嚼来啧啧有声，好玩；二来，对于吃惯了粳米饭的孩子们来说，这种大麦粗饭实在难以下咽。

苏轼向来对吃颇有研究，他发现肚子饿时，将这些大麦用开水泡一泡，是可以充饥的，且“有西北村落气味”。他还发现，将小红豆和大麦掺和在一起做成饭，味道就好多了。王闰之夫人也幽默，说“此新样二红饭也”。

这个来自南方农家的妇人，虽然对种麦不太谙熟，却积得了不少生活的经验。

家里数十余亩地，没有一头耕牛是不可想象的事，耕牛的地位绝不亚于家中一位重劳力。一次，牛忽得重病，苏轼心急如焚，赶忙请了兽医来看，兽医直摇头。

王闰之夫人却不甘心，她围着那头牛左转右转，最后拍拍牛背对家人说：“此牛发豆斑疮也，法当以青蒿粥啖之。”

家人依此计，牛果真好了。

如今，苏轼有田可种，有粮蔬可吃，有贤妻良姬相伴，有活泼可爱的稚子绕于膝前，是一位幸福自得的农人。每天早早起来，从临皋亭出城东门去田园里忙碌，直到日落西山才带着一身的疲惫回家。每日在城中穿梭，笑着与路过的每个人打招呼，偶尔也会停下来，与人谈谈天气与庄稼。对他，小城中已是无人不识。

这么大一片田园，只种稻种麦，实在浪费。苏轼按照自己先前的计划，先后种上了桑树、枣树、栗树、松树。他的老友李常此时正在淮南西路提刑任上，居于安徽霍山，那里的柑橘极负盛名。听说苏轼在黄州开辟了一方田园，李常特意托人送来一批柑橘树苗。苏轼把树苗栽了下去，眼前又是一片“青黄杂糅，文章烂兮”的美景。

除此之外，苏轼又开出十几方地种菜。有水有肥，菜苗青青，长势极旺，苏家的餐桌上，各种时鲜菜蔬四时不断。

现在，这片田园中，有粮田，有菜地，有果园，苏轼却还不满足。打量来打量去，发现还有些空闲地，可巧园中还少几株茶。

文人都有一个通病，不但常以清风明月充饥，一间简陋的住室、一片无名的田园，都想打上自己的印记，赋予些许文雅气息。苏轼耕种的那片田地，原本无名，只因在城东山坡上，又因当年白乐天做忠州刺史时，曾作《东坡种花二首》，又有《步东坡》诗："朝上东坡步，夕上东坡步。东坡何所爱，爱此新成树。"苏轼向来爱乐天，自己的大片地亦在东坡上，他便给这片地命名为"东坡"，此地的主人便顺理成章成了"东坡居士"。[1]

从此，那个着布衣草履自黄州穿城而过的苏轼，转身成了在文学史和艺术史上大名鼎鼎的苏东坡。

有了东坡数十余亩地，吃的问题无须再担忧，但苏家住房紧张的问题，依然亟待解决。孩子们一天天长大，家中来往的客人亦多。为了解决住宿问题，苏东坡把门前那艘旧舸改造成了船屋，但仍远远不够，家里实在需要再添置新房了。

苏东坡其实早就想好了，第一次来东坡看地的时候，他就已经物色到一块理想的地皮建造新居，就在东坡附近。距城门南向四百三十步的地方，有一块闲置已久的废圃，此处地势颇高，视界极好，很契合他的造屋理想。

元丰五年（1082）正月，正值农闲时节，苏东坡开始张罗伐木取材，修筑新居。还是那帮老友，有钱出钱，有工帮工，呼啦啦涌进了苏家的院子，又涌向城门外的新居建造之地。

---

〈1〉 在自号东坡之前，本书称苏轼，此后除引述原文，皆称苏东坡。

苏东坡已经是一位不错的农家把式，种田、盖房，干得有模有样。长期的日晒风吹，已让他变得面目黧黑。建造新居的喜悦，可以让那份劳碌之苦忽略不计。苏东坡还作诗自娱道："今年刈草盖雪堂，日炙风吹面如墨。"

苏东坡为新居取名为"雪堂"，想来应是天意。正月开工，二月建成，五间宽敞明亮的大房，南挹四望亭，西控北山那股微泉，站在此处四望，如画美景尽揽眼底。新房建成的那几天，一场大雪席卷黄州。漫天大雪是上天送给苏东坡的贺礼，更赋予他无穷的艺术审美力。苏东坡索性应景提笔，在新居堂屋四壁上挥毫狂舞，他要把这场漫天的雪永久地留住。

"雪堂"自此诞生，与"东坡"一样，成为后人眼中不衰的文化风景。

东坡、雪堂，像两根强大的支柱，把苏东坡曾经坍塌的快乐又重新支了起来。

雪堂落成后，苏东坡去东坡的次数越发频繁。

从临皋亭到东坡，是坑洼不平的黄泥路，晴天黄尘飞扬，雨天一地泥泞，让人无法拔足。苏东坡早东晚西，晴天走，雨天亦走，他看不到漫天的黄尘和满地的泥泞，眼里只有江涛翻滚、青烟缭绕。

如此人间佳境，让人如何不羡？苏东坡的雪堂，更是成为他与朋友饮酒欢聚的地方。黄州本地酿造的酒味道不佳，苏东坡便常常与朋友躲在雪堂，一起偷饮违禁酿造的私酒。

某次，他和几位朋友又聚在雪堂，却是有酒无肴，座中西邻自告奋勇，将家中患有脚病的耕牛杀了下酒。

那个热气未消的秋夜，几个男人在雪堂喝得大醉，醉后仍不尽兴，又在月下的东坡亦舞亦歌，直到三更的鼓声敲过，才想起该回家了。此时，城门早已紧闭，几个人只好借着朦胧的酒意翻墙回去。

夜饮东坡醒复醉，归来仿佛三更。家童鼻息已雷鸣。敲门都不应，倚杖听江声。

长恨此身非我有，何时忘却营营。夜阑风静縠纹平。小舟从此逝，江海寄余生。

这本是苏东坡又一次醉后的小感慨，可这首词却像长了翅膀的夜鸟，一夜之间传遍了整个黄州城，等传到知州徐大受的耳朵里时，整个黄州城的人都在为昨夜的神秘事件奔走相告：听说苏大人昨夜挂冠服江边，乘舟长啸而去矣。

徐大受闻听此讯，火急火燎地奔向临皋亭。他拍门叫人，却发现苏东坡正在榻上呼呼大睡。

一场虚惊，让徐大受失声大笑。

“莫把存亡悲六客，已将地狱等天宫。”苏东坡在给老友杨绘的诗中如是说。

这一句也足以概括苏东坡在黄州的生活，而“天宫”内外，更多的精彩正待他一一发掘……

## 四、何以解忧，唯有枯笔

东坡开出来，雪堂建起来，苏东坡如今过着地道的农夫生活。

苏东坡已深深喜欢上这样的躬耕生活。虽然这样的生活充满了辛苦，远不像表面看上去的那么诗意。他现在是靠天吃饭的农人，喜与忧都随着老天的脸色而变。

可大自然的阴晴风雨，从来不会以人的意志为转移。而人要做到“不以物喜，不以己悲”，又谈何容易。即使乐观豁达如苏东坡，也难免会为种种苦恼所缠。他怕久旱不雨，东坡的禾苗无精打采地卷起叶片，让人心急如焚；他怕中秋月圆，团圆时节，却要独自把盏；他怕春天连绵不尽的寒食雨，淋淋漓漓，直把人的心湿透……

元丰五年（1082）春天，一场雨绵延了将近两个月，直到寒食节，也没有要停的迹象。苏东坡的东坡被雨泡涨了，临皋亭的小屋也成了水中的孤舟。生活的不便与困顿，加剧了苏东坡心头的愁苦，听着窗外雨声敲击窗棂，丝丝凉意几乎钻透苏东坡的骨头。何以解忧，酒不能、睡不能，只有手中的那支笔。

自我来黄州，已过三寒食。
年年欲惜春，春去不容惜。
今年又苦雨，两月秋萧瑟。
卧闻海棠花，泥污燕脂雪。
暗中偷负去，夜半真有力。

何殊病少年，病起头已白。

春江欲入户，雨势来不已。
小屋如渔舟，濛濛水云里。
空庖煮寒菜，破灶烧湿苇。
那知是寒食，但感乌衔纸。
君门深九重，坟墓在万里。
也拟哭途穷，死灰吹不起。

手起腕落，点画撇捺，苏东坡几乎是一气呵成，为中国书法界留下了一幅奇崛之作，这就是被后人公认为“天下第三行书”的《寒食帖》。

封建时代的儒家知识分子，虽然常常不能忠孝两全，却将忠君侍亲视为终生的责任与理想，而今，这两条路全都被命运掐断了。虽依旧满怀报国之志，但宫阙深深，他再也望不见那条通向朝堂的路。

“君门深九重，坟墓在万里。也拟哭穷途，死灰吹不起。”不必看《寒食帖》，只读这几句诗，就足以让人唏嘘。

初来黄州的几年，苏东坡的心情如同天际飘忽不定的云，时晴时阴，时而笑语飞扬，时而大雨滂沱。从苏轼到苏东坡，不仅仅是从名到号的简单改变，这中间隔着一条太艰辛的路，太多的阴晴变化，太多的挣扎与抗争。要彻底从乌台诗案的阴影里走出来，何其艰难。

为了分散自己的注意力，苏东坡尝试过很多办法。他读佛书，去道观里闭关静坐，在东坡田间挥汗如雨，亦在夜晚的灯下读书抄书。

年少时，为求取科举功名，苏东坡养成了抄书的习惯。那些大部头的《诗》《书》《易》《春秋》，他都曾一笔一画地抄写过。这让他一举两得，既习得了知识，又练了一笔好书法。来黄州，苏东坡又重操抄书旧业。

在当时很多人眼中，年过半百的老者一笔一画地抄书，实在是一件新鲜事。

彼时，黄州有一朱姓教官，因写出“官闲无一事，蝴蝶飞上阶”的诗句，深得苏东坡赏识。某天，此人拿着诗文前来拜访苏东坡，传帖进去，却久等不见苏东坡的影子。朱教官有些不耐烦了，欲转身离去，却见苏东坡急急火火地从屋里奔出来，边疾走边连声致歉：“适了些日课，失于探知。”

苏东坡所谓的日课，即抄书。那日，他在抄《汉书》。那已经是他第三次抄写此书。

“以先生天才，开卷一览，可终身不忘，何用手抄邪？”朱教官大为不解，苏东坡接下来的话更是让他一头雾水。

苏东坡说：“不然，某读《汉书》，至此凡三经手抄矣。初则一段事抄三字为题，次则两字，今则一字。”

在朱教官的一再要求下，苏东坡把抄写的《汉书》拿了出来，果真如他所言，纸上只有一些莫名其妙的字。朱教官随便点了一个字，苏东坡竟然顺着那个字朗声背下去，洋洋洒洒几百言，与原著一字不差。

事实上，在最为苦闷的那一两年间，苏东坡一直没有放弃读书与书写，尽管那场才离去不久的诗案还让他心有余悸。

来黄州不久，苏东坡便开始了《论语说》五卷的书写。

当年苏洵在病榻之上，曾把这个未了的心愿郑重托付给两个儿子。这些年，兄弟二人在仕途上波澜迭起，都无心无力实现苏洵的遗愿，而今，苏东坡终于可以着手来做此事了。

《论语说》五卷写完，如何妥善保存，又成了苏东坡的一大心病。他的生活漂泊无定，今天在黄州，明天还不知在何方，他需要找一个值得信任的人，将耗尽心血的著作托付给他。

在乌台诗案中，元老文彦博受苏东坡牵累，被罚铜处分。来黄州后，苏东坡曾向文彦博写信致意。文彦博收信后，不避时忌，立即回信，在信中对苏东坡温言相慰。苏东坡因此认定，文彦博是那个可托付《论语说》的人。

在黄州，远离了俗务，亦没有官场上的蝇营狗苟，苏东坡有了更多的闲暇纵情山水，亦有心情挥毫泼墨。

受表兄文同的影响，苏东坡爱上了画竹。来黄州之后，时间充裕，绘画题材也大加拓展，除原来的寒竹图，苏东坡又参合怪石、枯木等，独创竹木、竹石的画境，在中国文人画史上开辟出一个新的门类。

书法、绘画，笔墨淋漓之间，放飞了苏东坡的苦闷心绪，也让他收获了更多的友谊。

元丰四年（1081），一个眉宇轩昂、英迈不群的年轻人前来拜访。他的出现，像一道光，在瞬间照亮了苏东坡的眼眸，也在中国书法绘画史上留下了浓墨重彩的一笔。这个人就是后来名扬天下的米芾。

此时的米芾，书法、绘画虽然还不能与苏东坡等前辈相提并论，却已初露头角。他从湖南到金陵去看王安石，又在马梦得的引荐下，到黄州来见苏东坡。他年纪虽轻，却生就一身傲骨，哪怕面前坐的是名满天下的文宗苏东坡，亦丝毫不怵，不执弟子礼，只以前辈相称。

苏东坡却将这位年轻的后生引为座上嘉宾，设宴款待。

米芾在黄州期间，一老一少两位酷爱艺术的大家，热烈地讨论着书画诗词之道。作为长者前辈，苏东坡娓娓而谈，没有丝毫架子；作为后生晚辈，米芾不卑不亢，有问有答。欢洽和谐的气氛，让苏东坡忍不住把珍藏的宝贝都拿了出来。

那是一幅吴道子的真迹。苏东坡最初在长安陈汉卿家见到了这幅画，回家后一直念念不忘，后出知徐州，得之于好友鲜于子骏，之后一直将其视为家中长物，轻易不肯示人。

对于当时的场景，多年后已成为书画大家的米芾仍记忆犹新，他这样回忆道："苏轼子瞻家收吴道子画佛及侍者志公十余人，破碎甚，而当面一手，精彩动人。点不加墨，口浅深晕成，故最如活。"

米芾所评，句句精准、独到，也难怪苏东坡独奉画给他鉴赏。知音相遇，高山流水，加之有美酒助兴，更是酣畅痛快。苏东坡喝到尽兴处，又特地拣出一张观音纸，让人将纸贴于壁上，他则濡笔弄墨，面壁而立。当着米芾的面，苏东坡悬腕挥毫，笔起墨落，两枝瘦竹、一株枯木、一块怪石，赫然活于纸上。

米芾屏息，从头观到尾，不敢发一声，直到苏东坡收笔，才忍不住问："何不逐节分？"那是让米芾大为惊讶不解的地方。苏东坡画竹，一笔从地起，直至竹杪，与常法自顶至地、先竿后节的画法截然不同。

“竹生时何尝逐节生！”苏东坡笑回。

苏东坡画枯木怪石，米芾评曰：“子瞻作枯木，枝干虬屈无端，石皴硬，亦怪怪奇奇无端，如其胸中盘郁也。”

苏东坡来黄州之后，始画枯木怪石，不是无端巧合。那些枯木怪石正是他不与世俗苟合、极力保持自我思想之体现。米芾两个“无端”，正中苏东坡心下之意。

这幅怪石枯木图，遂成苏东坡与米芾这对忘年交的定交之物，米芾将此视为珍宝。可惜后来此画为王诜探知，借去欣赏，竟再无下文。米芾亦不好催要，心中悻悻，只得在他的《画史》上记下如此一笔：“后晋卿借去不还。”

元丰五年（1082），是苏东坡来黄州的第三个年头。在黄州的这些日子，他或在临皋亭外看暮色四合，或在雪堂窗下画竹抄书，或在东坡地头耕作秋收，偶尔也往寺院深处静坐听钟。当然，仍与老友相会，往来诗信寄怀；更与新交同游，冷月清风下酒。扫地焚香、煮茶临书，桑熟麦黄、青橘甜瓜，千帆落溪、雪夜梅花，时光轮转，四时交替，过去种种，好似昨日之日，逐渐变远模糊，先前心中的那些郁闷、愁苦与委屈，好像正在被黄州的山水濯清，被四时的清风抚平，逐渐释怀，逐渐澄明。

苏东坡的根终于是一点点扎进了这片热土，他想在这片土地上长久地住下来。眼下虽有东坡数十亩地可耕种，但那毕竟是官府的公用地，哪天被收回亦未可知。

苏东坡想在黄州买一块地，一块完全属于自己的土地。

离黄州东南三十里的地方，有一片叫沙湖的地方，地处山谷之中，土壤肥沃。于是，苏东坡打算在这里买田。

三月七日，苏东坡在几位当地朋友的陪同下，一同前往沙湖相田，不料途中突遇大雨，同行的人被淋得狼狈不堪。因种种原因，沙湖的田最终没有买成，但在苏东坡的诗词创作史上，又留下一篇力作。

莫听穿林打叶声，何妨吟啸且徐行。竹杖芒鞋轻胜马，谁怕？一蓑烟雨任平生。

料峭春风吹酒醒，微冷，山头斜照却相迎。回首向来萧瑟处，归去，也无风雨也无晴。

自沙湖看田归来，或许是因淋了雨，苏东坡发起高烧，左臂肿痛的老毛病又犯了。恰好当地麻桥有一位叫庞安常的医生，听说医术高明，针灸尤绝，于是前往医治。

前往求医途中，路过酒家暂停休憩。夜晚，苏东坡见月色怡人，于是乘月散步，不知不觉间走到溪边小桥上，四下寂静，夜色温柔，酒意微醺，索性以臂做枕，躺下稍作休息，没想到却沉沉睡去。等他再次醒来时，天已破晓，四下望去，景色之美，怀疑非在尘世。于是，一首《西江月》应景而生：

照野弥弥浅浪，横空隐隐层霄。障泥未解玉骢骄，我欲醉眠芳草。

可惜一溪风月，莫教踏破琼瑶。解鞍欹枕绿杨桥，杜宇一声春晓。

庞安常的针灸之术果真神奇，几针下去，苏东坡臂痛的毛病立愈。可惜他医术高超，却无法治好自己的耳聋，他与苏东坡只能在纸上进行笔谈。因颖悟绝人，他们之间的交流不费丝毫力气，往往写不了几个字，庞安常便知晓苏东坡是何意。苏东坡开玩笑说："吾与君皆异人也，吾以手为口，君以眼为耳，非异人乎？"庞安常被逗得哈哈大笑。

病好一身轻，又识得庞安常这样的人间异人为友，苏东坡的心情大好，便与庞安常相约同游清泉寺。

清泉寺在蕲水县（今湖北浠水）城外，寺中泉水清冽，据说是东晋大书法家王羲之的洗笔之处。清泉寺下临兰溪，溪水西流，溪畔景色如画。面对此情此景，苏东坡又作了一首后来流传甚广的词作：

山下兰芽短浸溪，松间沙路净无泥。萧萧暮雨子规啼。

谁道人生无再少？门前流水尚能西。休将白发唱黄鸡。

苏东坡，还是那个乐观且旷达的苏东坡。

## 五、泛游赤壁，一词两赋

东汉末年，公元208年，在长江赤壁一带，发生了中国历史上著名的战役——赤壁之战。

那是中国战争史上一场以少胜多、以弱胜强的著名战役，对于这一点，后人从无任何疑义。但对于战争的发生地，历来众说纷纭。

湖北境内，江汉之间，称为赤壁的地方共有三处。一为今湖北嘉鱼东北江滨，《荆州记》中载蒲圻沿江一百里南岸，与乌林相对之处；二是在武昌东南七十里，又名赤矶者；三是在黄州，即苏东坡当年的贬谪之地，今天黄冈城外，名曰赤鼻矶。

苏东坡来黄州不久，曾与儿子苏迈漫游江岸。过知州官邸不过百步，就见一处绛色崖壁高高耸立于深碧色的江水之间，其森然挺拔的气象深深震撼了苏东坡。与人寻问，方知此地名为赤壁。自此，苏东坡便常常驾舟前往，到崖下江中游玩。

赤壁下多彩色卵石，这些深深浅浅的红色、黄色卵石，在经年的江水冲刷下，被磨洗得晶莹如玉，细纹如手掌上的螺纹，清晰可见。这些卵石，大的约两寸，小的则如枣栗菱芡，历历可数。

苏东坡非常喜欢这些小石头，于是开始收集，久而久之，竟然积攒了二百七十颗。他把这些小石头用一只古铜盆装起，注入水，看上去更加晶莹灿烂、光彩夺目，沉寂江底不知多少年月的石头，一转身却变成了一件难得的艺术品。

江山风月，人间美景，在黄州的苏东坡，物质上虽清苦不已，却仍可以主人的姿态，向远方的友人献上一份视觉盛宴。

元丰五年（1082）五月间，又一位远客不期而至，是四川绵竹武都山的道士杨世昌。他云游庐山，特来黄州看望苏东坡。杨世昌虽为方外之人，却是一位地地道道的才子。他善画山水，擅鼓琴吹箫，通晓天文、历法、星相，还是一位生活高手，炼丹、制药、酿酒，无所不精。

杨世昌的这些爱好，恰皆是苏东坡所热衷的。这样的两个人相遇，该激起日子里多少快乐的水花！

方外人还有一个最大的好处，就是无家室羁累，他们四海游荡，随处安身。因此，苏东坡便心安理得地留他在雪堂住下来。

白日二人相约放歌纵酒，夜晚灯下谈论炼丹养生之道。苏东坡还是一个标准的实干家，对世间事物怀着不泯的好奇心。他从杨世昌那里讨了一份酿蜜酒的秘方，回到临皋亭便悄悄行动起来。在临皋亭那间狭小的厨房里，他挥汗如雨，折腾得很起劲，也很快乐。

苏东坡的蜜酒，不但没能香飘满城，还把他的肚子给喝坏了。大约是缺少耐心，又不能严格按照杨世昌提供的秘方操作，酒酿糟了。失败了就失败了，哈哈一笑了之，反正眼下他不缺美酒。

徐大受知他爱酒，隔三岔五会派人送一些来，还有黄州邻近的四五个郡县，也常有人送酒给他。苏东坡喝酒不像喝茶那么讲究，他把各种各样的酒统统倒进雪堂一个大酒缸里，美其名曰“雪堂义樽”。酒香、情义，全在这名字里了。

杨世昌的到来，让苏东坡更加热衷于到周边山水间游历。山水、佳伴，还有杨道士的箫声琴韵相佐，说不尽的风流雅致。

这年七月十六日夜，是夏末秋初的一个月圆之夜。苏东坡与杨世昌，还有另外几位朋友一起泛舟赤壁之下。这夜的水光月色与良朋琴音，再次激发了苏东坡的怀古幽思之情。此次游历，在中国古代散文史上又添一枝奇葩——《赤壁赋》。因后来苏东坡又作《后赤壁赋》，故此篇亦被称为《前赤壁赋》。

《赤壁赋》之后，他又写下了一首著名词作《念奴娇·赤壁怀古》：

大江东去，浪淘尽、千古风流人物。故垒西边，人道是、三国周郎赤壁。乱石崩云，惊涛裂岸，卷起千堆雪。江山如画，一时多少豪杰！

遥想公瑾当年，小乔初嫁了，雄姿英发。羽扇纶巾，谈笑间、樯橹灰飞烟灭。故国神游，多情应笑我、早生华发。人间如梦，一樽还酹江月。

纵有山水可佐酒，纵有新朋故交相慰藉，纵然苏东坡已经在来黄州之后的这两三年间，重新树立起一道坚固的心理防线，让他的日子看上去灿烂明亮，但他终归是人，不是仙。其实，神仙亦不可能完全摆脱痛苦与烦恼。

长江边，赤壁崖下，看惊涛拍岸，远去的古人亦在眼前浮现。风流倜傥的周瑜，谈笑自若间，就让曹操大军灰飞烟灭。那一年，周瑜才三十几岁，一个男人最年富力强之时，收获了那个年纪的男人想拥有的一切，事业、名声、美满的爱情。

苏东坡不能不低下头来看自己，年近半百，满头白发，还在这寂寞小城，老大无成。振兴王朝的热望，报国济世的壮怀，都似眼前这滔滔东流的江水，一去不复返。

七月的赤壁之游，苏东坡和朋友们乘兴而去，尽兴而归。三个月后，十月十五日，又一个月圆之夜，苏东坡和杨世昌及另外一位朋友，从东坡雪堂夜归临皋亭，此时已是深秋，“霜露既降，木叶尽脱”，抬头望明月在天，低头看人影参差错落在地，三人忍不住一路走，一路行歌相答。

如此月白风清良夜，岂可轻易错过！

苏东坡忍不住叹曰：“有客无酒，有酒无肴；月白风清，如此良夜何？”

其中一客（后人疑是古耕道）回道：“今者薄暮，举网得鱼，巨口细鳞，状如松江之鲈。顾安所得酒乎？”

他们渴望的酒，王闰之早已为他们准备好了：“我有斗酒，藏之久矣，以待子不时之需。”

有酒有鱼，有月有友，三人又携酒与鱼，再次泛舟赤壁之下。

这一次，苏东坡游兴更浓，船至赤壁岩下，竟撇下朋友，独自摄衣上山，并于崖顶“划然长啸”。

苏东坡泛游赤壁，在中国文学史上留下一词两赋，这三篇华章让黄州赤壁名扬天下。它的声名，甚至超过了历史上的古战场赤壁。

元丰五年（1082）十二月十九日，是苏东坡四十七岁生日。是日，朋友们在赤壁之下摆酒设宴，为苏东坡庆生。因前几次游历响动太大，这一次略显沉寂，不作详述。

苏东坡与赤壁的情缘，至此画上一个小小的句号。

在苏东坡辞世六十余年后，宋代另一位文士戴复古重游赤壁，在他的《赤壁》一诗中，第一次给苏东坡冠以“坡仙”名号：“长江酹明月，更忆老坡仙。”

在中国文学史的长河中，能称得起“仙”的文学艺术家并不多，大唐不过李白，被称为“诗仙”，宋代只有苏东坡，人称“坡仙”。

## 六、尘世生活，亦仙亦俗

元丰五年（1082）九月，一个蓬头垢面的男人突然出现在苏东坡面前——他的眉山同乡巢三。巢三的出现，让苏东坡又惊又喜，与这个儿时的伙伴，已有太多年未曾见面。

巢三，本名縠，后改为谷，字元修，出身于眉山农家，少时读书中过举，却未能通过礼部的进士试，遂在京城浪迹游荡。见京城内有武艺高强之人，自己又有一身好力气，巢三遂生出弃文从武之心，欲改从武举求个出身。考武举更非易事，巢三学了一阵子骑马射箭，最终还是铩羽而归，止步于功名仕途之外。之后，他孑然一身，在秦凤、泾原等地浪游，结交了当地许多豪杰侠士。熙河名将韩存宝与巢三交好，他便在韩存宝的帐中做了几年幕僚。熙宁四年（1071）七月，韩存宝以逗留不进之罪伏诛，临死之前，对巢三寄予重托，让他把几百两银子送交妻子。巢三怀揣银两步行交与韩存宝之子，之后隐姓埋名，在江淮一带逃亡了一年多。他此次前来黄州，名为探望乡友，实有避难之意。

面对旧时玩伴，巢三丝毫不避，一五一十地把这些年的遭逢都告诉了苏东坡。

眼下的苏东坡，除了有片东坡可种，有五间雪堂可居，比流亡实在好不了多少，但他还是义无反顾地把巢三留了下来。他说，苏迨、苏过二子正缺一个老师。巢三疲惫的面容终于逐渐舒展开来，他跟在苏东坡身后，去了雪堂。

此时，道士杨世昌还在，他亦住在雪堂，又来了个巢三，雪堂比往常更加热闹。杨世昌教苏东坡酿酒、炼制丹药，巢三除了认真教苏东坡二子读书，还跟苏东坡一起研究美食。

在来黄州的途中，苏东坡就已在算计将来的口食："长江绕郭知鱼美，好竹连山觉笋香。"后来，他果真用这些遍地可寻的便宜食材做出诱人美食，饱腹之余，也用来招待客人。

在苏东坡的眼中，黄州实在是美食家的天堂。他用长江的新鲜鲫鱼，煮出鲜美无比的鱼羹；又用当地贱如泥土的猪肉，做出了名扬后世的"东坡肉"。

苏东坡在灶前给巢三煮自己最爱吃的黄州猪肉，絮叨着这道菜的做法。烟熏火燎中，两个人常常忍不住相视大笑。巢三的厨艺不在苏东坡之下，他的煮猪头、灌血腈和姜豉菜羹，让苏东坡和孩子们吃得满嘴生津，忍不住啧啧称赞。

巢三的到来，又勾起苏东坡的无限乡思。

离家十余年，家乡的味道依然萦绕在舌尖，谈起家乡一种名为巢菜的蔬菜，两人又是一番感慨。两个离家已久的男人，对这道菜皆情有独钟。眼下离家万里，哪里有巢菜影子可寻，只能彼此打趣，过过嘴瘾。巢三说："孔北海戏杨修，指杨梅曰：'此是君家果。'依其例，此菜该称吾家菜。'"苏东坡也幽默地接口道："就称巢家的巢菜叫元修菜吧。"

元修菜一名，不胫而走，后成餐桌上一道名菜。

苏东坡到底还是想方设法地把巢菜弄到东坡来了。巢三离开黄州回蜀之后，让人捎来巢菜种子，苏东坡把它们撒在了东坡上。

元丰六年(1083)，与苏东坡交情甚深的诗僧参寥，又从杭州不远千里赶来，在黄州住了一年，后与苏东坡一同离黄。

来人多，雪堂亦显得拥挤。这年五月，在临皋亭附近的高坡上，又矗立起三间新居，苏东坡称之为南堂。

南堂的建成，得力于与苏东坡同年进士及第的蔡景繁。蔡景繁任淮南转运副使，黄州在他辖任范围之内。这年春夏之交，他巡视属邑，来到黄州，专程前往临皋亭看望苏东坡，见苏家住房紧张，便出资替他盖了这三间新房。

南堂坐北朝南，俯临大江，开窗即有大江风月涌入，尤宜静心怡情。苏东坡在南堂中读书习文、写字绘画、炼丹养气、迎宾会友，再不必为天雨屋漏而愁苦，亦不必为家中来客过多而担忧。

不过，这份诗意只是苏东坡在黄州生活的小小一角。随着年岁渐长，加上亲自耕作的劳苦，来黄州的几年，苏东坡的身体状况一直不太好，尤其进入元丰六年（1083）后，一场风寒引起咳嗽，绵延月余仍然不能痊愈。进入春夏之交，又害起疮疖。疮疖的风火之毒上升，侵及右目，炎赤肿痛，几至失明，把苏东坡一直困在家中。

苏东坡生活中的一点风吹草动，都可能在这小城中引发一场不小的地震，就如当年他发“小舟从此逝，江海寄余生”的感慨带来的风波一样，这场眼病又引发了一波谣言。

说来也是巧，是年四月，临川的曾巩在江宁病故。不知哪个好事者，竟把他的死与苏东坡联系到一起，说他们同年同月同日被天帝召唤，去往玉楼修文了。

苏东坡躲在家中，闭门谢客安心养病，却不知他登仙而去的消息早已传遍大江南北，连身在皇宫的神宗也听说了。其时，神宗正在传膳，听到苏东坡已去的恶闻，忍不住连声叹惜，他起身离几，再也吃不下去。

在许昌的范镇一直对苏东坡青眼有加，他是个至情至性之人，有人把这个消息告诉他时，他丝毫没有怀疑这则消息的真假，当时就失声大哭起来；又命家中子弟，立刻带钱赴黄州吊唁，安抚苏东坡遗属。家人倒比范镇冷静许多，说这个消息不知是真是假，仓促前去怕太唐突，不如先派人去黄州打探一下。

范家门客李成伯星夜兼程地赶赴黄州，到了黄州，他看到一个好好活在那里的苏东坡。道出此行缘由，苏东坡才知道，他的“死”已在朝野内外闹得沸沸扬扬。笑罢，又忍不住眼角湿、心头热，立即修书一封，让李成伯带回去给范蜀公。

谣言过去，生活继续。这年九月二十七日，苏家上下都沉浸在难言的喜悦中，这一天，王朝云和苏东坡的爱情结晶降临人世。

这一年，苏东坡已经四十八岁。

王朝云十二岁进入苏家，多年来跟着苏东坡漂泊无定，家中的几位侍儿都选择了离开，唯王朝云不离不弃。她对苏东坡的情感里，有崇拜，有怜惜，更有深深的理解。

苏东坡为孩子取名遯，乳名干儿。遯者，遁也。苏东坡的避世之意，全部倾注在这个小娇儿的身上。

贬谪之路，何时终了？苏东坡是否真的已不再关心国事？风雨兼程，悲欣交集，回首，是否真的亦无风雨亦无情？

## 七、旧臣起复，作别黄州

苏东坡遭遇乌台之难，是大宋朝局走向动荡的一个缩影。轰轰烈烈的熙宁新法，渐渐演变成热衷权势者手中的工具，他们借此工具，在朝中排除异己，肆意攻讦。那些曾经立下汗马功劳的元老重臣，对眼前政局失望透顶，纷纷退出朝堂，各寻一隅，闭口不谈国事。

司马光在洛阳独乐园，专心编撰《资治通鉴》；以太子少师致仕的张方平退居南都，健康状况每况愈下；韩国公富弼，致仕后在洛阳优游于泉石之间，元丰六年（1083）薨逝；就连当年抱负冲天、雷厉风行的王安石也躲到金陵，每日骑驴，踽踽独行于钟山道上，沿途寻诗。

这几年，围绕在神宗身边的，是蔡确、章惇、王珪、张璪等一批新进政客。他们把追求权力视为人生最高理想，平日里挖空心思努力做的，是如何为自己的功名利禄添砖加瓦，至于国家利益、民生民计，全然不在他们的考虑范围之内。

神宗是明君，但被一帮小人围绕，难免会做出一些不明智的决策与举动。元丰四年（1081）的西夏战事即是一例。

北宋与西夏自庆历和议之后，一直打打和和，互有胜负，处于相持不下的状态。至神宗朝，西夏由外戚梁太后与其弟梁乙埋当权，国势衰落，政治腐败。元丰四年（1081），西夏发生政变，西夏王秉常被臣下幽禁。边臣觉得这是进攻西夏的大好时机，遂上书神宗，乘机向西夏发兵。神宗此时正被富国强兵之梦冲击得头昏脑热，他毫不犹豫地付诸行动，派熙河经制李宪、行营经略使高遵裕、副总管刘昌祚等五路兵马，大举西征。

十一月，泾原兵与环庆兵合围灵州（今宁夏吴忠、灵武一带），因统帅之间未达成一致，致使攻城受阻，给梁氏以可乘之机。

西夏人决黄河之水，滚滚浊浪冲进毫无准备的宋营，淹死的士卒不计其数，侥幸逃脱者，最终也丧生于追兵的刀剑之下。

目睹这场战争之惨烈的张舜民，原是高遵裕府中的一名掌管机要的文书，他作诗述及宋兵久屯失利的情形，惹怒了朝廷，被贬官监郴州酒税。张舜民绕道黄州，拜访苏东坡，并向他详述兵败的经过。

从一位亲历者的口中，苏东坡了解了这场战争的惨烈，军民死伤、边城被毁，朝廷在西北边疆数年的心血毁于一旦。他亦深感屈辱痛楚，可却连发声的机会都没有。

同年，种谔破银州（今陕西米脂）、夏州（今陕西横山）、宥州（今陕西靖边）。鄜延路经略使沈括趁机向神宗建议，请在永乐（今陕西米脂西北）筑城，围阻西夏。神宗遂召派给事中徐禧与内侍李舜举去永乐实地考察。

徐禧曾来蕲水，与苏东坡见过面，此人“疏旷有胆略，好谈兵”，而沈括的为人，苏东坡更是清楚。让这样两个人担当如此军国重任，苏东坡心中有说不出的担忧，可他什么都不能说。

果不出苏东坡所忧，大宋在永乐筑城屯兵，让西夏甚感威胁，元丰五年（1082）九月，西夏派三十万大军将永乐城团团围困。永乐地处夏、银、宥三州交界处，依山无水，军士被困城中，缺水乏粮。不久，城破，李舜举、徐禧等均落入西夏人之手。消息传至京都，神宗大惊，立即手诏西夏，若他们能保全该城官兵，当尽还已侵之地。可惜，诏书未到，李、徐等人已经死难。

灵州、永乐两次大战，宋损兵折将，死伤不计其数，损失的银钱绢谷更是不可胜数。接到沈括和种谔的奏报，神宗“涕泣悲愤，为之不食”，早朝时更是当庭痛哭，悔咎不已。永乐战败，彻底击垮了神宗的斗志，更让他深刻意识到不能轻易倚任边臣。从此，他再无意于西伐。

苏东坡远在黄州，只能通过零星传来的消息，得知国是一二。一个被剪掉羽翼的贬官，除了空自忧心，还能做些什么？

但苏东坡向来是闲不住的，走到哪里都爱管些“闲”事。

先前，寓居武昌的乡人王天麟来访，闲话间常常谈到当地一些风土人情。听王天麟说，岳州（今湖南岳阳）、鄂州一带，很多家庭一般只养育二男一女，超过此数，再有新生儿，便会将其浸于冷水中溺死。当地还有重男轻女之观念，尤其忌讳生下女婴。

为这个消息，苏东坡一连数日茶饭不思，坐卧不宁。当年在密州，那些为饥饿穷困所迫的百姓，无力抚养幼儿，只得将他们丢弃，而此地发生的一切，更是耸人听闻。苏东坡自知无力解救这些孩子，他必得求助有实权的人。

在给鄂州知州朱寿昌的信中，苏东坡不但给出救助建议，还介绍当年在密州救助弃婴的经验。天下没有不爱子女的父母，眼下惨剧的发生，一在于人们的愚昧无知，二来也为穷苦生活所困。按大宋律，“故杀子孙，徒二年”，政府应大力展开普法教育，禁止这种行为；另一方面，也要给穷苦人家一定的救济，“初生数日不杀，后虽劝之使杀，亦不肯矣”。

这种恶俗，其实不只在岳州、鄂州一带有，黄州亦有。苏东坡得知后，立刻号召古耕道等本地的一些朋友，成立了一个民间慈善组织——救儿会。他们向本地富户募集资金，购米买布和一些必需的婴儿用品，由专人管理，再想方设法送到那些家贫子多的人家，给予救济。作为救儿会的发起人，苏东坡不光奔走出力，还捐了钱财，“吾虽贫，亦当出十千”。

从御史台的监狱出来，与儿子苏迈千里赴黄州之时，苏东坡曾一再告诫自己：“平生文字为吾累，此去声名不厌低。”在开启新生活之前，他决计学得聪明一些，三缄其口，不论世事。可事实证明，江山易改，禀性难移，他那颗忧国忧世的心，不容他安枕高卧，闲云野鹤般超然世外。他的目光，穿得过自身的荣辱得失，看得破人情冷暖，却无法冷漠地避开劳苦大众的苦难。

诗文之中，朝堂之上，苏东坡先前频频讥议新法，神宗很是恼火。神宗想给苏东坡一些警示，乌台诗案中，他朱笔一挥，就将苏东坡发配到黄州。其实，神宗早已心生悔意，但是天子一言，不应轻易反复。他有义务接纳台谏谏言，加之新法是他力推的既定政策，不容反对之声肆意流布。有了这两重顾虑，神宗只得暂时把苏东坡放在黄州。重新起复苏东坡，不过是早晚的事。苏东坡心中无底，神宗却是有数，他只不过在等一个机会。

回望身边，元老重臣已纷纷起身离去，神宗被一种莫名的孤独感环绕。他想念那些远去的老人，这些人中自然也包括苏东坡。

宋代的行政组织基本沿用五代旧制，如今弊端已越来越明显。机构臃肿重叠，官吏职责不明，人浮于事，严重影响了行政效率。神宗决定改革官制，仿效唐六典所载官制，颁三省、枢密院、六曹条制，任命尚书、中书、门下三省长官，实行新官制。这场轰轰烈烈的官制改革，于元丰五年（1082）正式推行，史称“元丰改制”，却在两年之前就已酝酿。

元丰三年（1080），神宗准备改革官制，打算起用司马光，苏东坡也在被起用之列。朝堂上，神宗把早已准备好的官职图交给时在相位的蔡确和王珪。在这张官职图中，御史中丞下写着“司马光”，而中书舍人、翰林学士的位牌上赫然贴着“苏轼”姓名，另外，几个因反对新法而离开中枢的旧臣也各有安置。

神宗面色凝重，环视朝下群臣，随即谕曰：“此诸人虽前此立朝议论不同，然各行其所学，皆是忠于朝廷也，安可尽废？”

神宗一席话，来得太过突然，蔡确、王珪一时相顾失色，却无言可驳，只得高声附和：“领德音。”

于这帮新法执行者来说，这哪里是德音，分明是噩耗。退朝下殿，蔡确急傻了，兀自喃喃道：“此事乌可？须作死马医始得。”

神宗的语气神色，已经表明了他不可阻挡的决心。王珪等人知道，生硬顶撞肯定不成，要想一个巧妙的计谋。王珪们所想的，就是后来让大宋丢兵弃地的误国之计——他们怂恿神宗发动了对西夏的战事。神宗的目光因此从那张早已规划好的官职图上移开，投向西北边疆。起复苏东坡的事情，就此搁下。

元丰四年（1081）十一月，神宗再次召集朝中重臣，于天章阁议事，商定官制除目（任官名单）的大事。在这次议事中，神宗再一次想起苏东坡，欲将苏东坡安排在著作郎的位置上：“此非轼不可。”

彼时，西夏边境的战事正进行得如火如荼。当天的议事完毕之后，神宗又对群臣道：“朕与高遵裕约定，当于某日下灵武，等他捷报到来，必须大肆庆赏，其时官制可行，除目可下。”这自然是极端绝密之事，神宗不忘告诫在场诸人，“外人若知此消息，定是卿等滥漏，都须负责。”

神宗与高遵裕的约定，最终以灵武大败而收场。几十万大军覆没的消息，让神宗绕室长恸，哪里还顾得上官制除目。苏东坡在黄州，只为西夏战败而痛心疾首，却不知他回归朝堂的起复之路再次流产于无形。

元丰五年（1082）四月，新官制将行，蔡确为尚书右仆射兼中书侍郎，章惇为门下侍郎，王珪为尚书左仆射兼门下侍郎。至此，朝中事无巨细，皆由中书省取旨、门下省覆奏、尚书省执行。蔡确、王珪、章惇形成一个权力组合体，朝中重权基本落于这三人之手。

是年，议修国史，此时神宗再次谕示：“国史至重，可命苏轼成之。”

王珪听后面露难色，神宗见状改口道：“轼不用，姑用曾巩。”

曾巩遂代苏东坡编《太祖总论》，进呈，却不合圣意。元丰六年（1083），曾巩丁忧南返，竟于这年四月病殁于江宁，为此还闹了一出苏东坡与曾巩一同登仙修文的闹剧。

这场闹剧后来虽被证实不过一场误会，却也让神宗大大伤神了一回。他欲起用苏东坡的旨意被蔡确、王珪等人一阻再阻，虽贵为天子，却也无能为力。

说苏东坡不期盼被重新起用，那是假话，但如今蔡确、王珪等人当权，苏东坡又实在惧怕了那些人事纷争，他宁愿在黄州耕读自足，以期终老。

转眼已到元丰七年（1084）正月，苏东坡已在黄州待了整整四年。神宗这次不再与执政的宰辅们商量，他径以皇帝手札量移苏东坡于汝州。

皇帝手札，又名手诏。采用手诏，常表示一种特殊恩典，或是皇帝决意要办某事的一种率直表示。皇帝手诏颁发，臣子不得再议，只能无条件执行。这是一种打破常规的做法，一种不到万不得已不会采用的特殊文件。神宗此时决然使用手诏，可见他对那些横加阻拦者的厌恶，还有对苏东坡的一片深情。

量移虽也是一种恩典，但毕竟还算不得起复。在下这道量移手札之前，神宗也颇费了一番思量。这一次，他直接越过执政大臣办理此事，可能会因此愈发加剧这些人对苏东坡的排斥，先把苏东坡调到离京城较近的汝州慢慢再作观察，也是保护苏东坡的一条稳妥之计。

京城中，神宗苦心营划着下一步对苏东坡的安排，而苏东坡却在黄州做着养老的打算。

元丰六年（1083）的一场病，把远在许昌的范镇吓得不轻，听说苏东坡还好好活在黄州，他才算放下心来。当他听说苏东坡已经打算在黄州购田置产，作退隐终老之计时，他又写信给苏东坡，希望苏东坡能去许昌买田，将来比邻而居。苏东坡接信，感动万分，却不能依信中所言。这四年来，远离了都城，处在黄州这片偏远之地，来往结交的都是闲人野士，而许昌离京城不远，他怕自己再也适应不了那种觥筹交错的官场生活。

苏东坡婉言回绝了范镇的好意，他不想去许昌，却派苏迈到荆南的小田庄去了。那是陈慥为他打听来的消息，说荆州附近有一座小田庄要卖，苏东坡动了心，把家里所有的钱都收拾出来让苏迈带上，前去小田庄相看。

很遗憾，苏迈空跑了一趟，小田庄的交易未成。

元丰七年（1084）三月三日，上巳节，苏东坡与参寥及另外两三位朋友，一起相约去踏青访春。

定惠院东面的小坡，有一处私人的园圃。正是在那里，初来黄州的苏东坡发现了那株生于杂花乱草中的海棠。此后，每年海棠花开时节，苏东坡必携酒来海棠花树下喝个一醉方休。

那一天的苏东坡难得放松，他在海棠花下和朋友们频频举杯。头顶海棠花开正盛，身边不远处桃李含笑，白如大珠的花朵开满枳树枝头，香气逼人。木性瘦韧、筋脉呈露的枳树，枝杆似颈项，粗糙无比，却是香色不凡。因无多少实用价值，并不受当地人的待见。园子主人与苏东坡熟了，特意为他留下来。几年过去，那些枳树也如那株海棠一样，成了苏东坡的良朋佳伴。

从小园饮酒出来，一行人又到尚氏府上。尚氏虽是市井中人，其庭园中的竹木花圃却修剪得整洁、可爱。苏东坡此时已喝得微醉，便和衣倒在尚家的小板阁里，沉沉睡去。

傍晚，一行人又游览了何氏、韩氏竹园，他们在何氏园的竹阴下再次置酒痛饮，边饮边聊，兴尽方踏上归程。

那时，苏东坡对京城内发生的一切毫不知情，还打算在黄州把日子好好过下去。从何氏园离开时，他特意向主人要了一丛橘树苗，准备种在雪堂西边的空地上。之前还买了一只大木盘，打算用来浸泡瓜和李子。

还未从上巳春游的宿醉中彻底醒转过来，苏东坡便接到了神宗的手诏。

神宗在手诏中道："苏轼黜居思咎，阅岁滋深，人材实难，不忍终弃。"

一直以为自己被朝廷彻底抛弃了，神宗一番话，几乎让苏东坡热泪奔涌，他绕室低回，斟酌再三，作谢表呈给神宗，时已三月中旬。

对手们再次鸡蛋里挑骨头，在神宗面前进言："观轼表中，犹有怨望之语。……其言，'兄弟并列于贤科'与'惊魂未定，梦游缧绁之中'之语。"说苏轼以为自己是因诗词被遣，毫无悔改之意。

神宗淡淡回道："朕已灼知苏轼衷心，实无他肠也。"

神宗将对方驳了个脸红语塞。此后，再无人敢在神宗面前提及此事。

拜谢表已发出，接下来的日子里，全家人忙着收拾行李，准备离黄。

从元丰三年（1080）二月抵达黄州，到元丰七年（1084）三月接到手诏，苏东坡在黄州这个偏远的小城已待了四年有余，孩子们已经满口的吴楚方言，而他的根须亦深深地扎进了黄州的角落。

而今，要与这一切告别，他不舍，左邻右舍也不舍。他们听到消息，纷纷拥进苏家大门，与苏东坡话别，也送来当地的特产，请苏东坡喝酒，也请苏东坡写字留念。

苏东坡把苦心经营的东坡、雪堂，还有乳母的坟墓，一并托付给朋友潘丙照看，然后如一只漂泊东西、任意南北的鸿雁，轻轻一个挥手转身，便与黄州就此永别了……

## 第七章

# 风雨京华

### 一、访问子由，三游庐山

苏东坡告别黄州，潘丙、古耕道、王齐愈兄弟等多位故交好友乘船相随，一路相送，在苏东坡的再三劝阻下，大家才依依不舍地告别。

陈慥也来了，任苏东坡如何劝，他也不回，坚持要把苏东坡送到九江。离别的渡口，一对好友执手相看，殷殷叮咛。

江西九江别过陈慥，老友刘恕的弟弟刘格相迎。此时，陪在苏东坡左右的，是从黄州一路相随的诗僧参寥。参寥自去年三月间从杭州来，直到苏东坡得诏，他才跟着一起离开。

在刘格的陪同下，苏东坡和参寥一起前往庐山访游。

庐山，位于浔阳县(今江西九江)东南三十余里处。山北是烟波浩渺的扬子江，山南为碧波万顷的鄱阳湖，加之庐山本身亦是层峦叠嶂，七重大岭，连绵起伏，层峰耸立，云雾常年缥缈于山间，宛如人间仙境。

四月二十四日一大早，苏东坡一行便从庐山北麓一条幽僻的路上了山。置身山中，行走在浓荫之下的蜿蜒山径上，但见身畔奇花异石不时闪现，潺潺涧水随山势曲折，远处的鸟鸣、近处的水声、枝叶间洒落的晨光、扑面而来的山风，把盘踞在苏东坡心头多日的愁与苦一扫而光。

大自然最伟大慷慨的馈赠，只宜静静享受。苏东坡与身边的参寥约定，此行决不作诗。

行走在庐山山中，群峰岗峦迎面入眼，其怪异的形态让苏东坡觉得熟悉又陌生。这是他第一次来庐山，庐山却似他的老朋友，尤其那些见面即热情相呼的山中僧人，更让他怀疑是遇上了故人。

一僧二俗三个人，顺路盘旋而上，先到五老峰下的开先寺。

五老峰在庐山之东南，因山的绝顶被埡口所断，分成并列的五个山峰，仰望俨若席地而坐的五位老翁，人们便把这原出一山的五个山峰统称为“五老峰”。五峰耸立，绵延数里，山峦之间似断似续，各峰姿态不一，有似诗人吟咏，有似武士高歌，有似渔翁垂钓，有似老僧盘坐。又因此处常年云聚云散，光景变幻无常，形成有名的云海奇观，历来为人称道。

开先寺位于五老峰下。南唐中主李璟年少时曾在此读书，即位后又下诏改建为寺庙。寺中古木参天，楼台错落掩映，东西两大瀑布的轰鸣之声直入耳畔。

四五月间，初夏时节，正是庐山雨水极为丰沛的时候，在住持的陪同下，苏东坡迫不及待地前往两大瀑布。

只见瀑布从天而降，飞快跌落深潭，在金色朝阳的映照之下，呈现缤纷之色，水花与巨石相撞之声，隆隆如雷，引得山鸣谷应。在大自然面前，任何人事都显得微不足道。

徜徉于庐山的山光水色之中，苏东坡无酒自醉。

离开开先寺时，已是月出东山，几人乘月色匆匆赶往甘泉口西面的圆通山。圆通山南有一座圆通禅院，苏东坡对其有一份特殊的感情。这是欧阳修的旧游之地，苏洵游庐山时，也曾在这里居住。少年时代，苏洵每与苏东坡说起庐山之游，必提及圆通禅院的居衲长老，对其极尽称赞之词。

四月二十五日，恰是父亲逝世十八周年忌辰，苏东坡特意赶在前晚入住圆通禅院，希望能以一种特别的方式缅怀父亲。

圆通禅院现任住持可仙禅师热情地接待了他们。

禅院中有一位名叫宣逮的老僧，亦是四川人。当年苏洵与居衲长老同游庐山，他一直侍奉在侧。是夜，苏东坡与可仙禅师和宣逮老僧闲坐谈天，听宣逮老僧谈及父亲的往事，苏东坡感慨不已。第二日，苏东坡斋戒沐浴，手书颂佛一偈，捐彩幡一对，为父亲祈求冥福。

接下来的几天，苏东坡往来山南山北，以为胜绝之处不可胜谈。但让苏东坡印象最佳最深的，还数开先寺漱玉亭的双瀑和栖贤三峡桥的激流，他认为此二处为奇中之奇、胜中之胜。

开先寺漱玉亭上观瀑是苏东坡进入庐山后遇到的第一处风景佳绝处，给他留下深刻的印象亦情有可原；而对栖贤三峡桥的钟爱，恐怕还要与他心中思念的一个人有关。

元丰三年（1080），苏辙罪迁高安。是年六月，过庐山，停留二日，曾游栖贤谷。时隔四年，苏东坡入庐山。

庐山胜景万千，苏东坡却无心观赏，他要去筠州，看望子由。

自元丰三年（1080）五月，苏辙为兄长送家眷到黄州，四年已过。四年间，尽管兄弟二人书信往来、诗文唱和不断，但距离带来的思念，唯实实在在的相见方能消除。

一路风餐露宿，急行慢赶，至奉新，苏东坡已经等不及，先派人送信给苏辙，“已次奉新，旦夕可相见”。

将至筠州，又写长诗一首。苏东坡回忆起当年移守河东，三个侄儿在济南雪中迎候，又想起与弟弟在怀远驿风雨之夜的对床之约。如今的他憔悴潦倒，弟弟与侄子不定要惊嗟成什么样子。

苏东坡星夜兼程，恨不能生翅飞去。

苏辙接信，早已到离高安二十里处的城外建山寺迎候。

苏辙天性沉稳而略显木讷，他不似哥哥那样交游广泛，来筠州几年，常来往的也不过当地寺庵中的几位和尚与禅师。

在苏辙接信的前几天晚上，洞山的云庵和尚还做了一个奇怪的梦，梦见他与苏辙及聪禅师，三人一同出城去迎接五祖寺的戒禅师。

云庵和尚梦醒，觉得事有蹊跷，一大早便跑到苏辙处告诉他这个怪梦。谁料云庵和尚话音未落，聪禅师便大步走来，苏辙问他：“子来，亦欲同说梦乎？”聪禅师说：“夜来辄梦见吾三人者，同迎五戒和尚。”

苏辙听了拍手大笑，说：“世间果有同梦者，异哉！”

不久，苏东坡的信便到了。苏辙、云庵见信大喜，急急雇了竹轿，出城二十里，到城外建山寺等候。

阔别四年多，兄弟二人在寺中相见。千言万语涌至心头嘴边，倒不知从何说起。苏辙说起之前云庵和尚和聪禅师的怪梦。苏东坡一听，也是一愣，随即哈哈大笑，想起幼年时的一段往事。

苏东坡八九岁的时候，常被同一个梦所扰，梦中他是一个和尚，往来于陕右一带。母亲亦曾多次告诉他，当年怀他之时，曾梦见一个和尚要来家里投宿。那个和尚的模样，母亲记得清清楚楚，身材瘦长，瞎了一只眼睛。

听完苏东坡的故事，云庵和尚大惊失声道：“戒，陕右人，而失一目。暮年弃五祖来游高安，终于大愚。”从现在倒数上去，恰为五十年，而东坡今年恰四十九岁。

在座诸人，包括苏东坡，都相信戒禅师即他的前身。自是而后，苏东坡便常着衲衣。

相较于兄长，儿女成群的苏辙在筠州的日子用寒酸二字都不足以形容。苏东坡在黄州，好歹还有数十亩东坡可耕，苏辙除了那点可怜的薪俸，什么也没有。尤其刚到高安时，临时住在盐酒税局里，房子破旧不堪，江水稍涨，屋子便要遭淹，后来乞得郡守许可，才借到一栋破旧的官宅。官宅已是十足的危房，墙壁歪斜，屋顶漏风漏雨，苏辙便以木头支撑，用泥巴来补，如此聊以容身。

只有厅堂外的东轩是苏辙新建造的，还算得上窗明几净。苏辙特意在轩前种了两棵杉树、百余竿绿竹，作为聚会休息的地方，算是家中最有情调的一间居室了。

环视弟弟的住处，苏东坡心中涌起阵阵难言的酸涩。弟弟眼前的苦日子，不能不说是拜他所赐，然而老老少少对此没有任何怨言。他在黄州的那几年，苏辙的几位女婿文逸民、王适和曹焕轮流前去探望，他们只说家里的日子尚可，不料竟如此潦倒。

就是苏东坡到来的那几天，苏辙仍然不能稍得空闲，要日日坐船渡江去税场，天晚方归。好在苏辙的三个儿子均已长大，他们可以陪同伯父游览当地一些名胜。

对三个侄子，苏东坡一直视如己出，平时信来信往，总不免要关注一下他们的学业与成长。这一年，老大阿梁（苏迟）、老二阿罗（苏适）已是可以和哥哥高谈阔论的英俊青年，老三虎儿（苏远）已经开始学作诗。有三个虎虎有生气的侄子绕于身边，谈论学问，共话家常，苏东坡备感欣慰。

苏东坡来后不几日，恰遇端午节。苏辙没有节假日，端午节照例早早渡江去鬻盐沽酒。佳节又团圆，这个端午节过得要比往年隆重一些。苏辙的夫人史夫人，按照四川老家的风俗，在门口挂上辟邪的菖蒲，给家人编了五彩的丝线，又亲自下厨做了家乡的水饼。

那是苏东坡几年来过得最为开心的一个端午节，但因弟弟不在家，还是让他觉得稍稍有些遗憾。

三个侄子明白伯父心中的怅然，饭后，他们主动提出到真如寺转转。三个初绽头角的侄子陪侍左右，一路欢声笑语不断。他们即景联句，连最小的虎儿也不甘示弱，出口即能成诗。

来去匆匆，在筠州，苏东坡只住得十日。兄弟二人尤珍惜这难得的相聚时光，把酒论诗，对床夜话，说不尽的感慨万端。可惜相聚的时光那么短，还未从重逢的惊喜中平静下来，新的离别又至眼前。

苏东坡从筠州返回九江时，家人尚未到达，参寥已从庐山下来，正在九江等他。

苏东坡和参寥见面后，二人去了慧日寺，之后他又独往白鹤观一游。观中松荫匝地，松下流水潺潺，说不尽的清幽古意。白鹤观的松声棋子声，十余年后还响在苏东坡耳畔。彼时，他已远贬海南，幼子苏过与儋守张中终日下棋，苏东坡静坐一边观看，又想起这年白鹤观之游。

佛印禅师与苏东坡神交已久，惜一直未得缘相见。前年，佛印离开庐山归宗寺，去润州金山寺任住持，故前番游庐山，苏东坡仍不得与其相见，心中难免怅然。孰料苏东坡此次回九江，正遇上佛印回庐山办事，仍住归宗寺。听闻苏东坡前来，佛印特派人送信给苏东坡，邀请他再游庐山。

佛印，又名了元，字觉老。此人才思俊迈，卓然不群，有着惊人的颖悟力与记忆力，博览群书，过目不忘，连神宗也深深折服，特赐佛印之号。接佛印信，苏东坡大喜，与参寥即刻前往庐山归宗寺。二人果然一见如故，携手同游，山间溪畔，相对长吟。

庐山东南的五老峰脚下，有一处白石庵，是好友李常少年时的读书处。李常离开后，山中人思念他，将他少时所居命名为李氏山房，李常出仕后，将他的九千卷藏书藏在庵中。这次重上庐山，苏东坡有闲到老友故居探话，遥想当年同窗共读的情形，提笔画了一幅枯木图留于庵中，以作纪念。

苏东坡此次游庐山的最后一站，是位于北香炉峰下的东林寺和西林寺。

东林寺原是东晋时慧远法师的道场，慧远法师在此组织了佛教史上有名的白莲社。寺南有香炉、经台、天池诸山环列，寺外有条虎溪，相传当年曾有老虎蓄于林间溪畔，护佑这座寺院。溪上有桥，名曰虎溪桥，慧远法师送客，从不过虎溪桥，只有一次例外。陶渊明、陆静修来访，慧远法师同他们边走边聊，不觉间过了虎溪桥，直到林间伏虎大声啸叫提醒，三人才如梦方醒，哈哈大笑。

这不过是一段记载于《莲社高贤传》里的山林佳话，与史实严重不符，陆静修访庐山之时，慧远法师已去世三十年，而陶渊明亦亡故二十余年。可三笑亭却在东林寺中留了下来，为东林寺平添了许多传奇色彩。

苏东坡来东林寺时，常总长老正在大事扩充院宇。对这位闻名遐迩的大诗人，常总长老自是拿出百分之百的热情相待。

是夜，苏东坡留宿东林寺。

春夏之间，虎溪水势丰沛，湍流汹涌，其轰鸣之声彻夜绕于苏东坡耳畔。静静躺在东林寺榻上，听寺外山鸣谷应，苏东坡又生恍惚之感。这庐山山色不正是《法华经》上说的世尊菩萨现世的清净法身、庄严妙相吗？而那彻夜不绝的水声，多像遍覆大千世界的广长舌，在日夜不停地念着佛偈。

在东林寺长老的陪同下匆匆游西林寺时，苏东坡得山下童仆来报，苏迈已经带着全家抵达九江，西林寺的观光变得愈发匆忙。一路水随山转，峰峦重叠，远观近看，横看竖看，形态各异，给人的观感全然不同。

从庐山上下来，已是五月下旬。

诗僧参寥追随苏东坡一年有余，也将在此与他分手。

两位老友以道相律，相约离别之际要洒脱，不要似小儿女歧路洒泪含悲，并相约汝州再会。

## 二、再见安石，冰释前嫌

六月，因要前往饶州（今江西鄱阳）任德兴县尉，苏迈便与家人在湖口分别。

这是二十六岁的苏迈第一次步入仕途，担任地方官。

苏东坡则携全家经池州、过芜湖，于七月抵达金陵。

六七月间，铄石流金，苏东坡携家人一直漂泊在水上。白日头顶烈日炙烤，夜晚水上暑气蒸腾，长期蜗居于窄小的船中，任青壮劳力估计也吃不消，何况跟随苏东坡的妇人与幼儿。

舟抵金陵，家人相继病倒。最先病倒的是王夫人，随后又有一乳母因病而卒。其间，最让苏东坡难以接受的，是幼子遯儿的夭折。

长期水上漂泊，湿热夹攻，七月二十八日，十个月大的遯儿病殇于金陵舟中。

生老病死，人生如梦，苏东坡以为自己早已悟透，可事到临头，他的悲伤与惶然无助丝毫无异于常人。家中连遭不幸，苏东坡心力交瘁，他决定在金陵多停留一些时日。

苏东坡来金陵的消息，早在金陵城风传。金陵东门之外，半山园中，一位须发皆白的老人听到这个消息，竟激动得手足无措，在室内徘徊复徘徊。他念叨着苏东坡的名字，不知道接下来该如何做。

这个人就是王安石。

王安石与苏东坡，一位曾是大宋政坛上叱咤风云的宰相，只手掀起史无前例的新法变革；一位虽仕途蹭蹬，却在大宋文坛独领风骚，引得天下士人景仰。二人志向不同、选择不同，却都是天之骄子。

这样的两位时代巨人，从不会把个人恩怨放在心上。抛开政治不谈，他们对对方的人品和才华充满了欣赏与敬仰。

船未靠上金陵的江岸，苏东坡便已开始筹划前去拜谒王安石一事。

苏东坡的外放、遭贬，虽与王安石没有直接关系，却是因王安石推动的新法所致。当初在朝堂上，年轻的苏东坡曾据理力争，极言新法之弊，王安石也毫不退让，坚持新法，但他并没有把那笔账记在私人名下。当苏东坡身陷乌台监狱时，王安石还极力上疏谏言相救，这一切，苏东坡都铭记在心。他不知道，这位退隐金陵一隅的老人，是否还把过往记在心上。

这些年，王安石的日子也并不好过。

熙宁八年（1075）二月，王安石再度还朝，复任同中书门下平章事。重返相位的王安石，再也无法挽回大局。纵然神宗对他还信任有加，但他以前扶持的助手吕惠卿等人视恩如仇，认为王安石的复出挡住了他们的大好前程，恨不能将其置于死地，不但不在政事上给予支持，还屡屡落井下石，在神宗面前进谗言诋毁。

眼见苦心筹划的新法尽落于一帮无德小人之手，王安石痛悔交加。而儿子的死又让他备受打击，他心灰意冷，决绝辞别京城，归隐金陵。

神宗念王安石功高劳苦，欲赐豪华相府让其养老，却为王安石婉拒。金陵，东门之外，距离蒋山（又名钟山，今南京紫金山）

与城区各七里处，王安石修起一座半山园。与寻常退职宰相府邸的宏大高深全然不同，半山园不设垣墙，建筑也极为简朴，仅能庇风雨而已。家中亦无多少仆从，平日里仅有一驴一书童相伴。

在金陵钟山道上，王安石布衣草履，骑驴徐吟。这是数年来钟山道上一道最为奇特的风景。

元丰七年（1084）春，一场大病，差点儿夺走了王安石的命。病好后，这位老人更是看淡世事人情，连经营了几年的半山园也捐为佛寺，由神宗命名为“报宁禅寺”。这年夏天，苏东坡来金陵之时，王安石一家人正忙着搬往秦淮河畔一个小小的独院。

苏东坡在舟中为如何拜谒王安石犹豫不决，同样的担忧也困扰着半山园中的王安石。平心而论，苏东坡对新法的态度、在朝堂之上的反对之声，还有诗文中的频频讥议，确实曾惹得王安石非常不痛快，但那是公事。抛开公事不论，对这位比自己年轻十五岁的英才，王安石还是满怀欣赏的。

尤其苏东坡被贬黄州之后，每遇黄州有人来，王安石必定要问苏东坡的近况：“东坡近日有何妙语？”

听说苏东坡已经到了金陵，并准备前来拜访，王安石再顾不得先前的种种顾虑，他等不及苏东坡前来，骑上毛驴，着一身便服，在两个小童的陪同之下径往江边而去——他要看望苏东坡。

光阴已把这位雷厉风行、叱咤于朝堂之上的大政治家、改革家，摧残成一位风烛残年的老人。苏东坡在舟中，远远看到王安石骑驴款款而来，来不及换衣，也着一身便服急步下船来。

四目相对，空气凝固，四只大手紧紧握在一起，两人一时竟都找不出话来。

眼前的老人，发白齿落，其孱弱远远超出苏东坡所想，而身为长者前辈和当朝的前任丞相，王安石能放弃前嫌，主动前来探望他这个流官贬臣，更让苏东坡感慨万分。苏东坡终于率先打破沉默，笑向王安石道："轼今日敢以野服见大丞相。"

闻苏东坡此言，王安石也朗声大笑起来："礼岂为我辈设哉？"

远离了政治争斗与是是非非，曾经的对手，如今相逢一笑泯恩仇。在王安石的眼里，苏东坡是让他欣赏的大宋英才。在苏东坡的眼中，王安石则是让他敬仰的荆公。他们两个一同畅游于扬子江畔，漫步于钟山道上、林荫之间，亦在王安石的半山园中举杯痛饮。谈诗论道，说古论今，那是一场迟到了十几年的相聚，亦是一场让后世钦羡的会谈。

与王安石的会面，让苏东坡暂时抛开家中的种种不如意。在金陵的一个多月，苏东坡成了王安石半山园中的常客，亦成为王安石日常谈话的主题。他与家人、弟子日间闲谈，总是有意无意地吐出"子瞻"二字。

有一天晚上，王安石与几位门下客闲谈，说起对"动"与"静"的理解。几位门下客拖拖沓沓数百言，还是没能解说清楚，听得王安石不耐烦了。恰好苏东坡要于第二日来半山园拜访，王安石便说："俟苏轼明日来问之。"

第二天，苏东坡前来，王安石果然拿出此题考问苏东坡。苏东坡似是有备而来，朗声答道："精出于动，神守为静。动、静，即精神也。"

虽只有短短数字，却鞭辟入里，直剖精义，王安石忍不住击节称叹。

似这样的精彩片段，在苏东坡留驻金陵访谒王安石的那段时间俯拾皆是。

多年来，苏东坡也曾仰慕王安石的才思俊迈、品格高洁，但二人毕竟没有如此近距离地交往过。那些天，二人朝夕相处，旦夕共话，让苏东坡对王安石的才情、为人及抱负有了更深刻的认识与理解。他后悔自己前十几年来，对荆公的种种误解与不敬。

知苏东坡已无意于政治官场，又联想自己几十年来经历的宦海风波，王安石劝苏东坡不如就在金陵求田访舍，两人做个近邻，优游林下，唱和往来，也是不错的选择。

王安石的提议，让苏东坡感动又心动。他果真行动起来，派人在金陵四处打探。

经历了乌台诗案的打击，又经历了黄州四年多的磨炼，苏东坡对王安石及由他主导推行的新法，有了一番全新的认识。而王安石，在历经种种人世磨难之后，亦对自己从前所做产生悔意。

苏东坡在金陵买田的梦想，终因际遇不合而遗憾作罢。

这年八月，苏东坡老友河南王益柔奉命来接江宁知州，苏东坡陪他再游蒋山。

王益柔来金陵，只当了一日知州，又接诏移南郡。此时，苏东坡以舟为家，在金陵待了一月有余，他决计跟王益柔一同乘舟，同往仪真(今江苏仪征)。

月余相聚，一朝别离。当下的现状是，王安石身体孱弱，苏东坡漂泊无期，二人何时还能再见？余生是否还能再见？

眼望苏东坡踏舟别去，王安石怅然长叹道：“不知更几百年，方有如此人物！”

王安石有意让苏东坡在金陵买田，无奈天不从人愿。苏东坡却放不下这份心思，到仪真，安顿家眷住进学舍后，他又托人四处查看。仪真离金陵不远，若能在此定居也不错。

然而，苏东坡与王荆公比邻而居或扁舟往来的梦，终究成空。两年之后，元祐元年（1086），王安石即病逝于金陵。

金陵一聚，两人冰释前嫌，亦是他们此生最后的把酒言欢。

## 三、旧友重逢，乞归田园

苏东坡在金陵与王安石往来酬唱，他的另一位老友滕元发正在匆匆赶往湖州的路上。

这一年，滕元发奉恩召“起知湖州”。苏东坡闻知消息之际，正是他欲离金陵前往仪真之时，于是他立即修书一封，约老友前往仪真或扬州一晤。

滕元发是范文正公（范仲淹）的外甥，秉性豪迈，尤擅谈兵论战，人也生得高大魁梧。他与苏东坡于早年定交，情谊笃厚。

元丰六年（1083）冬，滕元发罢安州任到京师去，临行之前，与苏东坡约好在岐亭相见，不料阴差阳错，二人失之交臂。此后，滕元发进京，不久即为人中伤，卷入妻党的一起大逆案中，因之责降筠州安置。他将自己当时所作的《辩谤引疾疏》，派专人送与苏东坡，请其帮忙改定。苏东坡认为“引疾”不妥，遂改为《辩谤乞郡状》。

苏东坡曾说王安石是他的“一字师”，如今他的这个微小的改动，给老友元发带来的是“起知湖州”的新命。

苏东坡到仪真，滕元发抵金山，等不及老友前来，苏东坡匆匆乘船前往金山，孰料滕元发也早已按捺不住，苏东坡还在中途时，滕元发就已乘一叶小舟，破浪而来。是日风急浪高，滕元发面无惧色立于舟中，英豪气概丝毫不减当年。

自元丰四年（1081）黄州相别，二人有三年未见。三年之间，流离契阔，一旦相见，执手恍然，两人都不觉泫然泪下。

苏东坡来金山的消息传到秦观耳中，他和润州太守许遵一同前来，拜谒老师。

师生上次相见，还是在乌台诗案之初。元丰二年（1079），秦观往会稽省亲，苏东坡自徐州移知湖州，二人曾同舟而行，携手共游无锡、松江、吴兴等地。苏东坡在湖州被捕，秦观闻讯急渡钱塘江至湖州，希望能为老师做些什么。黄州几年，二人书信不断，却未得缘见面。这一次是师生二人于乌台诗案后第一次相见。

在金山，有多年未见的老友，有专程而来的得意弟子，还有金山寺热情的住持佛印禅师，大家齐聚一堂，游山玩水，道不尽的畅意淋漓。

金山位于京口长江最阔处，千里水面，一峰突起，江涛拍岸，白浪飞溅，浪如云涌，故又称浮玉山。金山寺依山就势而建，山与寺融为一体，与众老友山中畅游，山间松涛阵阵，山下白帆点点，苏东坡不由得又想起黄州的临皋亭。寻这样一个所在，优游终老，亦是不错的选择，苏东坡再次做起买田养老的梦。

对于苏东坡这些年的遭遇，滕元发看在眼、痛在心，他真切地希望眼前这位年近半百的老友，后半生能无风无浪地安度。他劝苏东坡莫如把先前写的那些引人争议的文字一律烧毁，以求得神宗彻底的原谅，然后上表请求改定一个谪郡，就此终老，何苦不远千里奔赴汝州？

苏东坡真的累了，老友的这番肺腑之言正中他的下怀。他决定十月赴扬州会过吕公著后，即上乞请表。

既然退意已决，金陵、仪真买田均未成行，苏东坡又将目光投向宜兴。

当年琼林宴上，同年进士蒋之奇曾对苏东坡大赞其家乡宜兴，并与苏东坡约定，将来退休之时，二人同到宜兴养老。年轻时偶然一说的玩笑话，而今真的要变为现实了。

说来也巧，苏东坡来仪真，竟然再次遇到蒋之奇。蒋之奇现任江淮发运副使，置司真州，听说苏东坡欲置田终老，昔年旧约又现心头，他立即派人回家乡宜兴，为苏东坡寻田。

蒋之奇动作神速，竟然很快就在宜兴为苏东坡觅得良田一处。田在深山中，距宜兴城五十五里，地名黄土村，田主姓曹。

这年九月底，苏东坡到达宜兴，稍作安顿后，便在一单姓秀才的陪同下，匆匆亲往黄土村相田。他迈开大步丈量，心里早已做好计算，此处一年收成，足够全家人生活了。

地终是买成了，苏东坡又想到将来可在这里买一处小园，种上柑橘。

朋友们不知苏东坡已在宜兴买田，纷纷来信邀约。王巩邀他去扬州，苏东坡回信婉拒："非不知扬州之美，穷猿投林，不暇择木也。"

宜兴田地既已买定，苏东坡遂由宜兴再还京口，由京口渡江，于十月初至扬州。

吕公著时任扬州知州，他是前朝名相吕夷简儿子，与欧阳修同辈，算是苏东坡的前辈。吕公著平素沉默寡言、庄重矜持，他专门设宴款待苏东坡，苏东坡却不似往日与朋友们相聚时高谈阔论。席间，虽亦有歌伎佐酒，他还是神思昏昏，竟然当众打起盹来。席前，歌伎唱道："夜寒斗觉罗衣薄。"苏东坡突然惊醒，喃喃自语道："夜来走却罗医博。"

那一脸的惺忪与懵懂，把席间歌伎逗得纷纷掩嘴窃笑。苏东坡也大笑，彻底醒转过来。

吕公著虽为人严肃，有些无趣，但多年来在官场迁转，极富政治经验，对苏东坡也很爱护。苏东坡向他请教"乞常州居住表"的措辞，他是知无不言。十月十九日当天，苏东坡即将拟好的《乞常州居住表》拜发。

回首这一路的颠簸与苦痛，他虽对神宗的恩泽充满感激之情，却再无驰骋政坛的野心与热情。他只想尽快得到皇帝的准许。

拜表已经发走，苏东坡暂时中止了去汝州的行程。在朋友的陪同下，他游历过扬州竹西寺等名胜后，又带家人缓缓北上，一路访亲问友，等待回音。

十一月间，苏东坡至高邮，前往秦观家。在秦家逗留的几天，秦观极尽热情相待。之后苏东坡打算渡淮河前往泗州，秦观一直将其送到淮河渡口，并在此设宴饯别。无数次的迎来送往，原本已经习以为常，但漂泊无依的孤独之感，让离愁更为浓重。

渡淮河，至泗州已是年关岁暮。天寒地冻，行程变得益发艰难，苏东坡决定稍作休息，在泗州过完年再出发。

此时已进入十二月，屈指算来，《乞常州居住表》已呈上去一个多月，却是音讯全无。苏东坡有点沉不住气了，在泗州暂时安顿下来后，他又上了第二篇表。

自四月间离开黄州，大半年的时间已过，一家人浪荡漂泊于江淮之间。其间，虽也有徜徉山水间的低吟长啸，有故交新友相聚的短暂欢悦，但苏东坡毕竟是一位年近半百的老人了，羁旅风尘让他疲惫不堪。

这一年的除夕，伴着一场纷纷扬扬的大雪翩然走近。苏家在泗州城外的一艘船上过年，这已是苏东坡第二次于异乡舟中过除夕了。熙宁六年（1073）十一月，时在杭州通判任上的苏东坡，奉命到常州一带放粮，亦曾在常州城外舟中过除夕。那时苏东坡只身一人，一床冷被、一盏孤灯，陪他度过漫漫长夜。眼前大大小小二十余口，虽比昔日多了一份热闹，却也给苏东坡平添了许多压力。无米无菜、无肉无酒，年该如何过？

除夕黄昏，苏东坡拄杖立在江边，望着大雪中的茫茫江面出神。他孤独的身影竟然神奇地落入江对岸一个人的眼中——是他的亲戚，苏辙的儿女亲家黄寔。

彼时，黄寔正在淮南东路提举常平官任上，因公出差，正好路过泗州。泊船汴口，远远望见大雪中拄杖而立的人似是苏东坡，上前招呼，果然不差。

黄寔听说苏家全家皆在，急忙回船上取了扬州酿二樽和一大盒精美的点心，送到苏东坡的船上来。

佳节逢故友，又得馈赠，苏东坡及家人都分外高兴。

有了黄寔送的酒与点心，苏家这个除夕才过得不至于太凄凉。

## 四、皇命难违，常州梦破

元丰八年（1085）正月初四，新年的气氛还浓，苏东坡一家又踏上了征途，离开泗州，一路北上。

十九日，苏东坡一家抵达南都，拜谒乐全老人张方平，暂寓其住处。

张方平是“三苏”的贵人，当年他慧眼识英才，果断将苏洵推荐给欧阳修，后在欧阳修的揄扬之下，苏东坡与苏辙开始扬帆宦海。为此，苏氏兄弟对张方平一直感恩在心，多年来，只要有机会，一定会前往拜谒。

苏东坡此次前来，颇让老人兴奋。毕竟这是苏东坡诗狱脱祸后，两人第一次相见。

乌台诗案发生时，张方平已经致仕在家，闻听消息，还是不顾一切，以三朝元老的身份上书神宗，极力相救。这份恩情，苏东坡自是没齿难忘。如今，看到老人如此孱弱，苏东坡忍不住把平生积累的养生知识，与老人细细交流。张方平对这些似乎也颇感兴趣，精神好的时候，他可以与苏东坡对谈很久。他们似父子，又是朋友。苏东坡总是细心地搜罗一些张方平感兴趣的话题，而张方平对苏东坡所谈，也会心会意。

在南都，苏东坡与张方平老人交流着对疾病、人生、医药养生的看法，时间的脚步似乎都变快了。不知不觉间，又一个春天悄然临近。

春回大地，春天亦降临到苏东坡的生活中。在他抵达南都不满一月之时，朝廷批准了苏东坡乞居常州的申请：仍以检校尚书水部员外郎汝州团练副使，不得签书公事，常州居住。

收到诏令，苏东坡悲喜交集。终老于常州，一直是萦绕于苏东坡心间的一个梦，而今美梦终要成真，如何不喜？

可在欢喜的同时，又有一股难言的失落感涌上心头。

这一纸诏令，亦宣告苏东坡与功名世界彻底诀别，以身报国、建功立业的济世理想，从此将为优游林泉的闲适取代。

有了朝廷放归阳羡的佳音，苏东坡更不急着从南都离开。这个春天，苏东坡以往日少有的宁静与祥和之态，看庭前花开花落，赏窗外鸠鸣燕语。只是他未曾料到，放归阳羡，竟是神宗此生对他最后的恩宠与眷顾。

元丰八年（1085）三月五日，年仅三十八岁的神宗，因积劳成疾，带着大业未竟的无限遗恨，在福宁殿驾崩。

南都离京都极近，消息很快便传到了苏东坡这里。他急急换上丧服，举哀悼念。回望这些年，神宗对自己的知遇之恩，以及种种护佑之举，苏东坡心头如万箭穿过。

面对如此打击，张方平更不放心了，亦不舍得放苏东坡走。苏东坡便一直在南都待到四月初，才乘船前往常州。

四月下旬，苏东坡抵扬州，此地离常州已经很近。扬州的风物、山水，已让苏东坡嗅到了故乡的味道。苏东坡不再急匆匆前行，他勒马驻鞍，要把扬州的山水慢慢看一遍。

五月一日，在朋友的陪伴之下，苏东坡前往竹西寺踏游。

竹西寺位于蜀冈山坡之北，山上有井，井水甘甜清冽，味道与苏东坡家乡岷江的水相似。时近仲夏，热气渐渐逼人，游览归来，苏东坡便在寺中藤床上静卧休息，寺中的长老命童子煎茶奉汤，热情招待。

彼时，离神宗驾崩已近两个月，在位的是年仅十岁的哲宗。

竹西寺之游，苏东坡颇有诗兴，信手就将诗题于僧舍墙壁上。谁承想，生怕文字惹祸的苏东坡，再次祸出文字。后来元祐年间，此次即兴之作再次被别有用心之人利用，指责为大逆不道的罪证，说他见先帝驾崩，幸灾乐祸，无人臣之礼。这自是后话。

神宗驾崩，十岁的哲宗即位。一个十岁的孩童，自然谈不上理政。自元丰八年（1085）三月初一，神宗病重无法视朝，在群臣要求之下，神宗的母亲高太后便开始垂帘听政。

高太后是个精明强干且颇有政治主见的女人，十几年来，对于儿子极力推行的新法，她一直表示反对，且一直与反变法派站在一起。如今神宗去世，她掌权后要做的第一件事就是改变神宗在位时的既定政策，大力起用在执行新法过程中被排挤罢黜的熙丰老臣。

一番天翻地覆的变动，又在暗流潜涌中。

此时，苏东坡正在常州，过着难得的悠闲日子。

元丰八年（1085）五月间，苏东坡抵达常州。他与同年蒋之奇的旧约终于变成现实。此时，江南正是江鱼鲜美之时，苏东坡结束了长达年余的漂泊，日日优游穿行于常州的青山绿水间，与寺院长老谈禅，去各处品尝当地美食，连书也懒得读，诗也极少赋。

生命之脆弱，命运之无奈，苏东坡体味得很深。如今，他只想借着这难得的风平浪静，好好休息。

树欲静而风不止。作为深受仁宗、神宗几代帝王欣赏的英才，苏东坡注定不能如常人一样，云淡风轻地走向终老。此时，北宋政坛的滚滚风雷正由远而近，很快就将苏东坡在常州的田园生活打乱。

宣仁太后高太后执掌朝政后起用吕公著、司马光，而在吕公著与司马光的荐牍中，苏东坡的名字赫然在列。这正中高太后下怀。仁宗对苏氏兄弟的赏识、神宗对苏东坡的眷顾，高太后都铭记在心，她也有意重新起用苏东坡。

有消息称，苏东坡将复为朝奉郎。朝奉郎是散官，有官名而无职事，是恢复贬官正式官职的第一步。高太后欲用苏东坡，但还是决定严格按照大宋起复责降罪废官的程序，一步步稳妥进行。

这个消息率先被在京城的王巩听到，他急命人去湖州告知滕元发，滕元发接信后又派贾收专程往常州相告。这些与苏东坡风雨同患难的老友，都为苏东坡的起复而兴奋，苏东坡对此却表现得相当淡然。

可是，不管苏东坡多么不情愿重蹈政治的险滩恶浪、不愿意放弃此刻正好的田园生活，他的命运早已被手握朝政大权的高太后等人写好。

六月下旬，诰下常州，苏东坡以朝奉郎知登州（今山东蓬莱）军州事。

## 五、入京还朝，扶摇直上

元丰八年（1085）七月下旬，苏东坡一家离开常州，启程前往登州。

九月初，至淮口，不巧遇上大风，整整三天无法开船。舟中无事，苏东坡便与两个儿子谈诗论文以打发时光。这一年，苏东坡的次子苏迨已经十六岁，诗文水平很得苏东坡欣赏。

十月间，一行人抵达海州，之后再经怀仁县，翻过常山，便进入了密州境内。

自熙宁八年（1075）知密州，到元丰八年（1085）重新踏上这片土地，整整十年。十年来，密州百姓还深念当初的苏太守。听说苏东坡要路过此地，他们奔走相告，扶老携幼拥出家门，欢迎他们的好太守。

十年光阴，当初那个“左牵黄，右擎苍”的苏太守，真个白发苍苍，不复当年盛壮，但他的精神依旧健旺。他自人群中缓缓穿过，不断向路边的百姓挥手致意。

时任密州太守的霍翔，特意在超然台摆酒设宴招待苏东坡。

当年把酒问月的超然台，十年间还保持着旧时风貌。抚摸镌刻在台上的诗文旧迹，往事一幕幕又浮现于苏东坡眼前：灭蝗灾、常山祈雨、绕城拾弃婴、荒圃寻杞菊……真个如梦又如幻。

杭州、密州、徐州、湖州、黄州、常州，回望苏东坡这些年走过的路，无论外放还是贬官归隐，他都不曾与百姓分开过。密州的百姓载歌载酒，夹道欢迎苏东坡时，远在登州的百姓也已得到苏东坡将来本州赴任的消息。

十月十五日，苏东坡的船在登州缓缓靠岸，人还未及下船，岸上的人群已欢声雷动。原来，当地百姓早在这里迎候。苏东坡刚一上岸，便有几位年纪稍长的人挤上前来，向苏东坡深深作揖问安：“公为政爱民，得如马使君乎？”

马使君，马默，当时的名臣，苏东坡当然知道他。熙宁元年（1068），他曾在登州任知州，政绩斐然，爱民如子，深得百姓爱戴。这是一番无言的嘱托，让苏东坡瞬间感觉肩头担子之重。

自贬谪黄州，苏东坡似一只被剪去双翅的大鹏鸟，徒有冲天的志向。以朝奉郎知登州，手中权力虽然还是有限，但毕竟可以与朝廷直接对话了，他接过了这份重托。

上任伊始，苏东坡便马不停蹄地展开广泛的社会调查。一番调查之后，他还真的看出了当地军政与财税方面存在的弊端。就在苏东坡准备大刀阔斧对弊政开刀时，让人意想不到的一纸诏令又来到登州："以礼部郎中召还。"

那天是十月二十日，苏东坡抵登州刚好五天。他成了名副其实的"五日京兆"。

席不暇暖，又要匆匆离去。来登州一趟，如果连这里的山水也不能游览一番，于苏东坡来说实乃一份遗憾。办理完交接手续，离登赴京前，苏东坡还是留了几日空闲给自己。

丹崖山上的蓬莱阁，其主体建筑建于宋朝嘉祐六年（1061），素以人间仙境著称于世，也是神话传说中的八仙过海处，其海市蜃楼奇观更是令人向往。

能登上蓬莱阁，遥望水天相接，苏东坡已然觉得满足。对于海市奇观，苏东坡亦知可遇不可求。此种人间奇景，往常只发生于春夏晴和之时，如今已是秋末冬初，哪里会有这等奇观？但苏东坡到底还是不死心，他走进广德王庙，向海神虔诚祈祷，希望海龙王把冬眠的鱼龙唤醒，破一回例。

不知是事出巧合，还是苏东坡的祈祷果然应验，第二天，奇迹发生。是日清晨，朝阳初上，霜露还浓，蔚蓝的海面上，朵朵白云缭绕在沙门、鼍矶、牵牛、小竹、大竹五座岛屿之间，苏东坡和许多闻讯赶来的百姓屏息静立，但见茫茫云海之上，忽然出现了葱葱郁郁的树木、富丽堂皇的亭台楼阁……

这个季节出现海市，是多少年未遇之事，连当地的百岁老翁也连连称奇。

登州海市，算不算登州为这位与它擦肩而过的知州奉上的一份厚礼？世间一切，与这虚无缥缈的海市蜃楼何其相似。什么荣华富贵，什么功名利禄，不过转眼成空的虚无，又何必拘泥流连，为此煞费心机。

这是苏东坡跻身京城的繁华之前，大自然为他上得最好的一课。想来真是天意。

辞别登州，一路风尘仆仆向京师进发。等苏东坡一家抵达汴京时，已是十二月上旬，元丰八年（1085）的岁末。

来不及安顿，苏东坡就急着把在路上即构思好的两道奏状呈上，是关于登州的。苏东坡作为“五日京兆”，为登州留下了《登州召还议水军状》《乞罢登莱榷盐状》。那是他五日间调查的结果。

抵达京城，就任礼部郎中不到十天，迁为起居舍人的诏令便下来了。

起居舍人与礼部郎中同为从六品官职，其重要性却不可相提并论。元丰改制后，门下省的起居郎和中书省的起居舍人，同领修《起居注》之责，记录皇帝日常的言行。起居郎和起居舍人，一左一右，如同皇帝的左膀右臂，皇帝上朝时侍立两侧，皇帝外出时左右随从。这是让多少人眼热心跳的重要位置，身为日日与皇帝相伴的近臣，飞黄腾达自是指日可待。

这一切，苏东坡都明白，可他还是连上辞免状力辞。

祸福相依，一个才从遥远贬谪之地回到京城的昔日贬官，忽然平步青云据此要位，苏东坡有些晕眩，更感恐惧。辞免状未获准，他又亲自跑到宰相府，当着宰相蔡确的面力辞，他甚至连代替自己的人选都找好了——福建人林希，与苏东坡同年中举，治平三年（1066）曾供职于史馆，如今外任中。

当然依旧不被准。

元祐元年（1086）正月，新年新气象，瑞雪纷飞，整个京城一派祥和。苏东坡踏着新年的第一场大雪，入侍延和殿。

年幼的哲宗眼尖，发现苏东坡身上的绿色官服略显陈旧，与新年的气氛极不协调，随即下了一道圣旨，诏赐绯袍银鱼袋。

封建时代，官服的颜色是官位之高低的明显标志。元丰改制后，官分九品，服分绿、绯、紫三种。九品以上官员穿绿袍，六品以上官员穿绯袍，四品以上官员穿紫袍。

鱼袋是系在官服腰带后面的一个重要佩饰，是高级文官的标志。鱼袋佩戴亦有讲究，服紫者佩金鱼袋，服绯者佩银鱼袋。以苏东坡的官职，依例也是着绯戴银。

当苏东坡穿戴一新地出现在家人面前时，一家人都喜不自胜。尤其幼子苏过，他摸摸父亲的绯红官服，又绕到身后摸摸那个银光锃亮的银鱼袋，兴奋得满眼放光。

这份喜悦还在延续。苏东坡任起居舍人三个月有余，新的一道特诏又下，令其免试任中书舍人。

宋有俗谚："不到中书不是官。"中书舍人，官居四品，例兼知制诰，专门负责皇家文书的起草任命，如果事有失当或除授非人，中书舍人有权奏请皇帝重新考虑，这等于是正式参与朝纲大政的讨论及文武百官的选派。实权在握的一个清要之职，选拔自然也严格。按例，中书舍人一职必须先通过考试才能任命。宋朝开国百余年来，免试任此职者，仅陈尧佐、杨亿、欧阳修三人，而今，苏东坡成为第四位。

身上的绯袍银鱼袋还是新的，苏东坡又脱下绯银换紫金。短短数月，苏东坡体会了什么是人间天上，但他更明白树大招风的官场规则，因此拒状坚辞不受。

既已被破格重用，苏东坡自然辞不掉，他只得拜表上任。

这样的殊荣已让苏东坡如履薄冰，没想到在元祐元年（1086）

九月，他再次被擢升，任翰林学士知制诰，官居正三品，专掌内制，有关任命将相大臣、册立皇后太子等事的文书，以及与他国往来的国书，均由其撰写。因直入皇权中心，掌握皇家命脉，自中唐以来，翰林学士知制诰就有内相之称。欧阳修、王安石、司马光，都曾担任过这一职务，并由此升为副宰相。

从入京还朝，至任翰林学士，不到一年的时间里，苏东坡由一个七品官一路扶摇直上，升至三品，与宰相之位只有一步之遥。

在苏东坡看来，与欧阳修、王安石、司马光等前辈相比，自己在德、才、望，无论哪方面，都不能与他们比肩。他再次力辞，在《辞免翰林学士第一状》中说："非高材、重德、雅望，不在此选。"

苏东坡担心的，其实不仅仅在此，木秀于林，风必摧之。升得越高越快，越容易为众人所嫉，那些刻骨铭心的攻击与围困仍让他心有余悸。

皇帝将苏东坡的那纸辞状放诸一边，让他如期就任，就任当天又特赐衣一对、金腰带一条、金镀银鞍辔马一匹。

例来官场最见世态炎凉，升官晋爵，门前车水马龙，争宠献媚者摩肩接踵；贬官罢位，门前冷落，亲朋皆望而远走。这水火两重天的人生境况，苏东坡都曾有遭遇。而今，苏家再度门庭若市，前来道贺的、求他办事的、无事邀宠的，不一而足。

一连串的升迁让苏东坡措手不及，愕然与惶恐之际，也有深深的知遇之感。人生如梦，那些所谓的轩冕荣华，苏东坡皆不放在心上了，但他骨子里那份淑世精神还在，倒愿意借着这股东风，实实在在地为朝廷做些事。

学士院，宋时又称翰林学士院，直属于皇帝，因其设在宫禁之内，非内臣宣召不得入内，又称玉堂。苏东坡还朝，不到一年即身入玉堂。他每天早早从家出发，于朦胧的晨光中走向那个人人艳羡的玉堂，在那里，有很多重要的诏令需要他起草，很多奏章也要经他批答。他常常忙碌到深夜，还不能把手头事忙完。

苏东坡如今委身于政务，没有时间吟风弄月，也没有时间写字作画，成功的政治家与成功的艺术家难以完美结合。

## 六、谏议朝政，风波初起

苏东坡料想的没错，升迁太快，必会招来疾风恶雨。这暴风雨不仅来自昔日的政敌，甚至来自曾经的同党。

神宗去世，宣仁太后高太后代年幼的哲宗执掌朝政。这位被后世人誉为“女中尧舜”的太后，以知人善任、精于政事著称。苏东坡升迁如此之快，自然也得力于这位太后的赏识。

苏东坡还京途中，有百姓拦住他苦苦哀求：“寄谢司马相公，毋去朝廷，厚自爱以活我。”

深受新法之害的百姓都知道，司马光向来反对变法，他才是能救他们于水火的人。

民间的呼声，传到九重宫阙之内，不能不让眼下执掌朝政的宣仁太后动容。司马光自还朝踏入中枢，便被朝廷倚为柱石，宣仁太后对他言听计从，一切大政方针都依赖于他。

司马光亦不负皇家众望，一上台即有大动作。

政治革新首以人事调整为主。在司马光的主持下，熙宁元丰年间因反对变法而失意的旧党人物，一一被召回朝。苏东坡、苏辙、刘挚等旧臣，皆在这段时期接到朝廷起复的诏令。苏东坡则由朝奉郎知登州，一路飞升，直入玉堂。

苏辙也时来运转，先移知绩溪县，元丰八年（1085）八月又以秘书省校书郎自绩溪县被召入京，随即改任右司谏。在接下来的几年中，苏辙也不断升迁，历任中书舍人、户部侍郎、吏部侍郎、翰林学士知制诰、御史中丞。其官途之顺，让苏东坡大为欣慰。

司马光执政，一方面对人事进行了大力调整，召回旧臣；另一方面，也开始陆续废止自熙丰年间实施的新法。司马光当年因坚决反对新法而退隐洛阳，在独乐园埋头编写《资治通鉴》，但他从未放弃自己的政治理想。十五年来，他对新法的态度没有丝毫改变，一旦大权在握，他要做的就是毫不犹豫地将其废除。

至元祐元年（1086），除免役法、青苗法、将官法犹在，其余新法多有所厘革。

司马光这一系列果敢的举动，让还在位的新法派傻眼了。韩缜、蔡确和章惇，他们冷冷坐守在原来的高位上，恨得咬牙切齿，却不置一词。眼下司马光气焰之盛，他们三人合力也无法抵御。

元祐元年（1086）二月，司马光上奏，言免疫法有五害，之后不久又上奏请求恢复差役法。章惇反对复行差役之法，与司马光当着宣仁太后的面争论起来。

章惇极力反对司马光，“窥伺得失，惇尤以谑侮困光”，不留任何余地。这本已让宣仁太后不爽，后章惇又当着她的面对司马光出言不逊、咆哮朝堂，宣仁太后对章惇更是反感至极。

几年来，章惇飞扬跋扈，已激起众怒，他不但不知收敛，反有变本加厉之势。那段时间，凡上书言事之人，一律被他视为“不逞之徒”。

章惇是苏东坡的老朋友，早年苏东坡签判凤翔时，二人曾同游黑水谷。章惇冒死绝壁留书，苏东坡已隐然察觉到此人的可怕。但直到乌台诗案发生，甚至在苏东坡贬官黄州期间，二人仍书信往还不断。诗案中，很多昔日同门都对苏东坡避而远之，章惇却为他仗义执言。对此，苏东坡一直感恩在心。

如今重返朝廷，看到章惇气焰熏天、目下无人的样子，苏东坡也反感，但对于司马光提出的罢废免役法，苏东坡不能不说话。

当初，王安石变差役为免役，苏氏兄弟曾激烈地反对过，尤其苏东坡，他曾固执地坚持，以为差役绝不可变。可经过数年在地方的任事历练，他亲眼看到了这项变革对百姓的有利之处，王安石推行的免役法的确比原来的差役法进步很多。

免役法按照百姓的户产高下，分等出钱雇役，有钱出钱，有力出力，两相兼顾，断绝了胥吏们从中敲诈勒索之便。此法已实行十多年，百姓受益颇多，实在没有改回差役法的必要。

不仅苏东坡，朝中许多有识之士都意识到了这一点。

范纯仁与司马光关系甚密，他于上年被召为谏议大夫，于公于私，都有责任向司马光进言劝谏。

面对范纯仁的苦口婆心，司马光却是面冷似铁，他不置一词，以沉默表示反对。

王安石当年曾被称为“拗相公”，司马光的“拗”丝毫不在王安石之下。洛阳独乐园中，他十五年沉潜等待，只为这一天。执拗的性格，加上强烈的责任心，让任何人的劝谏在司马光面前都失去作用。范纯仁只能黯然退下。

范纯仁的碰壁，让苏东坡既惊且痛，他没想到司马光会固执到如此地步。连范纯仁都碰了一鼻子灰，遑论别人。苏东坡也是个犟脾气，他憋着胸中一口气，径直去找司马光。

那天，在司马光面前，苏东坡可谓软硬兼施。他先把司马光的一系列举措大大夸赞一番，说得司马光的脸上春光灿烂。可还未等司马光把他的系列举措详谈下去，苏东坡话锋突转，认为免役法不可轻易废弃。

司马光的脸由晴转阴，由阴欲雨，一场狂风暴雨，眼看就要在二人之间倾泻而下。司马光到底为政多年，又年长苏东坡很多，他最终以不置可否的态度结束了那天的对谈。

第一次劝谏，苏东坡无果而回。他仍然不死心，第二天，没有去司马光的私人处所，径直去了政事堂。公堂之上，苏东坡向司马光公开陈述他的反对意见。纵司马光涵养再深，也难忍面上的愤然之色。他强压心中怒火，听苏东坡滔滔不绝地说下去。

苏东坡竟然提起当年司马光政事堂直谏韩琦的旧事。

当年，韩琦创议于陕西路刺义勇，家有三丁者刺一丁。此议一出，民情惊惧，军心军纪大受影响。司马光时为谏官，持札子至政事堂与韩琦面诤，闹得韩琦无法。

这件往事，司马光曾私下与苏东坡谈起过，想不到今天竟然被苏东坡用作公然顶撞他的工具。

"岂今日作相，不许轼尽言邪！"

苏东坡此言一出，司马光有火发不出，只好勉强笑笑自嘲一番，算是给自己找了个台阶下，却把那份不快深深地植根心底。

宋濂在《宋九贤遗像记》中，曾为司马光如此画像："温国公司马子，色黄，貌癯，目峻，准直。须疏而微长，半白，在耳下者亦半垂。耳轮阔，微向面。"

如此相貌，是司马光坚强而固执的性格之体现。少有人敢在他面前如此争论，让他下不来台。多年来，苏东坡对司马光一直礼敬有加，从不越轨造次，这一次，也算是破天荒。

但这破天荒的一次力争，终究没能改变现实，免役法还是在司马光的坚持下明令罢废。五日之内，被废除了十几年的差役法又重返历史舞台。如此短促的期限，表明了司马光废除新法的决心，却着实有些不合情理。

朝中众臣还在犹豫中，时为开封府尹的蔡京已如期报办。司马光大喜，对蔡京大加褒奖："使人人如待制，何患法之不行乎！"

范纯仁当初曾劝司马光的话，不幸成为现实。"谋自己出，则谄谀得乘间迎合矣。"蔡京之媚上邀宠之能，在一代贤儒司马光这里，照样彻行不误。

苏东坡两次进言都碰了大钉子，司马光还是把差役法给废了。据说那天从政事堂回家，苏东坡气得脸色都变了，进家门，一面宽襟解带，一面恨声连连："司马牛！司马牛！"

当年的拗相公王安石，也没有给他如此气受。

苏东坡那时大约不会想到，他与司马光堂上争论，司马光虽以强势的姿态不予计较，却给司马光的党人们留下了把柄。苏东坡看似风光无限的仕途之路，已经危机重重。

## 七、洛蜀交恶，重陷党争

司马光当朝，尽废王安石新法。苏东坡不惜撕破颜面，与司马光抗争，可最后无一例外都以失败告终。

司马光在百姓与旧党派的呼声中还朝，却因固执己见，在很短的时间内弄得朝廷上下怨声一片。

这时王安石虽已经卧病在床，却依然热切地关注时局，当弟弟王安礼将朝廷邸报拿给王安石看时，他只怅然说了句："司马十二作相矣！"再无他言。

面对司马光大刀阔斧陆续废除新法的系列举措，王安石不以为意，对此不发表任何看法，只在听到免役法被废止、差役法又被恢复时，愕然长叹道："亦罢及此乎？"

关于免役法，当初王安石和神宗反反复复讨论了多次，最终才决定实施。在王安石看来，此法终不可废。

司马光还朝，对于卧病在床的王安石来说，绝非佳音。他当年克服重重阻碍颁布的新法，在司马光还朝后纷纷被废除，几十年的政治心血，最终付之东流。他无力同谁抗争，也不想抗争了。元祐元年（1086）四月，王安石带着满腹的遗憾与不甘，与世长辞，终年六十六岁。

彼时，在京城中的司马光也已老病交加。王安石去世的消息传到京城时，司马光亦在病榻之上。他怕一些不法之徒会趁机落井下石，诋毁王安石，急急在病榻上倚枕作书给吕公著。

王安石去世之际，正是反对新法的旧党派在朝中占绝对优势之时。当年，王安石在位，曾不遗余力地打击的一部分人，如今手握大权，难保他们都能像司马光一样气度恢宏，不对王安石秋后算账。司马光一言，掷地有声，把那些人的不良心思统统打压了下去，王安石的身后之路，得以无风无浪。

一对时代巨人的激烈纷争，起于政治立场与政治理想不能同向而行，与私人恩怨不作牵涉。这是时代的幸运，也是他们个人的幸运。可惜这样两个同代而生的大宋朝的有力舵手，竟在同一年陨落。元祐元年（1086）九月初一，王安石逝于金陵四个多月后，司马光也薨于京城，享年六十八岁。

王安石与司马光的相继去世，对苏东坡的打击非常大。

王安石去世后，朝廷追赠其为太傅，由苏东坡撰敕。苏东坡把对王安石的崇敬之情，尽融其中。

苏东坡早年在朝，年轻气盛，虽满腹经纶，却缺乏实际的政治经验。他视王安石新法如洪水猛兽，不分青红皂白，坚决站在反变法者的行列。而后，他辗转地方为官，又遭诗案一劫，世界观、人生观、价值观都发生了巨变，对王安石和其推行的新法亦有了新的看法。这也是他再度还朝后激烈反对司马光废除新法的原因。

苏东坡所作所为，不仅让司马光不快，也为很多后人所不解。曾有人说苏东坡是政治两面派，在新旧两派中间摇摆不定。这样的评价，自然有失公允。虽然苏东坡曾被划归为反变法的旧党派，他却从不热衷党争，谁的措施触犯了百姓的利益，他就站出来反对谁。

司马光、王安石、苏东坡，此等人物，不仅仅是光耀大宋的星辰，将他们置于整个人类历史的长河中，其品德也无不让人叹服。司马光和他的老对手王安石一样，带着未竟的心愿憾然离世，他把对苏东坡的不理解与包容一并带走，留下一个乱纷纷的身后世界。

司马光去世之日，皇帝正率领群臣百官在明堂举行祀典。典礼已毕，参与祀典的三省官员准备前往吊唁司马光，有一人却上前拦住了众人，那人道："子于是日哭则不歌，岂可贺赦才了，却往吊丧？”

这个人就是当时居理学领导地位的程颐。

在苏东坡眼中，程颐就是一个拘泥古礼而不近人情的道学先生，对他一向充满厌恶之意。当然，程颐也不喜欢苏东坡。如今看程颐以一副道学家面孔出来阻拦大家，苏东坡忍不住当场嘲笑道：“此乃鏖糟陂里叔孙通所制礼也。”

苏东坡的话，引得在场百官哄笑。程颐讪讪，闹个大红脸。

司马光的丧礼，最终由程颐主持。他完全遵循古礼，用锦绸作囊敛其尸。苏东坡实在看不下去，指着锦囊道：“欠一件物事，当写作信物一角，送上阎罗大王。”

此事是苏程，也可说是洛蜀——以程颐为首的洛党与以苏轼为首的蜀党——交恶的起源。在司马光的丧礼上，苏东坡不仅把原本就看不过眼的程颐彻底得罪，还把聚于程氏门下的洛学弟子们惹恼了。在这些弟子的心目中，程颐无异于圣人。苏东坡嘲讽程圣人，这一箭之仇，洛学弟子们深铭心中。

元祐元年（1086）十一月，司马光丧礼两个月后，程颐门人弟子便开始借机发难，向苏东坡发起猛烈的弹劾。

试馆职是学士院的职掌，这年十一月，苏东坡就职后第一次主持学士院试馆职试。这次考试的策题共拟三道，其中第三道《师仁祖之忠厚，法神考之励精》，恰为苏东坡所拟，其中云：“今朝廷欲师仁祖（仁宗）之忠厚，而患百官有司不举其职，或至于媮；欲法神考（神宗）之励精，而恐监司守令不识其意，流入于刻。”

程颐的得意门生朱光庭即抓住此题中的这些话大做文章，率先向苏东坡发难，说苏东坡为臣不忠，有讥讪仁宗和神宗之意。

太后对此不予理会，特下诏放罪。放罪即免罪。细究太后诏令，其实玄机暗藏。苏东坡本就无罪，何来放罪之说？苏东坡不服气，于十二月十八日上章自辩。

原本很简单的一次论辩，不过是洛学弟子欲为他们的老师报"一箭之仇"，纷争也仅限于洛蜀两派弟子门人之间，却不知从何处传出谣言，说朝廷以为朱光庭论罪不当，将治其罪。

这下司马光的门下坐不住了。苏东坡对司马光的态度本就让他们怀恨在心，而今苏东坡在朝中如日中天的声望更让他们忌惮。洛蜀相争，洛党明显处于下风，他们自然要替朱光庭说话，纠弹苏东坡。

面对这些百般罗织的罪名，苏东坡除气愤之外，真是百口莫辩。洛党为维护师门，动用手中谏权以报私仇，固然可耻，但尚能让人理解。而司马光门下的傅尧俞是苏东坡多年好友，王岩叟是韩琦幕宾，亦与苏东坡私交甚厚，他们的变化之快之巨，让苏东坡再一次体味到政治的可怕与人性的诡异。

苏东坡自此身陷元祐党争，无法自拔。

元祐二年（1087）正月，整个汴京城还沉浸在上元佳节的氛围中，苏东坡却无半点心情观花赏灯。十七日，他再次上章自辩。

太皇太后已经对这场纷争深感厌倦，但眼下她哪方也不愿得罪，只能从中极力调和。十八日，太皇太后召傅尧俞和王岩叟两人入对，本意在疏解，孰料两人竟在太后帘前再次指责苏东坡策题的不当，其言辞之刻薄、态度之恶劣，终让太皇太后拍案大怒："此朱光庭私意，卿等党光庭耳。"

虽有太皇太后极力回护，苏东坡还是对眼前一切产生了深深的厌倦与恐惧。接下来的数日，他连上四章，决心求去。为了表明自己的决心，他连翰林院也不去了，只在家等候诏旨。

知枢密院的范纯仁给太皇太后支招，劝她最好两置不问。太皇太后却是一再下诏，各予安抚。

在这场风波中，苏东坡横遭冤诬，他对此是颇有意见的，但他也不愿让太皇太后为难，只好重归翰林院理事。

元祐二年（1087）七月，在原有官职的基础上，苏东坡又兼任了经筵侍读，一跃而为帝王师。而在此前一年，程颐已被召为崇政殿说书，二人同为皇帝讲书。宋代经筵讲官亦分等级，地位高者为侍讲、侍读，资历浅、水平低者则为说书。程颐自认为经纶满腹，却以说书的身份为皇帝讲书，又位居苏东坡之下，心中自然不服。

一代帝王，其学识与见识、品德与才华，直接影响一个国家的未来，而在御前为少年皇帝讲史论道，以历朝历代的治乱兴衰为鉴，帮助皇帝培养起明辨是非、正邪得失的能力，帝王师的作用可谓举足轻重。

无疑，苏东坡和程颐都特别珍惜这份差事。

二人的讲书教授方法全然不同。程颐完全照自己的理想，动辄三代古礼，开口必称尧舜孔孟，他完全不考虑眼前的学生还是一个十来岁的顽皮少年。

有个关于程颐为皇帝讲书的小故事。

程颐为哲宗讲读，中间休息时，哲宗跑到小轩窗边玩耍。此时春意盎然，春柳摇曳，哲宗随手折了一枝柳条玩弄。这一原本无心的举动，恰落在程颐的眼里，他拉下脸来把哲宗好一通教育："方春发生，不可无故摧折。"气得哲宗恨恨地把柳条摔到地上。

这样的讲授方式，其效果可想而知。

苏东坡身兼两职，有许多重要的诏令需要他来起草，还有许多奏章也要批答。繁忙的公务之余，他潜心为年少的皇帝选择富有启发性的教材，寻找合适的讲授方法，尽量把复杂的事情与道理以简单易懂的方式讲出来。他亦希望通过这样的方式，矫正程颐讲书的流弊。

讲读每年分春秋两期，春二月至端午为上期，秋八月至冬至为下期。逢单日皇帝御迩英阁，苏东坡与程颐等轮流为其讲读。

元祐二年（1087），因为一件小事，程颐激起满朝官员的怒火。

有一天，哲宗因患疮痛没能御迩英阁听讲。这天恰是程颐轮值，他跑到宰相吕公著面前质问。

对于此事，吕公著还真不晓得，他只能说不知。

“上不御殿，太后不当独坐。”紧接着程颐又加了一句，“人主有疾，大臣可不知乎？”将矛头指向吕公著，实有诘责之意。

程颐态度如此不逊，已让吕公著心生不满。第二天，消息传到太皇太后那里，又引得太后大大不快。

对于程颐的做派，满朝大臣早已看不惯。借着这件事，御史中丞胡宗愈、给事中顾临首先发难，二人连章上奏，说程颐不宜再在经筵。

如此群情激奋的指责声浪，一波未平一波又起，程颐只得离职，躲到西京国子监去。

程颐虽已黯然离开，可党争风潮并没有就此停息。

在洛蜀相争胜负尚未分明之际，司马光的门下选择冷眼旁观。程颐代表的洛党一败于下风，他们便起而攻击苏东坡。依苏东坡目前的声望，相位似是唾手可得，那不仅是洛党人士不愿意看到的，司马光的门下亦不能让他如愿。

## 八、谗言四起，再离京师

因身陷洛蜀党争，苏东坡曾数次上奏要求外放，皆被太皇太后温言留住。

元祐三年（1088）正月，开科省试，苏东坡奉诏权知贡举。贡举事了，苏东坡再次考虑离开京城。

对于眼下的处境，苏东坡是非常清醒的。“宠禄过分”是他遭受众嫉的最根本原因，欲要一份风平浪静的生活，唯有离开翰林学士院。

然而，苏东坡实在低估了太皇太后对他的宠爱。他愈是无要求、低姿态，太皇太后愈是看重他，要留住他。札子上去，自然不允。

此时，司马光已离世一年多。一年多来，朝内群臣分帮结派，你争我斗，朝局动荡不安。那些散放京城之外的熙丰旧臣，也开始蠢蠢欲动。吕公著为相，全无司马光的魄力与手腕，加之此时他已年迈体衰，内外交困之下，他疲于应付，只能屡请罢相。元祐三年（1088）四月，吕公著的请求终获允准，拜为司空、平章军国事，做他的朝廷元老去了。

接替吕公著相位的有两位，一位是尚书左仆射兼门下侍郎吕大防，一位是尚书右仆射兼中书侍郎范纯仁。

宰相的更易，属国家机密，依例必须先将学士召入翰林院锁院中，再面授词头、撰麻公布。这份重任又落在苏东坡肩上，四月四日，他被传锁宿禁中。

那天，苏东坡承旨完毕，太皇太后与哲宗一起召见了他。

双圣一起召见，于一位臣子来说是至高荣耀之事，但他还是不卑不亢，恪恭谨对。

“有一事要问内翰，前年任何官职？”太后问。

“汝州团练副使。”

“今为何官？”太后再问。

“备员翰林，充学士。”

“何以至此？”

“遭遇陛下。”

“不关老身事。”

“必是出自官家。”

“亦不关官家事。”

“岂大臣荐论耶？”苏东坡恭问。

“亦不关大臣事。”

苏东坡大惊，郑重回道：“臣虽无状，必不别有干请。”

“久待要学士知，”太后说，“此是神宗皇帝之意。当其饮食而停箸看文字，则内人必曰：‘此苏轼文字也。’神宗忽时而称之曰：‘奇才奇才！’但未及用学士而上仙耳。”

苏东坡闻听太后此言，想起昔日神宗种种，忍不住失声痛哭。太后和哲宗也流下眼泪来。随即命人给苏东坡赐座、上茶。

“内翰，内翰，直须尽心事官家，以报先帝知遇！”太后郑重叮咛。又与苏东坡聊了许多，苏东坡才起身拜辞。

太后命人撤御前金莲烛，送苏东坡归院。

那一对御前金莲烛，从此高擎于苏东坡心头。为报先帝与太皇太后的知遇之恩，他全身心投到对年轻帝王的教育与朝堂政事之中。

黄河水患，困扰大宋历代君王，尤其自天禧以来，黄河故道渐被淤塞，经常决堤西下。熙宁年间，黄河在山东曹村决口，大水漫延到徐州，围困徐州古城多日，身为徐州太守的苏东坡与军民在抗洪前线日夜奋战。那段记忆，让苏东坡刻骨铭心。

那时，为尽快解决水患，神宗选择了阻塞的方式。可此种强行阻塞的方式虽可解一时之患，却难得长治，河水欲西北行，强塞不如顺其自然。如今的都水使者王孝先，偏偏要兴工堵塞北京南开孙村河，妄图让黄河之水回归故道。稍明白些治水常识的人都知道，这是一件极危险的事情。黄河故道高仰，要让现在的黄河水改入故道，势如登屋。水向低处流，靠堤工强行改道必是无功，而且祸患难测。

内自工部侍郎、都水属官，外至安抚转运使及外监丞，甚至河北吏民，无论贤愚贵贱，无人不晓其中危险。王孝先却以为可行，大兴土木，劳民伤财，做着一件劳而无功甚至祸患严重的事。

苏东坡直言相谏："臣采察众论，以为此役不可不罢。"

他的这番披肝沥胆之忠言，直刺某些当事人的心脏，在朝中又招来一波反对攻击。十月十七日，苏东坡以"左臂不仁，两目昏暗，有失仪旷职之忧"再次上奏，坚乞一郡。

札中，他把自己重返朝廷的种种遭遇一吐为快：他与司马光，虽贤愚不同，但交契素厚，因为差役法而招台谏围攻；刑部侍郎范百禄与门下侍郎韩维争议刑名，他又被韩氏之党指为川党；此外，还有与御史赵挺之结怨，被王觌指为与孙觉同党之事……

谗言积毁，历来有之。汉武帝杀盖宽饶，唐太宗杀刘洎，皆因小人进谗所致。如今，苏东坡在朝中屡不被同僚所容，纵皇帝、太后再圣明，也难抵这重重疾风恶浪。苏东坡希望皇帝、太后能体谅他的处境，给他一方“不争之地”。

上了这封乞郡札之后，苏东坡便告病假，在家静候消息。

对于苏东坡来说，劳心之苦胜于劳体，在黄州东坡上躬耕时，他劳累一天，夜晚尚有大江风月伴他酣睡。而今，来自八方的政治围攻，让他整日心乱如麻。什么豁达、洒脱，在京城这方权力争斗的中心，全然无用武之地。他的身体状态每况愈下，始于黄州时期的眼病与左臂肿痛，现在更加严重了。

病假期间，太皇太后多次派人到苏家问疾、赐药、赐膳，叮嘱苏东坡安心养疾，只是不提乞郡札的事。眼看一个月过去，太皇太后着急了，督促苏东坡定个日子朝参。

苏东坡的乞郡札也朱批下来——依然不准。

万般无奈，只得再回玉堂。

元祐三年（1088）十一月一日，苏东坡锁院，宫中又赐官烛、法酒。太皇太后与皇帝的一再恩宠，让苏东坡无法不感动。

复值玉堂，苏东坡旧习难改，又忍不住提笔上札。在《论边将隐匿败亡宪司体量不实札子》中提到自己读《宝训》，里面记载淳化二年（991）时，太宗曾对身边的大臣说各州牧监养的马很多都瘦死了，认为是因克扣饲料，供给不及时，于是下令让人取十数槽置于殿庭下，亲自查看照料。有了太宗的亲自示范，这项弊病几乎被革除了。

由马及人，苏东坡联想到眼下百姓下情不能上达的痛苦：“民之于马，轻重不同，若官吏不得其人，人虽能言，上下隔绝，不能自诉，无异于马。马之饥瘦劳苦，则有踶踣奔逸之忧；民之困穷无聊，则有沟壑盗贼之患。然而四海之众，非如养马，可以置之殿庭，惟当广任忠贤，以为耳目，若忠贤疏远，谄佞在傍，则民之疾苦，无由上达。”

苏东坡怀着一份文人的天真与热情走上官场，他的所言所行并非出自凭空想象，更非为发泄一己之快。他自觉站在了百姓大众的行列，每每遇到损折百姓利益的事，便非吐不快。

在很多为官者的眼中，苏东坡是个失败的官员，他们会引以为戒。与苏东坡同朝为官的刘挚就曾告诫他家子弟：“士当以器识为先，一为文人，无足观矣。”而在百姓心中，苏东坡却是难得的好官。

苏东坡以马为喻进言，自然又引起一些执政者的反感，他们再次向苏东坡发起新的攻击。这一次，气势比前次还猛，大有不把苏东坡斗垮不罢休之势。

苏东坡再也无法在朝中待下去，他连上三状，求放越州。

奏状中，他明言道，朝廷若再挽留，是非永远无解。太皇太后也终于清楚，在宋朝的言官制度面前，她亦无力，只得准奏。

元祐四年（1089）三月十六日，诰下，苏东坡以龙图阁学士除知杭州。

杭州为东南第一大州，熙宁年间，苏东坡曾在此任通判两年。杭州的湖山之美，杭州的百姓可亲，他自是铭记在心。这也算是太皇太后再次施恩于他。

离京之前，有各种公私事务要了结，苏东坡又在京城待了一个多月。在这一个多月中，攻击的矛头又由苏东坡转向了已贬谪安州的前相蔡确。

蔡确曾游车盖亭，作诗十章，谁料这些诗竟落入仇家——知汉阳军的吴处厚之手，如今他将蔡确的诗一一笺注，向朝廷检举，说蔡确讥讪朝政，嘲笑新进用事之臣，把太皇太后比作武则天。

此事又在台谏掀起一阵波澜，太皇太后最初并不以为意，谁料卷入其中的人竟越来越多。和当初对待苏东坡一样，很多人此时亦欲置蔡确于死地。

此事与苏东坡没有半缕关系，他已除京命，身为外官；何况蔡确在位时，视苏东坡为眼中钉，曾不遗余力地打压苏东坡。但苏东坡对此种罗织罪名的作风深恶痛绝。蔡确当年为相，做过多少祸国殃民的坏事，朝廷一概不问，而今写了几首诗，却欲置他于死地。这种做法，在苏东坡看来，有伤朝廷的威信与立场。

太皇太后只是叹息苏东坡的心地太过善良，却不能理解他的做法。蔡确再次被远贬新州（今广东肇庆）。

交接完公务，接下来的时间，苏东坡忙于告别应酬。文朋诗友、弟子门生，纷纷设宴为他饯行。

朝廷给他的礼遇也非同寻常，太皇太后特诏赐衣一对、金腰带一条、金镀银鞍辔一副、马一匹。

朝廷的这番礼遇，又惹得朝中热衷功名利禄之人的纷纷猜测。给事中赵君锡料定苏东坡此番知杭州之后，定会还朝拜相，故极力上书挽留苏东坡。

举朝皆欲杀，赵君锡却盛称苏东坡的人品和文章，这让苏东坡大为感动，引为知己，不料日后却吃了他的大亏。苏东坡的书生本性，常让他在人际交往中品尝识人不明、交友不慎之苦，实在不由人为他一叹。

元祐四年（1089）四月，京城笼罩在如烟的柳色里，汴河的流水不疾不徐正潺潺，京郊城外，车声辘辘，苏东坡携家带口，又要远行。

自元丰八年（1085）自登州来京，至元祐四年（1089）四月离去，苏东坡在京城不过待了三年有余。这三年多的时间，于他来说苦乐交织、五味杂陈。朝中的政事纷纭、对手们的倾轧攻讦、太皇太后的屡屡加官恩宠，让苏东坡的生活处在水火交织的难堪之境。他实在太累了，疲于应对，唯有远离。

此次离开，如同鸟儿挣脱樊笼、鱼儿游入大海。苏东坡顾不上离愁，但是他记着临行之前文潞公语重心长地交代他的那席话："愿君至杭少作诗，恐为不相喜者诬谤。若还兴也，便有笺云。愿君不忘鄙言。"

苏东坡于郊外待发之时，太皇太后又特地派遣内侍赐予龙茶、银盒。

无论世界多么复杂可怕，总还有他们，在明处、在暗处，尽力眷顾回护，让苏东坡于人生的薄凉处，有光可鉴，有暖可依。

谢过太皇太后的恩赐，收起文潞公的殷殷叮咛，苏东坡跨上马鞍，最后回望一眼身后的富丽皇都，在四月的春风里扬鞭，头也不回地远去……

## 第八章
# 再至杭州

### 一、筹粮救灾，治理西湖

人生真个如梦，谁料再回西湖？

自熙宁七年（1074）卸任杭州通判，至元祐四年（1089）以龙图阁学士知杭州，刚好十五年。十五年的光阴，把苏东坡对西湖的感情沉淀得更加深厚。这里有一直牵挂着他的百姓，还有遍布湖山间的故交老友。

苏东坡到任之后，注意到杭州的廨宇官屋存在着很大的安全隐患。早在熙宁年间他任杭州通判时，官屋就已倾斜，有倒塌之势，如今十几年过去了，无人修换，更是破败不堪。这些官屋大多建于吴越国主时代，经历百余年的风雨，很多都成危房。六七月间的杭州，常常大雨倾盆，就在苏东坡来前的一个月，一场大雨使院屋倒，压伤两个书手。不久之后，鼓角楼又坍塌，可怜鼓角匠一家四口全部丧生。

苏东坡住在州宅，州宅之外还有高斋待客，但是风雨声令他无法高枕安睡，他牵挂那些在廨宇官屋中当值的人，于是派人去检查，共查得官舍门楼仓库等二十七处亟须抢修。

苏东坡将此事上奏朝廷，希望朝廷能够“赐度牒二百道，及且权依旧数支公使钱五百贯”，用来修缮屋宇，免除职官忧恐。

其实，修整官屋不过是苏东坡赴杭后的一件日常小事。重返杭州，他面对的最紧迫的问题还是救灾。

苏东坡辖属的浙西七州，从去年冬天开始到今年春天，一直雨水不断，田中积水不退，早稻无法播种。五六月间，积水退去，好不容易补种的晚稻，又遇上随后而来的干旱，百姓损失惨重。

水灾旱灾相连，粮食歉收，米价猛涨。若政府再不采取措施，等到来年春夏之交，后果将不堪设想。

如何平抑米价，筹措粮源，准备赈济明年的灾荒，成了摆在苏东坡这位新任知州面前最棘手的问题。为了彻底摸清目前及来年粮食的具体缺口，苏东坡还是先派人去做调查，调查之后，于十一月间上《乞赈济浙西七州状》。在上疏中，苏东坡向朝廷详细审述两浙灾情，请求朝廷减收部分本路上供钱斛，缓交部分上供米，并乞将上供钱散在诸州税户，令买金银绸绵，以免钱荒。

状子递呈上去，却是泥牛入海，久无消息。

彼时，从上到下，官僚习气浓重，地方监司一向报喜不报忧。苏东坡只得提笔给宰相吕大防写信，恳求他的帮助和支持。

“三吴风俗，自古浮薄，而钱塘为甚。虽室宇华好，被服粲然，而家无宿舂之储者，盖十室而九。自经熙宁饥疫之灾与新法聚敛之害，平时富民残破略尽，家家有市易之欠，人人有盐酒之债，田宅在官，房廊倾倒，商贾不行，市井萧然。”在《上吕仆射论浙西灾伤书》中，苏东坡特向吕大防申述了杭州风俗的浮薄。其实，不看别处，只看杭州府衙那些年久失修的廨宇官屋，即可略知一二。官不作为，民无警备，灾荒面前，朝廷若不出手，百姓唯有死路一条。

在苏东坡的多方奔走呼吁下，朝廷终于下旨，准许保留上供米三分之一，以作平粜。

到了第二年，也就是元祐五年（1090），春市间粮食供应青黄不接之时，苏东坡下令开仓，以半价买卖常平米，救活了很多百姓。这是之后的事。

旧时社会，缺乏公共卫生设施，水旱灾害之后，常常伴随着大的疫病暴发，而杭州地处水陆交通枢纽，南来北往的商贾流动性强，其处若发生疫病灾情，后果会比别处更加严重。苏东坡早就意识到了这一点。

元祐五年（1090）三月间，天气回暖，苏东坡最担心的事情果真发生，疫病在杭州地区大肆蔓延开来。还未从粮荒的恐惧担忧中解脱出来，又要面对来势汹汹的疫病，百姓脸上的愁云让苏东坡无法安坐。他再次行动起来，在全城展开了两项救济措施：一是派人施药，二是创立方便民众就医的病坊。

苏东坡在黄州期间，曾从眉山同乡巢三手上得到一个神奇的药方，名曰圣散子。

对于苦心研制出来的这一药方，巢三坚决不愿外传，后来苏东坡指江发誓，巢三才勉强告诉了他，不想竟在多年后，为救杭州百姓立下了大功。

苏东坡出资购药，亲自配药熬制，再由官吏率领一批懂得医术的僧人走街串巷，挨家入户，对患病人家进行救治。他还派人在街头架起大锅煎药，过往行人，不论男女老少，皆可免费服用一大盏。

一场可怕的疫病，在苏东坡的努力下被遏制。苏东坡的圣散子，连同他的大名，一起被杭州百姓铭记。看到数千人因此而得以活命，苏东坡在欣慰的同时，也在考虑下一步的计划——他要在杭州创置一所病坊，长期为百姓服务。

紧接着，苏东坡拨公款两千缗，又捐赠黄金五十两，在众安桥旁建立起一所名为安乐坊的病坊。安乐坊延请懂医术的僧人坐堂诊治，地方每年从税收中拨出少许资金作为经费；对于那些医术高明、医德高尚、三年之内治愈病人上千人的僧人，则由官府呈报，赐紫衣以示奖励。

安乐坊不仅看病，还收留救助贫穷的病人。春夏之交，是各种疫病暴发的高峰期，安乐坊会由专人配制圣散子，向全城百姓发放。

据说安乐坊是我国第一所面向民众的官办医院。这所病坊后来由众安桥迁至西湖边上，改名安济坊。

对于运河的治理，早在苏东坡到任杭州后就已开始。

苏东坡抵达杭州时正值七月，烈日炎炎、久旱无雨，导致运河水位急速下降，南北交通大动脉基本处于瘫痪状态。外面的米粮运不进来，势必会加剧本地粮价的高涨。

为了解决这一问题，苏东坡听取了临濮县主簿、监杭州商税苏坚的建议，首先浚治杭州的两条运河：一是南抵龙山浙江闸口，北出天宗门的茅山河；一是南至州前碧波亭下，东合茅山河而北出余杭门的盐桥河。工程自元祐四年（1089）十月开始，至元祐五年（1090）四月完成，先后调集捍江兵士及诸色厢军千余人，清理疏通的两条河，水深都在八尺以上，客货船运可以畅行无阻。对于杭州百姓来说，这是三十余年来未曾有过的事。

为了从根本上解决运河淤塞问题，苏东坡进行了全面的察访，又广泛征求了水利专家的意见，最终得出结论——要想解决河道堵塞问题，必须开浚西湖。

西湖之水不仅可以供给居民用水、灌溉周围千亩良田，还可流入运河，维持水位。若西湖的水不足，则运河水将靠江水补足，江水中携带的大量泥沙在运河中淤积，不出三年，河道将会再次被堵。

早在吴越王时代，就很注重西湖的清理与维护，特设湖兵千人，时时下湖打捞葑草。宋天禧年间，真宗从宰相王钦若的建议，将西湖指定为皇家的放生池，禁捕鱼鸟，西湖的水草亦开始四处蔓延。苏东坡任通判时，湖上葑田还只占十之二三，而今湖面已被葑田吞掉近一半。

四月二十九日，苏东坡上《杭州乞度牒开西湖状》，举西湖不可废的五条理由，请再赐度牒五十道，配合本州赈济灾荒的余款，欲将湖面葑草清除干净。五月初五，又上《申三省起请开湖六条状》，进一步说明治理计划。

依宋朝立法，知州有权动用本州的结余款项。苏东坡手头还有一笔可动用的现款，所以他等不及朝廷允准，于四月二十八日，便差派捍江船务等兵士五百名开工行动。

此时正值黄梅雨季，湖面葑草浮动，易于清理。五百名兵士之外，苏东坡又以工代账，请了当地一些依赖救济的灾民充当役工。这样又为政府减轻了一部分负担，亦解决了灾民的吃饭问题，一举两得。

动手铲除湖中葑草，再把湖底多年的淤泥挖出运走，从理论上讲似也不难，但一个让人头疼的现实问题很快就摆在苏东坡面前：湖中葑田面积达二十五万余丈，挖出的水草与淤泥将会如山堆积，如何安置这些湖草与淤泥呢？

为了解决这个难题，苏东坡几乎日日都到湖上。水草泥泞间，他一身泥一身水，奔走督察，丝毫不敢放松，有时候甚至连吃饭的时间都忘记了，索性就在工地上与兵士役夫们同食。

艺术家的浪漫天性、政治家的注重现实，在苏东坡治理西湖的过程中得到完美的结合，他想起白居易治理西湖时就已存在的那道长堤。那道长堤，自西至东，径三里余，唐称白沙堤，宋称孤山路。堤岸西边，密植垂柳，一年四季，杨柳依依。若能仿照白沙堤，用湖泥湖草在湖上再筑一道长堤，堤上种柳植花，既解决了湖中泥草无处安放之困，又为西湖增美增色，真乃两全其美之事。

西湖之上，苏东坡尽情发挥着他作为艺术家的审美天赋，他以西湖为纸，以想象为笔，勾勒涂画，西湖便以不一样的娇媚模样出现在世人面前。曾经的二十五万丈葑田不见了，曾经浑浊的湖水变得清澈如镜，一道长堤，南起南屏山，北至栖霞岭，堤上又相继建起跨虹、东浦、压堤、望山、锁澜、映波六桥（六桥之名为苏东坡离任后才有），将里湖外湖连通起来。长堤两岸，遍植芙蓉和杨柳，以利用盘曲的树根巩固堤岸，又建起九个凉亭，供游人玩赏驻足歇息。

那道长堤，不光美了世人的眼睛，也便利了民众的出行。南来北往，原要绕湖三十里，现在欣赏着长堤两畔的美景，不知不觉间就已过湖而来。

站在新筑起的长堤上，放眼四望，湖葑尽去，南北路通，苏东坡心中喜不自胜。

在钱塘县尉许敦仁的建议下，长堤建成后，苏东坡又做了一件大事——将路西部分开葑出来的湖面辟为菱荡。

吴人有种菱习惯，种菱之前一定要把水中杂草打捞得干干净净。现在，政府以一定租额将湖面租给民众种菱，一则可以增加民众收入，二来也可以免去葑草封湖的隐忧。为了防止民众越界种菱，引起不必要的纠纷，苏东坡又特派人去湖上划定界限，沿界立起三座小石塔做标记（即今天的三潭印月），小石塔以内的湖面严禁种菱。

一座城与一个人联系得如此紧密，就像一个人的骨肉与血脉，彼此融入，不可分离。苏东坡之于杭州，即是如此。时隔九百多年，再去杭州西湖，游人首要观赏的一道风景，便是苏堤。第一个想起的人，便是苏东坡。

苏堤春晓、三潭印月，作为西湖胜景，醉人千年。

当然，苏东坡在任时，长堤还只是长堤，“苏公堤”三个大字是林希接任后题上去的。

世人皆知，苏公堤与苏东坡有关，却鲜有人知他当年是如何一身泥一身水，站在西湖岸边，与民众一道筑起那道长堤；如何率领杭州百姓抗灾救疫，散药开病坊。那时候的苏东坡自然也不会想到，九百余年后，多少人事皆在历史的更迭中湮没消失，而当年修筑的长堤还横卧在西湖的碧波之上。

## 二、湖上理案，以民为本

十几年前，苏东坡曾在杭州任通判，为烦琐的公务所扰烦不胜烦之时，他会去西湖的山山水水间放松一下。如今，他干脆把自己的办公场所直接挪到了湖上。

太守湖上理案办公，在当时是一大奇景。

身为知州，既有水旱灾疫、兴修整顿水利这样的民生大事要处理，也有数不清的诸如偷抢盗骗的民间诉讼案件待解决。在苏东坡眼中，百姓之事无小事，一旦对簿公堂，就等于站到了人生的十字路口，何去何从，全凭执政者的论断。苏东坡处理起各种诉讼案件来似是驾轻就熟、云淡风轻，其实心底从来没有半点马虎。哪怕再微小，甚至荒唐的案件，他也要细心审理，谨慎判定。有时甚至还法外开恩，出手相助。

还在筑堤期间，苏东坡就曾遇上一件债务纠纷案。那天，苏东坡刚从筑堤工地回到衙门，便有一绸缎商堂前鸣冤，要告一位专业制扇的小商人。这位扇商于年前向他赊去一批绫绢，价值两万贯钱，原说好三个月内一定还清，可时间过去快一年了，仍是分文未偿。

一个做小本生意的绸缎商，靠着一家小店养家糊口，适逢水旱相连，生意更是做得艰难，资金周转都已困难。绸缎商在苏东坡面前一把鼻涕一把泪，说得哀哀戚戚，要苏东坡为他做主。

为官者自当为民做主，但在另一位当事人到场前，苏东坡亦不会贸然作出决断。他急派人去把那位扇商传唤至公堂，要当面问个清楚。

被告人到场，与想象中的奸商全然不同，此人看上去老实巴交，估计是第一次惹上官司，人到公堂时，已吓得脸无血色、浑身筛糠。见到苏东坡，他扑通一下跪倒，咚咚咚地连连磕起头来。

对于原告说的一切，他一一应承，没有半丝抵赖之意。

“我家一直以制扇为业，年初我父亲染病，四处求医问药，可父亲还是不治而去……家中积蓄花空，今年春夏以来，又一直久雨不晴，扇子一把也没卖出去，故无力还债……”扇商声泪俱下。

苏东坡坐在堂上，看着堂前两位，一位满脸期待地等他决断，一位双眼噙泪地求他宽恕，手中的判笔，重似千钧，实难落下。

踌躇良久，苏东坡才对跪在堂前的扇商道：“你回去取二十把上好的团扇来，我替你还债。”

此言一出，堂上堂下，无不讶然。尤其那个战战兢兢的扇商，更是满脸满心的疑惑。但知府大老爷发话，他亦不敢多问，爬起来低首躬身退出去，转身一路小跑着回家取扇去了。

待扇子取回来，众人才明白苏东坡的用意。他拿起那些扇子，一把把细细看去，紧皱的眉头慢慢松开来。那些扇子，皆是选料上乘、做工精细的好扇子。

“笔墨伺候。”苏东坡一声令下，笔墨纸砚随即奉上。苏东坡提笔，或题或画，二十把扇子，很快就变成了东坡字画扇。

“此扇一千钱一把，拿去还债吧。”苏东坡题完，轻轻放下笔。

一道难解的题，被苏东坡那杆才子之笔轻松化解。苏东坡画扇，何止千钱一把？二十把画扇很快就被闻讯而至的字画爱好者抢购一空。原告看着喜欢，亦花一千钱从被告手中抢了一把。

画扇风波之后不久，苏东坡又遇到一桩涉嫌欺诈、偷税的案子，并直接牵涉到他本人。

某天税务官将一位年近六旬须发皆白的老人，押到了苏东坡面前。这人身旁还有两个巨大的包裹，包裹上面赫然写着“翰林学士知制诰苏某封寄京师苏侍郎收”。

如此明目张胆地欺诈、偷税，还是借着他的大名，苏东坡纵然再仁慈，也忍不住大怒：“何方刁民，竟敢冒用本官的名义干这不法的勾当？”

原本想好了一肚子说辞的冒名者，怎么也没想到堂上坐着的竟然就是苏学士。他双腿一下就软了，扑倒在堂前地上，连称“小人该死”。

此人名叫吴味道，南剑州（今福建南平）乡贡举人，此次进京是为参加来年的礼部进士考试，因家贫拿不出盘缠，只得靠乡邻们东拼西凑凑给他的一百千钱勉强上路。偏有自作聪明之人，替吴味道出了个馊主意，让他购置两百匹本地名产建阳纱带到京城变卖，赶考做生意两不耽误。可要把两百匹麻纱从福建带到京城，经沿途层层税收盘剥，到京城恐怕连一半也剩不下。吴味道是读书人，久闻苏氏兄弟大名，也深谙当时官场风气，遂想出冒名偷税这一办法。竟然真的一路畅通无阻，直到在杭州遇上苏东坡。

对于自己的欺诈行为，吴味道似乎并无多少悔意，倒一个劲地责怪自己消息太闭塞，竟然不知苏东坡已来杭州做太守。

六十多岁的人，着一身寒酸的衣裳，头发已花白，还要不远千里赶到京城去参加科举考试。苏东坡无法对眼前这个老人生恨，倒是再生恻隐之心，既然他苏学士的名号可以帮到这位老人，索性来个将错就错。

苏东坡命人将包裹上的旧封揭去，亲笔写上“龙图阁学士、钤辖浙西路兵马知杭州府苏某封寄京师竹竿巷苏学士”。

写完后，苏东坡扔笔笑道：“先辈这回将上天去也无妨，来年高过，当却惠顾也。”

此时，苏辙已迁为翰林学士，苏东坡又写了一封亲笔信，让吴味道带给苏辙，让苏辙给予关照。

不知是与苏家兄弟的照顾有关，还是吴味道原本就怀才，在第二年的进士考试中，吴味道竟然高中皇榜。揭榜后，他专程从京城赶到杭州，向苏东坡道谢。苏东坡亦欣慰不已，还留他在家里小住了几天。

## 三、救灾恤患，呕心沥血

苏东坡任地方官，似是与救灾结下了不解之缘。无论到哪里，救灾都是他日常政务中避不开的重要一环。

这次知杭州，上任伊始便遇旱灾、粮荒，之后又遇疫病流行。他率领杭州民众疏通运河、治理西湖，又开病坊、设粥厂，终于解决了困扰杭州百姓的民生问题。

可是旱荒的善后救济工作还没做完，涝象又渐显。元祐五年（1090）五六月间，浙西数郡连日大雨，导致太湖泛滥，洪水冲破湖堤，冲进两岸的农田，灾情之惨，比前一年的旱灾更甚。

太湖区域是两浙地区的粮仓，太湖一带一旦闹起粮荒，两浙的粮食供应都将大受影响。来年的饥荒，可以预见。

苏东坡认为，凡事预则立，不预则废。救灾恤患，尤当在早。熙宁年间的两浙灾情，他依然记忆犹新。当时干旱导致米价上涨，只因沈起、张靓之流不事先闻奏，竟让一场原本可以避免的人间悲剧在两浙大地上发生。五十万条生命，活生生丧于饥馑与疫病之中。去年浙西数郡先水后旱，灾伤不减熙宁，但因太皇太后与皇帝的英明举措，提早赈济，平抑米价，大灾面前无一人饿死。

而今，刚刚远去的灾难似有卷土重来之势。五六月间，米价复涨，到七月初，一斗米已升至百钱多。去年两浙地区刚刚经历一场灾荒，如人大病初愈，今年再次遭灾，如旧病复发，其伤势之重，恐怕更胜去年。

苏东坡派往各地的查访人员陆续回来，带回的消息更是让苏东坡夜不能寐。去苏州的将官刘季孙告诉苏东坡："此数州，不独淫雨为害，又多大风驾起潮浪，堤堰圩埠，率皆破损，湖州水入城中，民家皆尺余，此去岁所无有也。"而转运判官张璹自常、润还，所言略同。

即便大雨立即停止，也非丰年，何况那连天大雨下到何时仍未可知。那些天，苏东坡食不知味、睡不安寝，为风雨之中哀泣的百姓揪心，更为他们明年的生活担忧。

元祐五年（1090）七月十五日，苏东坡终于坐不住了，他如实向朝廷陈述了他的担心，还有在苏、湖等地调查的悲惨现状，并请求朝廷让户部及本路转运提刑、两路钤辖司及早相度准备，于秋冬间多籴常平米，以便明年平粜救荒。在奏状中，苏东坡一再提及熙宁灾情，以期引起朝廷重视。

此状拜发不过五六天，忽又风雨大作，连日不停。苏东坡愈发心急如焚，不问第一状有无结果，七月二十五日夜，风狂雨骤之中，他挑灯疾书，再上奏状。

不承想，苏东坡百般忧虑之中急匆匆写下的这些奏状，后来又成台谏官们攻击他的证据，说他虚报灾情。此是后话。

苏东坡一边接连上奏朝廷，一边以私人名义分别致函有关地方监司守令，劝他们广籴备灾，与他们积极合议救灾方略。

尽管苏东坡未雨绸缪，朝廷、地方两面开弓，灾情还是无可避免地出现，米价再次高涨。

直到八月四日，朝廷才下旨，将本案交由都省关牒本路转运、提刑、钤辖司相度施行。

对于那些官僚的办事效率，苏东坡太过了解，又是调查，又是研究，等到方案实施，不知有多少百姓已饿死。他遂又上奏状："伏乞决自圣意，指挥三省，更不下有司往复勘当施行。"

人命关天，奏状上呈之后，苏东坡即先在本州收购粮米。因灾荒之势已成，开仓一月，竟然无一人前来卖米。苏东坡只得再次寄希望于朝廷，九月十七日，他再次请求朝廷准向年成丰熟的近便州军购粮五十万石，储为明年平粜救济之用。

一个月后的十月二十一日，苏东坡又上第三状。此状是一封控告状，控告提刑司吝惜两三钱，不肯遍行公文，禁止溢价收购。

苏东坡和百姓于水深火热中翘首期盼，却未等来回音。

十一月下旬，苏、湖、杭、秀等州的米价开始上涨，原来的计划变成废纸一张，苏东坡只能另想办法。他清查了一下杭州义仓，尚有余米四万余石。遇有灾荒，知州有权发放这些米。区区四万石米，不足原定赈济所需的十分之一。身为一州之首，他能做的竟然只有这么多。

一场遍及所辖七州的大水灾带来的粮荒，最终却以义仓仅存的四万石粮聊以解决，属实无奈。事情过去了，苏东坡的内心仍然无法平静。

## 四、别杭还朝，再起波澜

元祐四年(1089)四月，苏东坡离京城赴知杭州。是年六月，朝廷即除苏辙为吏部侍郎，十天后又改翰林学士。兄长外放，弟弟却得一连串的晋升，明眼人都看得出，这是太皇太后对苏东坡的另一种补偿，也是借蜀党力量来制衡洛党、朔党的势力。

元祐五年(1090)正月，苏东坡赴杭州不过半年，范祖禹即上疏请求召苏东坡还朝。然而，苏东坡正在杭州救灾，不便中途换人，此事遂暂时搁下。五月间，又有除苏辙为御史中丞的诏命。

元祐六年(1091)正月，原拟苏东坡任吏部尚书，二月又任命苏辙为尚书右丞。如此一来，兄弟又要同朝为官。为避嫌，二月二十八日，诏下杭州，改苏东坡为翰林学士，承旨还朝。

这样的恩宠，让苏氏兄弟在感恩之余，皆生惶恐之心。尤其苏东坡，对官场上的纷争倾轧，他已深感厌倦。因此，得诏当天，他便写了一道辞免状，请求继续外任。

此状自然不被允准，但在离开前，苏东坡想再为杭州百姓做些事。

钱塘江潮，被誉为“天下第一潮”，自海门东来，雷霆万钧。钱塘江中的浮山，与鱼浦诸山峙立水中，阻挡了奔腾汹涌的潮水。潮水每流至此，便乱了流势，浊浪翻天，暗涡洄旋，有吞噬一切的力量。自浙东及福建路八州来往的客商都须从此处过，且因江滩水浅，又必须候潮水来时乘潮而行，多年来，船毁人亡的事件屡有发生。

其时有个名叫侯临的，曾任信州（今江西上饶）军州事，他来往江滨，发现此地之险，又不断实地考察，写成一本《开石门河利害事状》，送请苏东坡审议参考。正是在侯临的建议下，苏东坡与同僚们拟定了开辟石门运河的计划：从浙江上游的石门开始，沿山向东开辟一条长约二十二里的运河，引入钱塘江水及溪谷诸水，通至大江；再沿江筑岸八里，到达龙山大慈浦，从大慈浦北折，凿岭六十五丈，通达岭东古河，再将古河疏通浚治，最终与运河相接。若此河开凿成功，来往客商行船便可畅通无阻，再不用去冒浮山之险。

计划已定，苏东坡随后派观察推官董华估算出工程所需工料，预计要花费十五万贯钱，需开河役工三千人，大约两年完工。预算已出，苏东坡于三月上书朝廷，请求朝廷命本路监派官前往勘察，并请支赐钱物，派侯临督办这一工程。

由于不久将要还朝，苏东坡只得将开凿运河一事寄托在后人林希身上。谁料林希竟然听信无知小人的谗言，说什么“今凿龙山姥岭，正犯太守身”，致使苏东坡苦心筹划的这一工程宣告破产。

三月，苏东坡启程赴京。因已决心不在京城任职久待，这一次，他没有带家眷，单枪匹马前行。赴京路上，他接二连三上了几道请辞状，在《杭州召还乞郡状》中，他甚至说“若朝廷不以臣不才，犹欲驱使，或除一重难边郡，臣不敢辞避，报国之心，死而后已”。可朝廷依然不许。

元祐六年（1091）五月二十六日，苏东坡抵京，当天即上殿门报到。彼时，身为尚书右丞的苏辙住在其官邸东府，为了保持自己外官的身份，苏东坡连弟弟家也不住，而是寄寓到开封城内兴国寺的浴室院中。其请辞之决心，可以想见。

五月二十九日，苏东坡赴阁门受诰命。就算在此时，他仍坚持上疏，恳请在为太皇太后上寿后外放。

六月一日，苏东坡奉诏再入学士院；六月四日，又奉诏再兼侍读。

留京任职已成定局，六月中旬，苏东坡才从兴国寺搬到苏辙的东府去。

乞去不成，苏东坡又记挂起浙西诸郡的水灾粮荒。离开杭州时，两浙地区一直阴雨不断，回京途中，他特意绕道苏州、湖州、常州一带，亲自考察灾情。只见湖州至苏州途中，积水并未退去，下田都淹没在深水中，“中上田亦自渺漫”，很多百姓都只能食糟糠杂芹、莼果腹，加上久雨不止，很难有干柴草生火，百姓只能“食糟饮冷，多至胀死”。忧心如焚的苏东坡，于三月二十三日再次向朝廷上《再乞发运司应副浙西米状》，恳请朝廷能迅速拨米赈济。

十几年前，苏东坡任杭州通判时，已经对这些地区的水患情况进行了多次考察研究，那时，他曾亲往湖州督察松江堤坝工程。十几年过去，水患依然，说明当年的工程并未从根本上解决问题。

通过实地考察，苏东坡发现松江水患最根本的原因在于松江入海口被泥沙淤塞，导致江水无法入海，若能使入海口通畅，吴中即可免遭水灾之苦。

听说常州宜兴县进士单谔精通水利之学，苏东坡特意将他召来询问。七月二日，苏东坡上《进单锷吴中水利书状》，希望朝廷能饬令地方官，督导完成这项利民利国的疏导工程，以永绝江南水患。不料此状递呈后，又在朝中激起一片反对的声音，此事最终还是不了了之。

七月十二日，苏东坡再上札子，言浙西诸郡连续两年发生天灾，今年的水灾比熙宁年间还要严重，请求朝廷赐米、钱以赈济灾民。对此，太皇太后诏赐米百万石，钱二十万缗。

还未等苏东坡从高兴的情绪中走出，侍御史贾易与杨畏、安鼎就跳了出来，三人联衔上疏，论苏东坡所报“浙西灾伤不实，乞行考验”。

贾易原为洛学子弟，程颐离朝后便趋于朔党领袖刘挚的门下，此次联衔上疏，不过是朔党打击围攻苏氏兄弟的开始。

虽然此次上书被给事中范祖禹“封还”，但以苏东坡对眼下官场的了解，此事若不尽早解决，下拨浙西百姓的钱粮恐怕要化为泡影。情急之下，他想起御史中丞赵君锡，以他中丞的地位，他的一句话也许就能救灾区千万百姓于水火。

人事瞬变，苏东坡又常因识人不明而吃亏。他不知道，此时的赵君锡早已变了。为求进阶，他转头就把苏东坡出卖了。

八月初二这天，贾易上奏诬告苏东坡于元丰八年（1085）五月一日在扬州竹西寺的题诗意存不善，实犯悖逆大罪。三日，贾易又上一章，说苏东坡曾派秦观、王遹私下往说赵君锡。

宋朝有政务官不得与台谏往来的规定，情急之下找老朋友帮忙而落下口实，确实是苏东坡行事的失误，但朋友间的私下交往被对方当作利剑，这让苏东坡在惊惧之余，不禁感到心寒。

当年，苏东坡与赵君锡以道义交游，每每相见，无所不谈。尤其苏东坡，对赵君锡更是忠义相许，从无隐瞒。不料自己终是认了小人为友，赵君赐联手贾易，不但让苏东坡无法在朝中立足，而且将矛头暗暗指向苏辙，实是觊觎苏辙的尚书右丞之位。

对于此次风波，吕大防认为，苏东坡如再留在京城，势必不能平息；而贾易排击人太苛刻，须与责降。尽管太皇太后对贾易等人甚为不满，却也不愿朝中多事，最终以求避亲嫌为由，除授苏东坡龙图阁学士知颍州。苏辙上状乞出，朝廷不准。

此次还朝，不满三个月，来时初夏，去时已是秋风乍起。府外驰道上来来往往的辘辘车声，还有窗外的风声雨声，扰得苏东坡夜不成眠，他又想起三十年前怀远驿与弟弟的对床之约。那时，他才二十六岁，风华正茂，而今已是五十六岁的衰病老人。大半生光阴倏忽而过，留给他的又是什么？是一颗伤痕累累的心，一具疲惫不堪的病体。

## 五、来去匆匆，由颍赴扬

皇祐元年（1049），欧阳修知颍州，州西二里之地的西湖，是其经常光顾流连的地方。此湖十里长、两里阔，湖边林木葱茏，湖上山光水色，是当地一大胜迹。熙宁四年（1071），欧阳修以太子少师致仕，因喜欢颍州这个地方的山水人情，遂选择于此地居家终老。欧阳修前前后后为西湖留下了不少吟诵之作，颍州西湖亦因欧阳修而名扬天下，几与杭州西湖相媲美。

世间事，总有太多让人无法预料的巧合。时隔四十余年，碧如琉璃的颍州西湖水，又迎来北宋另一位大文豪——欧阳修的门生苏东坡。

对于颍州的山水风物，苏东坡并不陌生。当年赴杭州任通判，他和弟弟苏辙一同前来看望恩师，白发恩师携弟子泛舟湖上，那份美好的回忆，至今仍萦绕在心头。

而今故地重游，恩师欧阳修已故去多年，师母薛太夫人也于两年前病逝，欧阳修三子欧阳棐、四子欧阳辩等此时皆在颍州守丧。九月一日，苏东坡到任后即前往欧阳家的会老堂祭拜欧阳文忠太夫人。灵位前，苏东坡忍不住老泪纵横。

颍州不仅有恩师后人，还有苏东坡的旧识。

赵令畤，初字景贶，后苏东坡为之改字德麟，此时正签书颍州公事。他是宗室之后，颇有才华，因宋有“干国治民，不及宗子”的老规矩，一直不得重用。苏东坡为此曾上奏朝廷，呼吁打破陈规，让宗室之中的人才亦有平等的出头机会，最终赵令畤得除光禄丞。

现任颍州州学教授的是陈师道，“苏门六君子”之一。

陈师道，字履常，一字无己，师从曾巩。元祐初，由苏东坡推荐，以布衣出任徐州教授，后除太学博士。

元祐四年（1089），苏东坡出知杭州，经南京应天府，陈师道托疾谒告，特自徐州来南京相送，与苏东坡同舟东下，至宿州方归。为此事，陈师道受责改降颍州教授，不想正好成全了他们。

环视身边，有故交、有门生、有亲戚，又加政事清闲，且已决定明年一定求去，苏东坡更是压力全无。颍州西湖虽比不上杭州西湖，但得与赵、陈、欧阳二公子流连于颍水之上，诗酒相娱，倒是难得地舒适与轻松。

虽然无政事烦扰，但在任职的半年里，苏东坡还是为颍州百姓做成了几件大事。

彼时，开封各县常闹水灾，地方官吏却无长远打算，只顾眼前之利，开坡凿塘，把大水引入惠民河了事，结果惠民河水涨了，又殃及陈州。为了解除陈州水患，有人建议开挖八丈沟，以将陈州之水引入颍水，再由颍水进入淮河。

关于这一设想是否可行，朝中一时议论纷纷，尚书省只好行文各州郡征询意见。如果各州郡意见统一，朝廷将征用民工十八万，拨钱三十七万贯，尽快投入施工。

苏东坡接到尚书省行文时，到任没多久，他认真阅览过相关文书后发现，对于开挖八丈沟，无非两种意见，开或者不开。但无论哪一方，都不过凭空臆测其利害，没有任何一方拿出有关水形地貌的事实依据。

苏东坡历任地方官，尤其在两浙地区主持过多项大规模的水利工程，对治水颇有心得。没有实地的勘察，就不可能有科学的全盘考虑。这一次，苏东坡还是采取以往的举措，深入民间走访，找当地的水利专家问询商讨，又派人到各县的有关地段认真测量勘核。

一系列的勘察之后，苏东坡得出最终的结论：开挖八丈沟有百弊而无一利。他立即上奏朝廷，使得这一劳民伤财的计划得以终止。

苏东坡来颍州的这年秋天，颍州正在闹干旱。眼看来年小麦收成无望，苏东坡一边作了祈雨文，派人去当地的张龙公神祠祈雨；一边计划着利用颍水和西湖的水源，开发当地的水利工程。他奏请朝廷，将原派修黄河的役夫，留下一万人来开挖颍州境内的沟渠，然后疏浚西湖，引来焦陂之水，并修清河三闸。对此，朝廷一一诏准。

只可惜诏令下来时，苏东坡已离任颍州赴知扬州，这些工程只好交由赵令畤完成。此是后话。

颍州大旱时，周边与之相邻的庐州（今安徽合肥）、濠州（今安徽凤阳）、寿州（今安徽寿县）等地，也正闹饥荒，百姓无粮可吃，只能以草根树皮糊口。苏东坡深知，饥荒之年，盗贼必蜂起，若成批的灾民北来，颍州首当其冲。

事预则立，不预则废。十二月二十五日，苏东坡请求朝廷赐予度牒，以购储小麦、粟米等，准备赈济到颍州境内的流民。

进入腊月，颍州便久雪不晴，直到十二月下旬，才稍见晴霁。某日，苏东坡和赵令畤一起登女郎台远眺。白茫茫的原野上，忽然出现一群衣衫褴褛的人，他们扶老携幼，步履蹒跚，向着苏东坡的方向而来。苏东坡不等来人近前，便急步下高台，殷勤上前询问——担心的事情果然还是发生了，这是邻州逃难的灾民。

那一夜，苏东坡躺在床上翻来覆去无法入睡，眼前晃来晃去的都是白日里见到的那些面孔。这样天寒地冻的夜晚，他们在哪里安睡，又以何果腹？上交朝廷的奏状，即使被允准，也解不了眼前之急。他得想办法先拨出一些粮食，做成炊饼散发给这些饥寒交迫的流民。

苏东坡把这个想法讲给王夫人听，这亦提醒了王夫人，她想起从前傅钦之曾对苏东坡说过，赵令畤在陈州任签判时，曾因办赈济而得功，何不与赵令畤商量一下，想必他一定有办法。

苏东坡等不得天亮，立刻派人前去相请。这次他果然找对了人，对此事，赵令畤早有腹案。

“今细民之困，不过食与火耳。义仓之积谷数千石，可支散以救下民；作院有炭数万称，酒务有余柴数十万称，依原价卖之，二事可济下民。”

苏东坡闻言大喜：“吾事济矣！”立即派赵令畤着手办理此事。

元祐六年（1091）八月，苏东坡赴颍州任，第二年二月又以龙图阁学士充淮南东路兵马钤辖知扬州军州事，真是来去匆匆。

晨光熹微，晓风还寒，一弯残月斜挂西天。元祐七年（1092）的三月早春，在凄凉的号角声中，苏东坡再次登舟起航，前往扬州任上。

苏东坡原本想着在颍州任满一年，即告老还乡，孰料新命来得如此之快，而他，除了遵从，别无他计。舟过淮水，回首处烟水两茫茫，苏东坡的情绪变得莫名低落。数年来，南迁北徙，来来回回过淮水，已不下十余次。这样的漂泊，何时是个尽头？

这一年，苏东坡已经五十七岁，无论从身体上还是从心灵上来说，都已是一个十足的老人。他厌倦了这样居无定所的漂泊生活，厌倦了这样无休无止的官场迁转。

苏东坡不愿在落寞与悲哀中沉溺。山光水色，悦人眼目，亦能涤荡人心上的阴云愁雾。苏东坡一路走，一路与儿子苏迨、苏过游山逛水，也一路考察沿途的人情风物。这是苏东坡多年宦游四方的习惯，也是深入百姓了解社会的一条有效途径。

此时正值麦子初熟，一派丰收之景的田间道头，却不闻农民笑语。沿途有太多匆匆忙忙赶路的行人，皆满面忧戚愁苦，苏东坡心上疑云大布。细问之下，方知官府正在催收积欠，逼迫太紧，让这些人有家而不敢回、有粮而不敢收。水旱灾害相连，又有官府在身后猛虎一般催逼，百姓的哀哀哭泣再次让苏东坡坐立难安。

一路都在明察暗访，直到三月二十六日，苏东坡才到达扬州任上。

五月，苏东坡给朝廷上了一封长达七千余言的奏章，将自己沿途所见所感一一整理，恳请朝廷降诏“权住催理”，给那些酷吏以严惩，给百姓以活路。

苏东坡的声音传至朝中，皇帝和太皇太后皆大为震动，诏书很快下来：“淮南东、西、两浙路诸逋负，不问新旧有无官本，并权住催理一年。”从苏东坡所请。

扬州也曾是前辈欧阳修的旧治之一。当年，欧阳修先知扬州，再赴颍州，苏东坡与他刚好相反。

苏东坡来扬州时，正是阳春三月，扬州一年一度的芍药花会正在热烈地筹备。

唐宋有赏花习俗，每年百花盛开之际，上至朝廷，下至民间，都会举行各种各样的赏花大会。牡丹、芍药，渐从百花之中脱颖而出，并称花中双绝。

宋仁宗时，钱惟演为西京（今河南洛阳）留守，始创洛阳牡丹万花会。每年四五月间，牡丹盛开之际，城区风景佳胜处，都会用数万朵牡丹花搭起屏障，城中街道、建筑物也以各色牡丹装饰。总之，在整个万花会期间，洛阳就是一片花的海洋，万花会亦成了人们狂欢的节日。

或许是受洛阳万花会启发，扬州亦开始举办芍药花会，一次花会就要用掉芍药十万余枝。每年三月，为了这场花会，扬州的地方官们要筹措经费、寻找花源，不但给当地的财政带来巨大负担，百姓们对此也是怨声载道——地方政府最终会把这份沉重的负担推给百姓，甚至还有一些不法官吏与商贩从中牟取暴利。

扬州的地方官们没想到，苏东坡来扬州后做的第一件事，就是取消万花会。

苏东坡原本是爱玩之人，没有了花会的扬州显得尤其冷清寂寞，但他丝毫不后悔做出这一决定。在给好友王巩的信中，他说花会“乃扬州大害，已罢之矣。虽杀风景，免造业也”。

的确，在当时很多人眼中，苏东坡就是一个“煞风景”的人。取消花会，让某些从中渔利的官吏与奸商怀恨在心。苏东坡并不以为意，他的目光依然威严且坚定，横扫扬州的角角落落。他三月抵达扬州，八月即接新诏，还京为兵部尚书。短短五个月的时间，苏东坡还是放手为扬州百姓做了些事。

元祐七年（1092）六月下旬，虽离苏东坡回朝日期越来越近，但他仍在为扬州政事操劳。此事不似取消万花会那般干脆，但在苏东坡看来又非解决不可的事。

事关漕运与国法，如苏东坡所言：“运法之坏，一至于此！”

自宋定都开封以来，京畿重地所需兵粮都依赖漕运。嘉祐以前，每年运输总额六百万石，亏损不过百分之一。苏东坡来扬州后，查得去年全年载运量为四百五十余万石，可亏损总数竟高达三十余万石。这让苏东坡大为震怒。

追根究源，牵出千头万绪。原来，从前的发运司，对纲运过程中船夫搭载私货不作计较，船夫都较富有，亦视官舟为家，运输过程中有些欠折，会自行弥补。熙宁以后，隶属户部的金部官吏与转运使开始对私载货物进行盘查，因为从中可以“邀难乞取”。在他们的敲诈勒索下，船夫的日子很不好过，只好冒险偷窃官米，以补漏缺，漕运的欠折遂年年增加。

苏东坡到任后不久，便审理了一起粮纲欠折案。

人犯的哭诉，再次让苏东坡震惊。那些人个个瘦骨伶俜，衣衫破旧。层层盘剥之下，他们缺衣少食，三餐不继不说，有些甚至把船车都变卖了，更有甚者，质妻鬻子。实在活不下去的，即沦为乞丐或盗贼。京师与沿河诸郡，无处不见他们的踪迹。

"此乃朝廷之大计，生民之大病，如臣等辈，岂可坐观而不救耶？"苏东坡忍泪长叹。

于是，苏东坡连上两折，请求朝廷加以整顿。

上奏后不久，诏令传来，苏东坡被召还回朝任兵部尚书、龙图阁学士兼侍读，令他得诏后速速还京，不得迁延。

苏东坡只好再次放下扬州政务，匆匆赴京。

## 六、失势丧偶，祸不单行

这年的京城，朝廷上下正在为年轻皇帝的大婚而忙碌。这一年，哲宗十七岁，已到了适婚年纪。

四月，太皇太后就在百余名精挑细选的世家女中选定了眉州防御使孟元的孙女孟氏，教以女仪，立为中宫。

五月，哲宗御文德殿，册封孟氏为后。

哲宗大婚，其人生将掀开新的一页，大宋的朝局也可能由此发生转变。

九月，苏东坡将至京城，苏辙早早奏请圣旨，出城迎接。

策马缓缓行走在汴河堤边的，不再是三十几年前那个初入京门的青年，人老马倦，骑在马上的苏东坡，再次来京，没有丝毫激动与兴奋，只有岁月无情的感慨。他依旧在渴望，渴望郊祀大礼行过后，可以如愿外放。

苏东坡的愿望，注定再次落空。当年太皇太后放他远走实属无奈，如今朝局已变，刘挚已于元祐六年（1091）十一月被弹劾去职，分任左、右二相的是吕大防和苏颂，苏辙升任门下侍郎，位居副宰相之职。如此朝局，怎会不容苏东坡立足，太皇太后欲大力起用他。

皇帝大婚之后，须在这年冬季行郊祭之礼，这是皇帝亲政之前必走的程序，苏东坡被派遣随行。郊祭大礼之后，苏东坡进端明殿学士、翰林侍读学士、礼部尚书，这是苏东坡一生所得的最高官位。

多年来，苏东坡做官，有一个人尽皆知的习惯，未就任前他犹豫徘徊，甚至一再请辞；一旦辞免不成，走马上任，便立刻把所有的沮丧与消极收起，凡事认真耿介，全心全意辅佐君王。

政坛之中，风风雨雨，人事倾轧，永远不会停息。面对朝政得失，苏东坡从来都是直抒己见。尽管现在的政治环境已比往年平和许多，但苏东坡这种做派与性格还是让他得罪了一些人。其中，苏东坡得罪最深，亦让苏东坡失望最深的，是他的学生——哲宗。

哲宗十二岁时，苏东坡即开始担任帝师。为了大宋江山，为了这位小皇帝的教育与成长，苏东坡花了很多心血。他只盼有朝一日，哲宗亲政，能做一位有识有德的明君。

现实却让苏东坡失望。

已经成年的哲宗，早已不是昔日那个乖巧听话的少年。他变得性情暴躁，懒惰好色。这位一直在祖母的庇护下，也在祖母的权力压制下成长起来的年轻皇帝，与所有处于这个年龄段的男孩子一样，有着青春期的躁动与叛逆。因为特殊的成长环境，他的这份叛逆甚至更加强烈。自他十岁登基，太皇太后甚至朝中大臣，皆视他为不谙世事的孩子，却不知随着年纪的日渐增长，这个男孩的心中亦涌起对权力的渴望。对祖母及大臣们的不满，渐渐成长为潜伏于他心里的一头魔兽，但他一直隐忍不发，只待亲政的那一天。

苏东坡没有意识到这一点，依然把他当成自己最关爱的学生。朝上朝下，学生所做所言，不合礼仪制度的，苏东坡都要不客气地指出来，这是帝师之责，亦是臣子之责。年轻皇帝的乖张与不合作，让他越来越担忧。

新年刚过，元祐八年（1093）正月二十六日，苏东坡开筵为哲宗讲课，哲宗却是心不在焉。苏东坡气急交加，筵前即苦口婆心上言。

可惜哲宗对这些逆耳忠言完全听不进去，那道多年来在心中竖起的壁垒，已将他的老师和朝中一些大臣远远挡在外面——祖母宠信的元祐大臣，哲宗决定一概不听不信。他沉默不回，脸色越来越阴沉。

因苏东坡的刚正直言，朝中某些大臣一直对其怀恨在心，此时亦在暗中准备着一场新的围攻。

三月至五月，两个多月的时间里，御史黄庆基、董敦逸接连上了七道弹章——董敦逸四状言苏辙，黄庆基三状言苏东坡，称苏东坡在朝中培养个人势力，并对苏东坡任中书舍人时撰写的制诰断章取义，指责他“诬诋先帝”。

他们走的依旧是当年李定之流罗织诽谤的旧路。

这一次，连老实人吕大防也看不下去了，五月十六日，宰臣奏对延和殿。

五月十九日，苏东坡上章自辩，将董、黄等人的诬陷谤毁一一驳回。

太皇太后年事已高，身体精力都越来越不济，她只想息事宁人。她叮嘱苏辙："近来众人正相捃拾，叫苏轼且须省事。"

历此风波，苏东坡再次上章，请求外放越州。"我缘在东南，往寄白发余。遥知万松岭，下有三亩居。"归老眉山老家，已然是不能实现的梦，能在余杭万松岭下修屋种田，便是他此生最向往的退隐生活。

只是苏东坡的乞求依旧被朝廷拒绝。

还未从诽谤风波中平静下来，另一场灾难又猝然降临。

元祐八年（1093）八月初一，陪伴苏东坡东飘西荡二十多年的夫人王闰之在京城病逝。

这一年，苏东坡五十八岁，王夫人四十六岁。

二十八年前，治平二年（1065）五月，同在京城，苏东坡痛失爱妻王弗。三年后，熙宁元年（1068）七月，二十一岁的王闰之走进了苏东坡的生活。她没有堂姐王弗的聪颖与灵慧，只能算是资质平平的农家女，但她全心全意地爱着苏东坡，爱王弗与苏东坡生下的儿子苏迈，爱这个家。

一个出身农家的女子，除了有农家女的朴实，还练就了一套过日子的好本领。穷日子、富日子，她都能安之若素。苏东坡遭遇乌台诗案，她为苏东坡奔走等候；苏东坡被贬黄州，她跟苏东坡去东坡耕种，为一家衣食忙碌；苏东坡回朝，连升数级，她依旧一身粗衣布服。

唯有一点，王闰之夫人无法做到，她无法不为苏东坡整日担惊受怕。尤其当苏东坡身陷政治纷争，如困兽般挣扎奋争时，她便会在无以言说的担忧与纠结之中过活。她终是被这样的痛给吞没了。

再也没有人，在苏东坡下朝归来时，笑吟吟地立在门边迎候；再没有人，在苏东坡彻夜难眠时温言相慰；再没有人，与苏东坡共同编织那个同归田园你耕我织的梦境……

苏东坡原本就是一个不太在意爱情的男人，他把太多精力给了艺术、给了政治、给了朋友。爱情，在他的生命中，只占了很小的一部分，而他又把那很小的空间，给了逝去的王弗，给了年轻的红颜知己王朝云。

王闰之，只是他生命中的一个习惯。他习惯了她的存在，习惯了她为他和这个家默默付出。她是他的亲人，不似爱人。

相伴二十五年，到亲人转身离去的那一刻，沉睡在苏东坡心头的爱才苏醒。原来，这大半生，她早已如血脉一样融入自己的生命。她在苏东坡的身边默默相伴，陪伴他走过人生中最重要的二十五年。

苏东坡一笔一画地给王闰之夫人写着祭文，那昏花的老眼中，只有空漠，没有泪。

二十八年前，他给王弗写过。那时，他还年轻，痛苦来得凶猛，亦去得迅速。而今，年近花甲，半生飘零，字字句句，全是血，是无声的泪，是无以言说的悔。生前不曾给过承诺，身后他的“生不同时死同穴”的哀泣，爱妻却再也听不见。

王闰之夫人是一名虔诚的佛教徒，在临终的这天晚上，她留下遗言，要将她的私蓄捐献，请有名的画师绘制佛像供奉。

遵从她生前的心愿，苏东坡为她请了当时人物画的第一高手李公麟，画了释迦文佛及十大弟子像，他亲自撰《释迦文佛颂》，在京城供奉。

王夫人的灵柩暂厝京师城西惠济院，苏东坡原本想等自己安定下来后，再扶柩回乡安葬。谁料一搁就是九年。此后，苏东坡再次被卷进政治的狂风巨浪，一贬再贬，一路向南，直到徽宗崇宁元年（1102）闰六月，苏东坡病殁后一年，苏迈等葬父于郏城，夫妇二人才得以合葬。此是后话。

每一次与爱人死别，都会在苏东坡的心上留下一道深深的伤痕。王弗去世十年，苏东坡在密州梦见亡妻，梦见家乡的短松冈、小轩窗，提笔写下千古悼亡词作《江城子》："十年生死两茫茫，不思量，自难忘。"

王闰之夫人去世十日后，上朝前，苏东坡如往常一样在榻上小寐。恍惚间，他竟又回到了眉山的老宅。只见老宅屋后菜园子里菜蔬青翠，苏东坡在园子里转了一圈，又回到南轩，数位庄客正在搬运泥土，填塞小池。在掘出的土中，庄客发现两支芦菔根，高兴地大吃大嚼。苏东坡提笔写道："坐于南轩，对修竹数百，野鸟数千。"仅写下这几句，梦就断了。

醒来，天已蒙蒙亮，又该上朝了。

南轩，就是当年苏洵名之曰"来风"的那间厢房。

五十八岁的孤独老人，老来失伴，独唳长空，唯擎一盏记忆的灯火，温暖残生。

苏东坡还未从丧偶的剧痛中平复，又传来太皇太后病重的消息。这于此时的苏东坡来说，无疑是雪上加霜。太皇太后是苏东坡在朝中的最后一方庇护所。这一点，太皇太后亦看得清楚。

哲宗越来越大，他对祖母执政的不满也越来越明显，就在太皇太后生病期间，朝野上下各种谣言四起，说太后有意废帝，欲立己子。为大宋鞠躬尽瘁、耗尽心血的宣仁皇后，没想到最终换来的是这样的结局，她气急攻心，病势因此愈发加重。

躺在病榻上的太皇太后还想做最后的努力，她对绕于病榻前的宰执们凄然地说道："今病势有加，与公等必不相见，宜善辅佐官家。"又泣劝已成年的哲宗道："老身殁后，必多有调戏官家者，宜勿听之。"太皇太后是看着哲宗长大的，她比任何人都更了解这个孙子。她离开之后，哲宗一定会向这些大臣开弓搭箭。

元祐八年（1093）九月初三，太皇太后高氏崩于寿康殿，尊号曰"宣仁圣烈太皇太后"。至此，大宋政权正式落入哲宗之手。

太皇太后新丧，举朝上下沉浸于悲哀与惶然之中，苏东坡认为，只有在此时让这位年轻的皇帝从心底里承认，太皇太后对大宋天下的忠心苦心、对皇帝这些年的培育与热望，他才有可能在今后的执政路上亲贤臣、远小人，进而引领大宋向着光明与希望前进。

一封很长的奏折很快写好，环视全朝，苏东坡发现竟然只有范祖禹一人可以商讨。苏东坡拿着奏折去找范祖禹，范祖禹似乎早已猜透苏东坡的来意，不等苏东坡开口，他就拿出了先前写好的《听政札子》。

范祖禹札文所言，句句皆是苏东坡想说。最后，苏东坡只在范祖禹的札子上附名同奏。

范祖禹此状，与太皇太后病榻上的殷殷叮咛完全相符，可惜这些话完全没有落到哲宗的心里，他等这一天等了太久，不会容许任何异样的声音存在。亲政后，哲宗就下了一道让举朝震惊的朝旨：召内侍刘瑗等十人复职。十人之中，就有熙丰年间神宗重用的内侍李宪和王中正的儿子。

亲政之初，即擢拔内臣，哲宗的举动遭到朝中大臣的极力反对。中书舍人吕希纯封还词头，拒不草诏；左相吕大防站出来温言相劝；苏辙、范祖禹亦明言反对。

尤其范祖禹，他在朝堂之上引古论今，极论小人宦官误国之事，并明言指出吕惠卿、蔡确、章惇等政客之不可用。他说，宦官李宪、王中正可谓上负先帝、下负万民，罪恶重重，希望皇帝“守之以静，恭己以临之，虚心以处之，则群臣邪正，万事是非，皆了然于圣心矣”。

宰执大臣们的激烈反对终让此事搁浅，但也因此让哲宗对宰执大臣的不满又加深了一层。

太皇太后病逝之前，早已意识到未来的险恶之境，她允准苏东坡以端明殿学士、翰林侍读学士、礼部尚书知定州军州事。

九月十四日，苏辙在东府官邸为哥哥饯行。

又是冷雨潇潇的深秋。西风瑟瑟，雨声沥沥，落在庭前枯黄的梧桐树上，亦凉凉地落在苏氏兄弟的心上。谁是主人谁是客？这东府，苏东坡三年间往来三次，明天，它的主人又会是谁？昔年的夜雨对床之约，又将在何时何方践行？

## 七、守边定州，宠辱不惊

元祐八年(1093)十月二十三日，苏东坡到定州任。

与辽交界的定州是北宋的军事重镇。宋真宗景德元年(1004)，辽萧太后与辽圣宗亲率大军，从此地长驱南下，深入宋境，直逼澶州。御驾亲征的宋真宗与辽签订了《澶渊之盟》，以每年给辽岁币银十万两、绢二十万匹的代价，换得边境的暂时安宁。此后百年间，宋辽之间再没发生过大规模的战事。

也正因百余年未有战事发生，朝中君臣皆耽于苟安，一方边境重镇，竟军备松弛，将骄兵惰，至苏东坡知定州时，军纪已败坏到让人不敢开眼的地步。于是，他向朝廷接连上奏，写他来定州的所观、所闻、所感、所想、所做。

这里的战垒崩坏无余，营房也因年久失修，东倒西歪。再看这里的将帅兵士，平日极少看到他们在操练场上挥汗操练，偶尔的一次小小出动，竟似要与妻儿生离死别，泪水涟涟，英雄气概全无，小儿女之状不堪入目。由这样的将士守边，一旦边境有事，后果不堪设想。

欲振士气，先安军心。苏东坡看到那些破败的营房，即差将官带领工匠前往各营逐一检查，何处要整修，何处该重建，工料费用几何，一一算好。得知大约需要朝廷赐空名度牒一百七十一道后，苏东坡上奏请求朝廷修缮定州营房。

为了加强边境的防御力，苏东坡又上奏状，请求朝廷允准整顿和扶植定州当地的民兵组织。

弓箭社，是源自本地乡土的武装组织。边境地区的乡民，自来与强虏为邻，为保卫自己的生命与财产安全，自发成立了武装组织，自备武器，闲时操练，起居外出，皆马不离鞍、箭不离手，一旦遇强虏来袭，即可迅速组织起来进行反击对抗。因他们散布于各地，对敌对己的动向都摸得极熟，因此，多年来，地方衙门的巡检县尉也多以弓箭社的人为耳目。

至熙宁年间，王安石行保甲法，弓箭社遂被收编进保甲里去。弓箭手再次化为农民，只每年秋收之后，以冬教名义集中训练一个月。冬教形同虚设，效果已大不如前。所以，苏东坡极力建议朝廷恢复弓箭社的建制。

与乞修营房一样，多次上奏等来的结果是：奏皆不上报。

这也是苏东坡意料之中的结果。

彼时，京都朝堂已乱成一锅粥。哲宗大权在揽，正在一步步施展他的政治抱负——尽废元祐之制，恢复神宗新法。

吕大防为山陵使，主持修建宣仁太皇太后的陵寝工程。他刚刚离开国门，一向依附于他的礼部侍郎杨畏便向哲宗上了道万言密奏书："神宗更法立制以垂万世，乞赐讲求，以成继述之道。"即所谓的绍述。他还在上书中极力推荐章惇、吕惠卿、李清臣等新法派人物。

杨畏是典型的官场小人，见风使舵的本事非常人可及。王安石推行新法，他依附王安石和吕惠卿；司马光起复，他又拼命向司马光献媚；元祐期间，归附吕大防攻击刘挚，后又背叛吕大防；他亦曾附苏辙攻击范纯仁，后又大肆说苏辙坏话。对于这样一个人人鄙视的"杨三变"，哲宗竟然全盘接受了他的建议。

忙着重新洗牌的朝廷，哪里顾得上定州这些小事。

朝廷不问，苏东坡却不能不管。他还是利用手中有限的职权，做成了几件自己想做的事。

民以食为天，苏东坡外任期间，到哪里都避不开救灾赈济这一问题。他来定州之前，河北各路都闹过灾荒，尤其定州，因雨水过多，这年的收成不到往年的一半。

同往常一样，苏东坡急上奏状，请求朝廷以低价出粜常平米以平抑粮价。对于那些连平价米也买不起的饥困佃户，苏东坡又上章请允把仓库中所存损陈白米两万余石借贷给乡村第一等、第二等住户吃用，之后再由他们保借给佃户，等丰年粮食充足，可以收新米入库。

绍圣元年（1094）春天，苏东坡又在定州举行了一次颇为盛大的军事检阅。

定州军备多年废弛，军中将士已到上不识下的地步。好多将士更是披着军衣盔甲偷抢打砸、聚众赌博，所作所为让当地百姓闻之色变。苏东坡并不想借检阅大礼抬高自己，他只想借此机会重肃军风军纪。

为了这次检阅大礼，苏东坡做了大量的准备工作——查考旧典，准备礼服场地，一切都遵照礼制而行。阅礼之日，苏东坡身穿常服，端坐帐中，将吏们则戎服加身，奔走执事。这样一场盛大的检阅礼，引得定州百姓前往围观，他们说，自从韩忠献公去任，已多年不见这等场面。

这期间也发生了一段小插曲。副总管王光祖素以老将自居，不买苏东坡的账，称病不出。先前的知州，遇到此种情况皆会忍气吞声，但苏东坡绝不会听任王光祖这样的人败坏军纪，他叫来书吏，命其立刻上奏朝廷，对王光祖进行专案弹劾。

如此强硬的态度与手段，让老兵油子也怕了。王光祖最终乖乖地参加了检阅大礼。杀一儆百，王光祖尚已胆怯，其他兵士自不必说。

在苏东坡为定州边境的军政筹划、为定州百姓的生计糊口而费尽苦心之际，哲宗已为欲重返政坛的新法派团团围住。绍圣元年（1094）二月，哲宗以中旨除户部尚书李清臣为中书侍郎、兵部尚书邓润甫为尚书右丞。此二人皆为新法派人士。

三月，策试进士于集英殿，李清臣拟制策题，几乎把元祐朝重要的国策全盘否定。此次考试共录取了九百七十五人。因时任考官的多是元祐大臣，录取的进士仍以拥护元祐政策的为多，故在复试时全盘推翻，拥护现行政策的多不录，主熙丰新法者皆置前列。

紧接着，新法派又将矛头对准了苏辙，李清臣公然在朝堂上向苏辙展开攻击——苏辙兄弟改变先帝法度。

这个罪名让苏辙不得不当朝奋起还击："陛下即位，……臣兄轼方起谪籍知登州，入为郎官，为起居舍人。臣自筠州监酒被召，是时清臣为左丞，今日反谓臣兄弟变先帝法度，是清臣欺陛下也。"

李清臣原本就心虚，苏辙此语更让他语塞。

苏辙虽当堂驳斥了李清臣的谬论，下朝后依旧心潮难平，哲宗被如此小人蛊惑，太皇太后及元祐大臣数年来的心血必将付之东流。与哥哥苏东坡不同，他一向敏行讷言，这一次却冒着杀身之险，连向皇帝上书。所谏虽是老生常谈，措辞却难免激切。李清臣等人对苏辙交上来的奏章，逐字逐句地挑剔琢磨，然后在哲宗面前肆意挑拨。

哲宗执政，欲将元祐大臣尽废，苏东坡和苏辙早已被他列入黑名单。苏辙的泣血谏言，正好成了借口，以文字罗织罪名，在大宋实不新鲜。果然，三月二十六日，苏辙即因反对绍述之说离职，谪守汝州。

皇帝一心要报多年来为太皇太后压抑、为朝中大臣漠视的仇，重返要职的新法派则一意要报多来年被排挤在外的仇，从君到臣，心中燃起的都是打击报复的赤焰。

苏东坡知道自己在劫难逃，反倒不慌了，在定州与同僚朋友宴饮酬唱、作诗赏游，平静地等待最后的判决。

绍圣元年（1094）闰四月初三，苏东坡在定州接到诏命，以讥讪之罪，被取消端明殿学士兼翰林侍读学士，撤销定州的职务，以左朝奉郎的身份责知英州（今广东英德）军州事。此为黄州起复时的原官。

荣辱十年，一切又回到原点。

第九章
# 流放岭南

## 一、奔赴贬地，屡改谪令

接诏告当日，苏东坡即拜谢上表，令家人收拾行装，准备离任南行。

孰料还未等苏东坡起身，一道新的诏令又下来了，降官为左承议郎。左朝奉郎、左承议郎，一个为正六品上，一个为正六品下。不过，在苏东坡眼中，已无甚区别。

闰四月，正值闷热的初夏天气。天时阴时晴，阴雨时黑云密布，压得人透不过气；晴朗时又烈日炎炎，灼烤得人眼睛都睁不开。苏东坡此时已是年近花甲的老人，加之近年来目昏臂痛等疾病缠身，一路真是苦不堪言。

行至赵州临城时，连日阴雨忽然得停，天朗气清，苏东坡西望太行山，但见冈峦北走，山谷秀杰，山中草木，历历可数。去年冬季苏东坡赴定州任所时，亦曾经过此地，那时天色阴晦，尘埃遮日，连太行山的轮廓都没能看清，如今看到晴天朗日下的太

封府执事便是蔡京，其人品由此可见一斑。

而后，哲宗欲任命章惇为尚书左仆射兼门下侍郎。

对于哲宗的这道诏令，翰林学士范祖禹泣血力谏。无奈哲宗心意已决，范祖禹遂以龙图阁直学士知陕州（今河南三门峡）；右相范纯仁以托孤老臣的赤胆忠心，试图劝哲宗回心转意，可换回的是以观文殿大学士出知颍昌府（今河南许昌）的结局。

闰四月二十二日，章惇抵京莅职。元祐一朝，他委委屈屈地过了数年，如今时来运转得了势，手中的权力大棒挥得自是无比欢腾。他先是把同党蔡卞、林希、张商英、周秩等引入朝中，分居要职，把持言路；再周密计划，欲把元祐大臣一网打尽，让他们永无翻身之日。

章惇其人，为人狠辣，又睚眦必报。这一点，苏东坡早年时即有所察觉。如今大宋的江山就落在这样一班政客手上，消息传到苏东坡耳中，他唯有对天长叹。英州之命，未保无改也，而大宋的前路，将去往何方？

五月，苏东坡行至汴上，遇晚辈晁以道，晁以道设宴为苏东坡饯行。酒入愁肠，苏东坡再也抑制不住积压心底的愤懑之情，席间，他引吭高歌，在场之人无不黯然。

是月底，过润州。时任润州知州的门人张耒，因受官法限制，不能离职迎谒老师，特地挑选了两名亲信兵士，一路护送南行，沿途照料。二人一直将苏东坡送到惠州。

六月七日，船至金陵。遵从王闰之夫人遗愿，苏东坡三子到金陵清凉寺，作水陆道场为母亲祈求冥福。

在金陵期间，苏东坡还前往崇因禅院拜谒。禅院新造一尊观世音菩萨像，妙相庄严。若是观音真有灵知，该何等痛心？这个可怜的白发老人，他的漫漫贬谪长途才刚刚开始。

章惇为相，心中只有一个清晰而响亮的声音——复仇。他要把数年来在元祐大臣那里受的屈辱，变本加厉地奉还。他与苏东坡原无旧隙，可再纯的友情，一旦置于政治面前，都会失色变味，虽然苏东坡现在手无寸权，可他依然有着让章惇妒忌的头脑与声望。他曾做了八年帝王师，是大宋朝野上下钦敬的文坛宗主。只这一点，就足以让章惇愤恨，不得不防。

那股复仇之火，在心中压了太久，一朝烧起来，便是烈焰熊熊，任苏东坡躲得再远，也无法躲过。

在姑熟（今安徽当涂），苏东坡接到了谪往惠州的诏令，贬为宁远节度军副使。这是朝廷的第四道诏命。而撺掇哲宗下这道诏令的，就是章惇。彼时，他已在朝中织起一张结实而牢固的大网，准备撒向元祐旧臣。他认为苏东坡罪大责轻，必须重新定罪。

英州、惠州，皆在广南，地理位置上也没有多大差别，只是身边的家人，老老少少，满脸凄惶，一身倦色，让苏东坡痛心不已。他可以生死不计，万里投荒，却不忍这一家人跟着自己吃苦受累。苏东坡做了一个很决绝的决定：他只身一人前往，其余家人佣仆，或跟随苏迈前往宜兴，或各奔前程自行散去。

苏东坡的计划才说出口，身边的儿子已泣不成声。六十白发老翁跋山涉水独往蛮荒之地，他将何以为生？无论如何，家人都不能同意老父只身前往。

无奈之下，苏东坡最后决定带幼子苏过前去，次子苏迨，携二、三房家眷随苏迈去宜兴。

打发了次子，苏东坡又看向王朝云。她与其他人不同，她没有泪水涟涟，只有满眼的坚毅。从十二岁走进苏家的那天起，她就没有想过离开。尤其痛失爱子之后，苏东坡更是她活着的意义。她要随他一起，哪怕天涯海角。

苏东坡为王朝云的深情打动。其实，他又何尝舍得让她走？

八月初，一行人至彭蠡湖，平静的旅途再生风波。某夜三更时分，船泊分风浦，一家人正欲收拾安睡，忽被岸上吵吵嚷嚷的喧闹声惊醒。苏东坡走出船舱，却见自己所乘之船早已被人团团围住。五百余名官差，手执火把，气焰熏天，说奉命来拦截，要收回官方给苏东坡的坐船。

此为本路发运使指使，他已知朝廷新命，对这个被一贬再贬的罪官，他没有同情之意，只想落井下石。

深更半夜，官船若被收走，他们老老少少主仆五人就真的要露宿荒野水畔了。苏东坡只能忍气吞声，低声下气地求他们，允准他们连夜赶往星江，待船靠埠头，自行雇船后再将官船上交。

苏东坡这一要求被允准。

从彭蠡湖到星江，还有很长的一段水路。半夜之内，能否如期赶到？如若不能，官吏再来催缴，又将如何？情急之下，苏东坡只能向龙神顺济王默祷：“轼往来江湖之上三十年，王于轼为故人，故人之失所，当哀怜之。达旦至星江出陆至豫章，则吾事济矣。不然，复见使至，则当露寝浦溆。”

缴船的官吏无情，龙神却有悲悯之意。苏东坡祈罢，江风瞬起，涨满船帆，苏东坡所乘坐船顺风前行，到第二天中午时分便至豫章（今江西南昌）。

到豫章后，苏东坡如约交回官船，雇船南行，接下来等待苏东坡一行的将是人人谈之色变的“赣石之险”。自赣州府城之北，章、贡二水汇合处始，一直到万安县境内，有一条长达三百余里的水路，水流湍急，怪石密布，沿途要过十八险滩，其中又以惶恐滩最险。船行水上，稍不小心，即会发生船覆人亡的悲剧。

八月七日，船过惶恐滩，滩险浪恶。这一叶随时都有可能被风浪吞没的小舟，不正是苏东坡眼下的人生处境吗？这个头发花白的老水手，大半生漂泊颠簸，何时才能靠岸？

## 二、跋山涉水，终抵惠州

过了惶恐滩，苏东坡有种劫后余生的欣慰。再向前走，即进入虔州（今江西赣州）境内。

彼时已近中秋，长空月圆，苏家人却如星子一样散落，只能把各自的思念寄托于碧空的一轮皓月。南迁的万里长途中，一轮明月带给苏东坡的，不只有牵挂与思念，还有无尽的伤感。

虔州近城山中有一天竺寺，苏东坡过虔州，特意进天竺寺一游，来寻一个旧梦。

他十二岁那年，父亲苏洵漫游南归，曾经路过此寺。父亲说，寺中有白乐天亲手书写的一首诗："一山门作两山门，两寺原从一寺分……"

父亲还说，白乐天的笔势潇洒飘逸，墨迹历历如新。

时隔四十七年，苏东坡还记得父亲当时为他吟诵的样子。他来寻白乐天的真迹，亦来寻找四十七年前温馨的儿时旧梦，却只在天竺寺内见到了那首诗的石刻，白乐天的真迹早已遗失。

面对字迹漫漶不清的石刻，苏东坡忍不住悲从中来，泪如雨落："四十七年真一梦，天涯流落泪横斜。"

回首这一路，从定州到虔州，从炎炎盛夏走进萧瑟深秋，苏东坡离中原越来越远，离贬谪之地越来越近。一路过山过水，经历多少惊涛骇浪。这一趟漫长的旅行，亦是他于险恶的环境中重新寻找自己、重新为自己定位的旅程。

虔州祥符宫是苏东坡到虔州特意前往拜谒的又一处地方。

八月二十三日，苏东坡在当地好友的陪同下，走进了祥符宫，这里有冲妙先生所制的观妙法像。在法像面前，苏东坡喃喃自言："以忧患之余，稽首洗心，皈命真寂。自惟尘缘深重，恐此志不遂，敢以签卜。"遂求一签，签云："平生常无患，见善其何乐。执心既坚固，自励勤修学。"

仿佛冥冥中已注定，此签正合苏东坡眼下心意。他现在努力要破除的，即人所难免的执着与迷惘。苏东坡深深再拜，决定从此放下心中执念，诚心学道。

绍圣元年（1094）九月，苏东坡来到了让多少贬官罪臣心惧胆寒的大庾岭。

大庾岭，在江西大庾南、广东南雄北。相传汉武帝时，庾胜将军筑台于此，因名庾岭。唐开元四年（716）冬，左拾遗张九龄监督开凿新路，命道旁多植梅树，故又名梅岭。宋时立关于此，名曰梅关。

诗曰："大庾岭上梅，南枝落，北枝开。"说的就是岭南岭北气候的截然不同。大庾岭就像一道分水岭，分开岭北岭南的四季，亦将内陆文明与南国炎荒一分两段。此岭一过，苏东坡即告别内陆的繁华与文明，步入野蛮与瘴毒充斥的陌生世界。

宋太祖建立政权之初，即立下秘密誓约，不得杀士大夫和上书言事人。在宋朝，大臣犯罪，贬谪岭外即为最重的惩罚。元祐前期，蔡确谤讪太皇太后，元老文彦博即主张将其贬谪岭外，却为范纯仁谏阻：“此路自乾兴以来，荆棘近七十年，吾辈开之，恐自不免。”

谁能料到哲宗上台后，第一个被远贬岭外的竟是苏东坡——曾经筵前侍读陪伴他八年之久的帝师。苏东坡亦是大宋开国以来，第一个被贬到岭外的罪官。

好在此时的苏东坡已经重新调适，他亦把这道绵延的大庾岭，视为自己人生的分水岭，双脚踏上此岭，便把曾经的荣辱得失全部抛在身后，把五十九年来的尘世俗念洗濯一净，以一轻快清净之身，投身到未来的陌生生活中。

行走岭上，穿行林间，听秋风在木叶间飒然作响，看日影星光在林间斑驳转换。苏东坡的脚步变得前所未有地从容，呼吸也变得畅快。人生一世，果真就在一心一念之间，心清静，身自轻。苏东坡再一次于困窘之中拯救了自己。

大庾岭林深树茂，平常罕有人迹。那天，苏东坡却意外地于林中遇到了两位气宇不凡的道人。他们见到苏东坡一行人后，匆忙转身，隐入林中。

“此中有异人，可同访之。”苏东坡对押送的官差道。

再前行不远，果见林中有几间茅屋。两位道人正是住在这里。见苏东坡一行人前来，两位道人同时将疑惑的目光投向押送官差：“此何人？”

“苏学士。”

“得非子瞻乎？”两道人问道。

“学士始以文章得，终以文章失。”官差如实回答。

“文章岂解能荣辱，富贵从来有盛衰。”两位道人相视大笑。

两位道人充满机锋的回答让苏东坡再次陷入沉思。

过了大庾岭，从南雄下始兴，便到韶州（今广东韶关），过月华寺而至曹溪南华寺，展现在苏东坡面前的是一派别有洞天的南国风光。九月天气，中原已是木叶萧条，南国却还郁郁苍苍。涉过重重险滩恶浪，亦放下得失执念，苏东坡的爱美爱玩之心再次复苏。一路上，游山玩水，吟诗赋词。

离开南华寺，过英州，游碧落洞、寿圣寺，与隐者石汝砺交谈甚欢，至暮方归。过广州，游清远峡山寺，又下真阳峡。途中，苏东坡竟遇上故人吴复古。二人相见，复古对于苏东坡的得失祸福只字未提，只淡淡对他道：“邯郸之梦，犹足以破妄而归真，子今目见而身履之，亦可以少悟矣。”

吴复古一语点醒梦中人，于是苏东坡买了数斤檀香，定居之后，杜门烧香，闭目清坐，深念五十九年之非。

一路上，苏东坡边游边题咏。幼子苏过不离左右，老父作诗，儿子和韵。父子二人你唱我和，竟把一趟远谪的漫漫长途，变成了一次愉快的出行。

十月初二，苏东坡一行人终于抵达惠州贬所。

惠州地处岭南蛮貊之邦，遍地瘴疠，让北人闻之色变。在来的路上，苏东坡已做了最坏的打算，也做了最好的心理准备。

其实，惠州并不像世人描述的那般荒凉可怕，在南方人的眼中，惠州不但不可怕，且遍地是宝。前往惠州的途中，行至清远县时，曾有一位顾秀才向苏东坡大谈特谈惠州的风物之美。

“江云漠漠桂花湿，海雨翛翛荔子然。闻道黄柑常抵鹊，不容朱橘更论钱。”一场新雨，江云漠漠，桂花飘香，满树的荔枝鲜艳似火。黄柑、朱橘，更是漫山遍野，当地人甚至常随手摘来掷打鸟雀。听了顾秀才的讲述，苏东坡对惠州油然而生一种亲切与喜爱之情。

这座地处南国的偏僻之地，确如顾秀才所言，山清水秀。这里有民风淳朴的父老乡亲，有此起彼伏的鸡鸣狗吠，更让苏东坡惊喜的是，这里的乡亲们竟然也知道他的大名，见他到来，一边纷纷热情地跟他打招呼，一边忍不住问他何以来到这里。

在惠州，苏东坡竟生出一种前世曾游的感觉。

在当地官员的安排下，苏东坡一家住进了合江楼。合江楼地处龙川江与西江合流之处，位于三司行衙中，登楼远眺，可见青山隐隐，江水浩渺，苏东坡万里奔波的羁旅苦累被这样的壮丽河山之景一扫而空。

虽在合江楼上住得甚为惬意，但那毕竟是三司行馆，不得久居。抵达惠州十余日后，十月十八日，苏东坡一家便从合江楼搬到了嘉祐寺。

嘉祐寺的居住条件虽比不上合江楼，但寺院靠山而建，不远处便是松风亭，伴着晨钟暮鼓，悠然漫步林间，赏梅听松，其清幽之致，又是合江楼所无。

岭南十一二月，不冷不热，气候温和。十一月下旬，松风亭下梅花盛开。流连于梅花树下，苏东坡不由得想起当年贬谪黄州，途经湖北麻城春风岭的情景，那时岭上梅花亦开得正盛，心情却与眼下截然不同。

苏东坡一生酷爱梅花，创作的有关梅花的诗有数十首，以此寄寓自己的理想与情趣，尤其身陷逆境困厄之际，梅花更成苏东坡的心灵伴侣。如今在万里岭南再遇梅花，如同故人知己重逢。

寓居嘉祐寺内，无事可做，苏东坡就爱四处走走。山间水畔，乡野院落，随便哪里，苏东坡都会遇到意想不到的惊喜。

一日黄昏，苏东坡与几位朋友沿着嘉祐寺僧舍东南方的一条小路漫步，不觉间走到一家农家小院面前。

小院不大，破屋篱墙，却有杂花盛开。苏东坡被阵阵花香吸引，循香叩门，出来应门的是一位老妇人。老妇人说，她年轻守寡，已经独居三十年。

那天，老妇人的白发青裙与各色春花相映衬，带给苏东坡强烈的心灵冲击，他为此写下一首色彩浓艳的名诗：

> 缥蒂缃枝出绛房，绿阴青子送春忙。
> 涓涓泣露紫含笑，焰焰烧空红佛桑。
> 落日孤烟知客恨，短篱破屋为谁香。
> 主人白发青裙袂，子美诗中黄四娘。

寻常的生活小景，在苏东坡的笔下如一幅浓墨重彩的画。

这是自黄州之后，苏东坡作品中少见的明媚之光。

曾让多少贬官谈之色变的蛮荒之地，在苏东坡的眼中，竟是如此生机盎然。然而，这里终究是还未被文明熏染的落后之地，市井寥落，生活物资匮乏。在黄州，尚有贱如泥的猪肉可食，此时连羊肉也吃不起，只能偶尔买到羊脊骨。不过，苏东坡还是把羊脊骨做成了一道人间美味。

骨间亦有微肉，熟煮热漉出，不乘热出，则抱水不干。渍酒中，点薄盐炙微燋食之。终日抉剔，得铢两于肯綮之间，意甚喜之，如食蟹螯。

苏东坡铺纸提笔，在纸上向远方的子由絮叨羊脊骨的做法时，脸上一定洋溢着孩童般天真的笑。

## 三、惠州三年，喜忧参半

远在朝廷的章惇，势焰熏天的当朝宰相，仍不打算轻易放过苏东坡。绍圣二年（1095）正月，他派了苏家的“仇人”——苏东坡的表兄程之才，任广南东路提点刑狱。

程之才，字正辅，苏东坡母亲程夫人胞侄，亡姊程八娘的夫婿。当年八娘嫁与程家，本是亲上加亲的美事，却因八娘婚后抑郁而亡，两家反目成仇。苏洵无法忍受丧女之痛，大骂程家，并告诫子孙，此后不得与程家有任何往来。

那时，苏东坡才十七岁。此后四十二年，两家果真形同陌路。

章惇是那种睚眦必报的人，他把程之才当成了打击苏东坡的工具。提刑代表朝廷巡察地方，手握整肃地方官吏的大权，若他愿意，对付苏东坡易如反掌。

那是绍圣二年（1095）正月里的一天，苏东坡正在嘉祐寺寓所内闲阅唐人诗卷，程乡县令侯晋叔忽然来访。他是程之才派来向苏东坡通问的，亦是向苏东坡释放重修旧好的信号。程之才完全没有按照章惇的计划出牌，他只急切地想见到这位被投荒岭南的表弟。

程之才提前送达的问候，让苏东坡百感交集。在万里异乡，花甲之年，谁能料到竟会收到少年玩伴的信息，且是在两家中断往来四十二年后？

三月初，程之才将按行惠州。苏东坡因罪臣身份，不敢前往迎接，他写信给程之才，并派苏过去江边迎候。

嘉祐寺简陋的僧舍里，苏东坡、程之才表兄弟俩终得相见。

“世间谁似老兄弟，笃爱不复相疵瑕。”一对少年玩伴，经历了半世风霜苦雨，再度执手时，皆已白发苍颜，曾经的恩恩怨怨，早已被岁月带走。灯下对饮，细数往事；白日放歌，在惠州的山水间流连。

对于两家间的旧隙，程之才早就想找机会和解，却一直未有合适的时机。此次被派到广南来，正是天赐良机。

在程之才的运作下，苏东坡一家搬回了合江楼，当地官员对他们更是礼遇有加，这为苏东坡在惠州的生活带来了更多的便利。

十余日后，程之才要返回驻地。苏东坡直送他到博罗县香积寺，并在此设宴饯行。香积寺下有道小溪，水势颇大，若能在此筑一座水塘并置水闸，利用水力做碓磨，一方面可助寺僧们盘米，塘堤又可防护良田，一举两得。那天恰有博罗县令陪同，苏东坡将自己的想法说出后，博罗县令很快就将这一设想变为了现实。

惠州东江，水东为归善县，水西有惠州的府所惠阳，两岸行人，来来往往，全靠江上一座竹浮桥，竹浮桥简陋易坏，逢东江发水，还常被冲坏。每每此时，百姓只能靠小舟渡江，舟覆人亡的悲剧时有发生。

苏东坡从合江楼搬到嘉祐寺，又从嘉祐寺搬回合江楼，来来回回走的都是江上竹浮桥。他深切地体会到当地百姓出行的不便，于是与程之才、傅才元、詹范筹划建成东新桥。

苏东坡与西湖有缘，在杭州治理西湖，为西湖留下千古苏堤美景；后知颍州，亦曾同赵令畤同治颍州西湖；来惠州，惠州有丰湖，因丰湖地处惠州之西，故又名西湖。这是苏东坡遇到的第三个西湖。

西湖上原有长桥，却是屡修屡坏。苏东坡在东江上建立东新桥之时，也把关注的目光投向了西湖上的长桥。他大力鼓励栖禅寺的寺僧们化缘筹资，在湖上建起一座西新桥。西新桥用坚若铁石又防白蚁的石盐木筑成，不仅方便人们出行，亦和杭州苏堤一样，成为当地的一大胜景。

桥成之日，两岸父老无不欢欣，争相上桥。但他们哪里知道，为了建桥，无钱可捐的苏东坡不但向远在筠州的苏辙夫人史夫人求助——劝她把内宫所赐的金钱捐出来，还把自己的犀带也捐了。

当年知杭州，苏东坡为杭州百姓治六井疏运河，以解决当地百姓的饮水问题。如今广州一城人饮用的亦是苦咸水，苏东坡遂又想起此法。

蒲涧寺在广州白云山麓，那里的蒲涧水甘洌清凉，苏东坡在来惠州的途中曾游历此处，对此地的山泉水印象极深。

绍圣三年（1096）冬，苏东坡好友王巩的从兄王古知广州，苏东坡遂将引蒲涧水入城的计划说与王古，希望他能促成此事。王古亦是勇于任事、一心为民的好官，他听从了苏东坡的建议，派人实地勘察测量，将竹管一直从蒲涧铺到广州东郭。

竹管铺好了，新的问题又暴露出来，二十里长、数千根竹管相连，天长日久，难免会发生堵塞。苏东坡又向王古建议："每竿上，须钻一小眼，如绿豆大，以小竹针窒之，以验通塞……令岁入五十余竿竹，不住抽换，永不废。”

落后的惠州，地处偏远，生活物资匮乏，百姓早已习以为常，但面对遍布各地的瘴毒疫病，常因缺医少药而备受其害，每年死于瘴毒的大有人在。苏东坡来惠州不久，便开始给亲朋好友写信，让他们寄药来，他合药施舍。在给王古的信中，苏东坡曾一次要他帮忙买三石黑豆。

到远方购药，不方便不说，花费也大。白鹤峰上新居建好后，苏东坡干脆在屋后开辟了一块药圃自己种药——人参、枸杞、甘菊、地黄、薏苡等。这次，他成了一位老药农，种药、合药、散药，忙得不亦乐乎。

除却种药、合药，苏东坡来惠州之后，又重拾酿酒爱好。当年在黄州，苏东坡曾在自家厨房里偷偷酿秘酒，虽然常以失败告终，但这个兴趣一直不衰。惠州多瘴，饮酒可驱湿御瘴，何况此地无禁酿私酒的法条，可以随意酿造。

有一隐者传授苏东坡一酒方，说用桂花酿酒，香味超绝。可惜这许多年过去，苏东坡的酿造之术似乎并没有太大长进。叶梦得曾问苏迈、苏过那桂酒的滋味到底如何，二子回：“亦一试之而止。大抵气味似屠苏酒。”言罢，两个人亦自拊掌大笑。

罗浮道士邓守安教苏东坡用白面、糯米和清水酿造“真一酒”。酒酿成，苏东坡忍不住自夸道：“真一色味，颇类予在黄州日所酝蜜酒也。”与黄州蜜酒相类，可见味道也好不到哪里去。

自从来到惠州，苏东坡一直忙碌不停。有意义的忙碌，可以让人从失意的痛苦中暂得脱身。

可事实上，在惠州的日子，并非一直平静无波。

绍圣二年（1095）九月，朝廷大享明堂，大赦天下。消息传到惠州，苏东坡不免心动。他急忙写信给表兄程之才，托他探听详情："某今日伏读赦书，有责降官量移指挥，自惟无状，恐可该此恩命，庶几复得生见岭北江山矣。幸甚。"

以章惇为首的当政者，把苏东坡等元祐老臣斩草除根还来不及，如何肯轻易将他们赦还。他特意上奏，此次赦令不应包括元祐诸臣。

十月间，诏令传至惠州，还是根据章惇"独元祐臣僚终身不徙"的意见下的诏："元祐臣僚，一律不赦。"

这道诏令彻底绝了苏东坡的北归之望。他再次给程之才写信，说："某睹近事，已绝北归之望，然心中甚安之。未话妙理达观，但譬如原是惠州秀才，累举不第，有何不可。"

他把自己当成一个累举不第的惠州秀才，不能中举，就终老此地。话说得洒脱，却让闻者心酸。程之才读信，亦只能黯然。

在接到元祐大臣不得赦免的消息后，苏东坡就已有意在惠州买地建房。绍圣三年（1096）四月间，他在白鹤峰上看中一块地。此地原是白鹤观的旧址，有几亩大，面临东江，环境清幽，景色极美，出入也方便。苏东坡遂买下这片空地，着手建房。

这些年东飘西荡，南迁北徙，除却当年在黄州建的雪堂与南堂，这大约是苏东坡生命中最为重大的一次建房行动。他画了建造草图之后，就托人去找木匠，估量用料，购买木材，择吉日破土动工。

在当时的惠州，要找到技术娴熟且有责任心的木匠并非容易的事。苏东坡找来的几位木匠，干到中途竟然弃工不顾，回家数日不归。苏东坡左等不来、右等不至，只好给博罗县令林天和写信求助。

为了能令木匠正常开工，竟要劳烦县太爷派人押送，可见苏东坡当时建房困难重重。

此时，苏东坡一家还住在合江楼，每天要过江到工地上监工，当时东新桥尚未造好，来来往往，非常不便，加上一直占据行衙，也让苏东坡颇为不安。所以，这年四月二十日，苏东坡一家再度搬回嘉祐寺。

那些日子，苏东坡父子忙碌不停。苏过负责外出采购，苏东坡则日日到工地上监督工程进展。

而苏迈，在六月间收到消息，得授韶州仁化县令，即将携家人南下。

苏东坡一直期待着这样一幅晚年生活图景：新居建成，儿孙团聚，白鹤峰上，把酒临风。德有邻堂中与朋友吟诵酬唱，思无邪斋中挥书泼墨，屋前有大江风月，屋后药圃飘香。

如果生活可以如建筑一样，照图而建，那该多好。可生活往往如长河行舟，常有不测风云掀起层层恶浪。

就在苏东坡早出晚归，为惠州百姓忙着建造两桥，亦忙着一瓦一木建造着他和家人的新居时，家中再遭不幸。年轻的王朝云被岭南的瘴毒击倒，不幸感染时疫。

苏东坡曾合药救人无数，这一次，他却只能眼睁睁地看着心爱之人被病魔夺走年仅三十四岁的生命。

王朝云十二岁至苏家，此后跟着主人东奔西走，她见证过苏东坡在朝中平步青云，也目睹过苏东坡身处政治风浪承受惊险与失意。苏东坡贬至岭南，她义无反顾地跟着来了，她把自己的余生献给了这位年过花甲的老人。

王闰之夫人去世后，王朝云把女主人的角色发挥得淋漓尽致。但王朝云与王夫人不同，王夫人敦厚纯朴，生活之外不会有太多的伤春悲秋；王朝云冰雪聪明，花开月落，皆能激起心中的涟漪。对亡子遁儿的思念、对苏东坡流落天涯的疼惜，她把那些伤痛堆积在心底，太多的泪也流进了心里。日积月累，再加上生活的劳累困顿，一场普通的疫病，别人撑得过，她却撑不过。

多年来在苏东坡身边生活，耳濡目染，面对死亡，王朝云也表现得特别冷静，她是吟诵着《金刚经》中的四句偈平静离世的。

那天是绍圣三年(1096)七月初五。

遵照王朝云的遗愿，八月初三，苏东坡将她安葬在丰湖岸边栖禅寺东南山坡上的松树林中，并刻碑以铭。

命运待苏东坡何其优厚，曾赐人间最温婉的三位女子与他携手相伴。命运待他又何其凉薄，三位女子竟无一人能伴他终老。

余生岁月，满地寒霜，苏东坡是否还有力量继续踏霜前行?

## 四、新居甫成，谪令又至

朝云已逝，收拾起无尽的老泪，日子仍要过下去。幸而身边还有苏过，他把老父亲的饮食起居照顾得无微不至。

绍圣四年(1097)正月，苏迈携家眷和小弟苏过的家眷抵达赣上，苏东坡派苏过前往循州(今广东惠州)迎接。儿孙将至，暂时冲淡苏东坡心头之苦，全心全意地投入对新居的建设中。

一屋一舍建好，一门一窗装上，虽然手里的钱有限，苏东坡还是尽力给自己和子孙们营造了一处舒适的住所。一向酷爱花木的他，特意写信给远方的朋友程天侔，向他要来各种果树苗，把庭前院后栽了个遍。

绍圣四年（1097）二月，一幢崭新的大宅在白鹤峰赫然耸立。此时正是南国百花盛开之时，苏东坡年前栽下去的各色花木皆已抽条开花，花木葱茏，蜂飞蝶舞，整座新居被笼罩在一片花海花香之中。

闰二月初，苏迈、苏过带领两家妻小抵达惠州。历经漂泊与分离的一家人，终于团聚。

“大都好物不坚牢，彩云易散琉璃碎。”白居易在《简简吟》中的慨叹，很快就在苏东坡的身上应验，一家人还未从团聚的喜悦中平复心情，一连串的打击就接踵而来。先是儿孙们不习惯岭南的气候与水土，来到惠州之后相继病倒，之后又得苏迈仁化县令被罢的消息。仁化辖属韶州，而韶州与惠州为邻，朝廷新制，责官亲属不得在责官的邻邑做官。

纵然如此，日子的清苦还是为儿孙满堂的幸福冲淡。风风雨雨历经一年时间才建成的白鹤峰新居，让这一大家子结束了漂泊无依的迁徙生活，终于有了一个真正属于自己的家。

六十二岁，苏东坡真的老了。能在这样的庭院里，在儿孙们的团团围绕中老去，他就知足了。

谁料不久之后，大祸竟然再次降临到他头上，他要搬离刚刚入住的新居，向更远的地方贬去。

年轻的哲宗心怀对元祐老臣的不满，又为一帮胸中燃烧着复仇烈焰的奸小包围。左司谏张商英竟赤裸裸地上章煽风点火，他在奏章中说：“愿陛下无忘元祐时，章惇无忘汝州时，安焘无忘许昌时，李清臣、曾布无忘河阳时。”把一国之君狭隘地置于复仇舞台不说，还将他与在元祐朝失意外放的群臣等量齐观。面对如此荒唐至极的奏章，哲宗竟然全然接受。

绍圣四年（1097）二月，朝廷又新下一批贬谪令：贬吕大防为舒州团练副使，循州安置；刘挚为鼎州团练副使，新州安置；苏辙为化州别驾，雷州安置；范纯仁为武安军节度副使，永州安置。另有刘奉世、韩维、秦观等三十一人，或贬官夺恩，或居住安置，轻重有差。

苏东坡在惠州听到这一系列消息时，已是三月间，他隐约已有不祥预感，终老惠州的梦想或将再次泡汤。

苏东坡的担忧，很快变为现实。

绍圣四年（1097）四月十七日，惠州太守方子容面色沉痛地踏入苏家大门，他是专程前来向苏东坡传达朝廷诰命的：“责授琼州别驾，昌化军安置，不得签书公事。”

向一位六十二岁的白发老翁传达这样的朝命，方子容实在不忍。为安慰苏东坡，他还特意讲了一个故事，说自己的妻子沈氏，在家供奉僧伽菩萨。有一夜，她忽梦僧伽菩萨前来同她告别。问起缘由，僧伽答曰：“当与苏子瞻同行，后七十二日，当有命。”算到现在，刚巧七十二日。

“事之前定者，不待梦而知。然余何人也，而和尚辱与同行，得非夙世有少缘契乎？”对于此事，苏东坡表现得出奇地坦然与冷静。那是他意料之中的结果。

接到诰命后，苏东坡不敢逗留，他匆匆将家人安排在白鹤峰新居，只带幼子苏过一人启程。离别之际，苏东坡强忍悲痛，向长子苏迈交代身后之事，打算到海南之后，首当做棺，次便做墓，还说死后则直接葬于海外……

这样的交代，直如刀箭穿心，让人不忍卒闻。

佛家布施，父亲可以把儿子施舍出去，做儿子的为什么不能把父亲施舍出去呢？苏东坡试图用佛家观念劝慰悲伤欲绝的子孙们，可他们还是齐齐哭倒在他膝前。不必他说，大家心里都明白，此地与老人一别，也许即是永别。生之永别，其痛痛于死之永别。

绍圣四年（1097）五月，苏东坡溯西江而上，抵达梧州。在梧州，苏东坡听说弟弟苏辙被再贬雷州，此时已达藤州。苏东坡立即以诗代柬，派人加急送去，要弟弟在藤州稍待，他将赶路前往。

终于，五月十一日，兄弟俩于藤州相见。

自元祐八年（1093）九月东府一别，忽忽又已四年。苏东坡已是老态龙钟，苏辙却比哥哥保养得好很多，白须红颊，身体健朗。适逢进餐时间，道旁恰有一卖汤饼的摊贩，兄弟二人就在道边买饼共食。制作粗劣的汤饼实在让人难以下咽，苏辙才吃一口便皱起眉头，置箸长叹，苏东坡却大口地把自己那份吃完。他问弟弟道："九三郎，尔尚欲咀嚼耶？"说罢，大笑而起。

常年漂泊无定的恶劣生活，饱一顿饥一顿的生活现状，练就了苏东坡强大的胃纳，无论怎样的粗食淡饭，都可以不辨滋味地吃下去。其实，与其说是他的胃强大，不如说是他的心强大。生死荣辱面前，他到底比苏辙表现得更为洒脱。

自相聚，兄弟二人一直同行同卧，南国的山水之间，兄弟二人度过了人生中最为开心的一段时光。为避人耳目，多一份相守，一段不长的路，兄弟二人足足走了二十余日。直到六月五日，方抵苏辙贬所雷州。短暂休憩后，苏辙送苏东坡过海赴海南。

两日后，即绍圣四年（1097）六月十一日，兄弟二人于海边诀别，苏东坡携幼子苏过，凄然过海。

那是兄弟二人在世间的最后一次相见。

## 五、风雨儋州，屡遭打击

当时海南岛置琼、崖、儋、万安四州，分据岛之四隅。苏东坡贬谪之地昌化军治所在儋州，苏东坡渡海之后在琼州登陆，向西行至澄迈，再由澄迈至儋州，还有两百余里的陆路。

苏东坡乘坐当地的肩舆，一路在高山峡谷间穿行。他忍不住四下观望，一片全然陌生的世界，让他有种茫然之感。

七月初二，苏东坡抵达昌化军贬所。

昌化，古儋耳城，唐代改昌化郡，熙宁六年（1073）废为昌化军。此地风土之恶、气候之炎，向来被中原人士认为是十去九不还的绝地。

苏东坡经海陆两路长途跋涉，加之本已年迈体衰，才到贬所就病倒了。初来乍到，无亲无友，无片瓦之房可以栖身，只好租借数椽官屋。

这里的条件相比惠州又差了好多，食物缺乏，人烟萧条，苏东坡每日能做的，就是杜门默坐，偶尔作作诗，以打发这枯寂无波的时光。

九月间，一个人的到来，让苏东坡枯寂的生活有了转机。

这年九月，昌化军使易人，新任军使张中到来。张中是开封人，熙宁三年（1070）进士，曾在江浙等地做过地方小吏，仕途一直不甚得意。如今被派到这荒蛮的海外岛屿做官，郁闷之余又备感欣慰——竟然在这里与苏东坡相遇。

张中一到儋州，即带着雷守张逢的信前来拜谒苏东坡。他与苏过年纪相仿，视苏东坡为前辈，对苏东坡礼敬有加，与苏过很快就成了好朋友。苏东坡所租居的官屋，就在州廨的东邻，张中抬脚就来。他和苏过都爱下棋，自来儋州，张中几乎无日不跑到苏家来，同苏过厮杀上一阵子。

此时，苏东坡的生活，如他给友人的信中所道："食无肉，病无药，居无室，出无友，冬无炭，夏无寒泉……"一对年轻人在棋盘前清脆的落子声，成了苏东坡听到的最好听的声音。

阵阵秋雨，带走了炎夏的酷热，却也给苏东坡带来了新的困扰。立冬之后，岛上几乎终日风雨不断。苏东坡租住的官屋原本就破败不堪，连日的阴雨让官屋到处滴滴答答漏个不停。苏东坡只好搬来挪去，有时候要一夜三迁。

张中看不下去了，他假借整修伦江驿房舍的名义，派兵将苏东坡所居官屋进行了一番修葺，苏东坡在昌化贬所才算有了一处安居之地。

住的问题暂时解决了，饮食生计依然窘迫。就如苏东坡在给朋友信中所言，此地平日所食米面，全靠海北舶运而来。逢天气恶劣，海上风浪大，海运阻隔，常常米断粮绝。

岛上倒不缺海鱼，但苏东坡怕腥。实在没有什么可吃时，父子二人只好用清水煮菜以填饱肚子。

在海南，苏过是父亲的朋友、伴侣、厨师兼保姆，不但要想方设法让父亲开心，还要尽力调剂父亲的饮食。老吃青菜总不是办法，苏过便将当地遍地皆是的山芋做成羹。苏东坡吃过，赞不绝口："色香味皆奇绝，天上酥酡则不可知，人间决无此味也。"

把普通得不能再普通的山芋羹视若人间少有的美味，又赐它一个绝妙无比的名字——东坡玉糁羹，想来只有苏东坡做得到。

苏东坡似乎是天生的美食家，总能琢磨出独特的烹饪方法，让食物呈现别样的味道。

对当地取之不尽的生蚝，他曾详细地记录了制作的方法：

肉与浆入水，与酒并煮，食之甚美，未始有也。又取其大者，炙熟，正尔啖嚼……每戒过子慎勿说，恐北方君子闻之，争欲为东坡所为，求谪海南，分我此美也。

他甚至还不忘幽默地告诫儿子不要公开，担心朝中大臣知道后会跑来海南和他争抢。

头顶有了可以遮风挡雨的屋，亦慢慢入乡随俗习惯了当地的饮食，父子二人开始融入当地的生活。他们结交了当地的一些朋友，平日里互相来往串门，一起聊天喝酒，日子过得越发有了些滋味。

苏东坡由惠州再贬海南，据说祸起《纵笔》一诗。苏东坡写道："白头萧散满霜风，小阁藤床寄病容。报道先生春睡美，道人轻打五更钟。"此诗记录的不过是他在惠州日常生活的片段，谁料传到京师，被章惇读到。章惇觉得苏东坡生活得太安逸了，遂再寻机，将苏东坡远贬海南儋州。

这段坊间传说，不足为苏东坡贬谪海外的史证，却足以证明，即使苏东坡已被罢至岭南，章惇等人也还是没有罢休之意。他们身处朝堂之上，恶毒的目光却穿越千山万水。苏东坡在惠州、来海南，一举一动，都有耳目向章惇汇报。

元符元年（1098）二月，苏东坡已来昌化半年有余，京师中的权贵们又掀起一轮对元祐贬臣们的打击。

是年，章惇、蔡京议派吕升卿、董必察访广南。吕升卿为吕惠卿之弟，他与哥哥吕惠卿一样，对苏氏兄弟怀刻骨仇恨。董必更是杀人不眨眼的刽子手。由这两人按察广南，章惇的司马昭之心，连曾布也看不下去了。某日罢朝之后，曾布独留下来，向皇上进言。

哲宗虽一再听信章惇之流的谗言，对元祐老臣频出重拳，却并无将他们置于死地之意。他也觉得派这两人前往广南，那些元祐老臣恐是凶多吉少，遂出面阻止了章惇等人的这一计划。

章惇只得罢吕升卿的广南西路察访之命，董必则由东路察访改为西路——广南西路辖雷、琼、儋、崖四州。章惇绝不甘心轻易放过苏东坡。

三月间，董必抵达雷州。

苏辙当初至雷州，因政令不许占住官屋，雷守张逢便帮他租借了太庙斋郎吴国鉴的宅子居住。不料此事被检举，说苏辙“强夺民屋”。董必到雷州，首拿此案开刀，要追究当事人责任。尽管苏辙有租赁契约在手，董必还是找借口发泄了一腔怨怒。最终，诏移苏辙循州安置，雷守张逢被勒令停职。

消息传到海南，苏东坡不免又为弟弟悬起心来。从惠州到循州的路途，苏迈、苏过都曾走过，一路又是水路又是陆路，险象环生，艰涩难行。苏东坡立即想方设法传信给苏迈，令其在苏辙一家路过惠州时，将其家眷留在白鹤峰家中住下，由他代为照顾。

因此，苏辙一家六月间自海康启程路过惠州时，便遵从老兄的安排，将家口留在惠州，只带幼子苏远前往，于这年八月间抵达循州贬所。

在雷州处置完苏辙的事，董必又把目光投向了海南的苏东坡。他早已接到昌化军张中修伦江驿的报告，正欲就此事大做文章。

对于董必的狠辣，他的随从看得最是清楚。随员中有一叫彭子民的，颇得董必宠信。这一次，连他都看不下去了，流泪力劝道：“人人家各有子若孙！”

彭子民一席劝言，让董必改了主意，只派了一个小使臣过海。

流人不许占官屋。被派往昌化的小使臣，手持这道政令，过海即将苏东坡父子逐出官屋，此外没有其他过激的举动与要求。

对于小吏将他们逐出官屋之事，苏东坡并未放在心上。只是父子二人一时连容身之所都没有了，只能到城南一污池旁边的桄榔林下栖身。

在给朋友程天侔的信中，苏东坡无半点沮丧之意：“尚有此身，付与造物，听其运转，流行坎止，无不可者。”

命运将苏东坡逼到山穷水尽处，他则向内寻找柳暗花明。没有房子住，就自己想办法造。岛上空地很多，随便就可以买一块。岛上的友人和邻居心疼这对父子，主动跑来帮忙。张中、王介石等朋友也都来了，一大帮子人，忙前跑后，一个月左右，五间简单的平房就出现在城南那片桄榔林中。

入住新居之后，苏东坡又在院子里整治出一块菜园来，种些韭菜、黄崧之类的家常蔬菜。他又恢复了老农模样，种菜、除菜、浇水、施肥，全都亲力亲为。

九月时，苏东坡曾前往天庆观拜谒北极真圣，祈神指示余生的吉凶祸福，签词曰："道以信为合，法以智为先。二者不离析，寿命不得延。"苏东坡细绎签词，心下悚然，若有所得。

苏东坡此时的惴惴不安，并非无根无由。

事实上，在这年六月间，章惇等人已经实施了新一轮的打击报复，十年前熙宁、元丰间的旧案都被重新翻出来。据统计，重新得罪者，竟达七八百人，范祖禹再徒化州，刘安世徒梅州，秦观移送雷州。

苏东坡远在万里之外的海南，对具体细节并不太清楚，但他深知政治的残酷无情，他不能不恐惧，亦不能不越发小心谨慎。

十月初十，远贬化州的范祖禹终于抵挡不住如此折磨，病死贬所，时年五十八岁。

消息传到海南，苏东坡忍不住扑地痛哭。

元祐后期，苏东坡在朝中陷入群小攻击之中，举步维艰，唯范祖禹与他同心同德，坚决站在同一战线。今闻讣告，苏东坡如何不肝肠寸断？

沉浸于丧父剧痛中的范冲，只想到父亲生前与苏东坡情深意厚，却不想眼前政治环境险恶，竟央求苏东坡为父亲作传。为朋友立传，尤其是为挚交立传，原是苏东坡心中夙愿，可眼前他实在惧怕再给范家人惹来不必要的风波，只能于书信中沉痛婉拒。

苏东坡不愿牵连他人，可他的敌人不会放过任何打击报复的机会。

因被曾布谏阻，吕升卿未按察广南，但他一直抓着张中借修缮伦江驿官房名义为苏东坡修整房屋居住一事不放。

元符二年（1099）四月，对于此案，朝廷有了明令处分，张中被贬雷州监司。

张中是苏东坡来海南之后，少有的私交甚厚的朋友。孤身流落天涯，张中曾给予苏东坡父子二人无尽的照顾与慰藉，而今一别，余生也许再无相见之日。年迈的苏东坡，原本已经将世事看淡，可面对张中将离的事实，他还是难抑心中悲怆。

张中亦是性情中人，实不忍弃苏家父子于孤岛之上，四月接到诏令，一直挨到年底，再无理由在此逗留时，才决计离开。

一送、二送、三送，苏东坡连作三首诗送别张中，这在苏东坡晚年是较少有的事。苏东坡于张中的留恋不舍，足见这位老人晚年岁月的孤寂。

故交亲朋皆被一波又一波的政治风浪冲击而去，人生的荒岛上只剩下孤零零的苏东坡四顾茫然。他将如何在这座荒岛上度过残生？

## 第十章
# 漫漫北归

### 一、朝局大变，离别海南

就在元符二年（1099）岁末的某天夜里，苏东坡做了一个奇怪的梦。梦中，他登上了惠州的合江楼，在如水月色中看到故人韩魏公（韩琦）跨鹤而来，对苏东坡说："被命同领剧曹，故来相报。"北归之日，当不久矣。

梦醒后，苏东坡无限怅惘。春秋正盛的哲宗，曾向天下宣告，元祐臣僚独不赦，又哪来北归中原的机会？可他又实在不愿放弃梦中的希望之光，他对苏过说："吾尝告汝，我决不为海外人，近日颇觉有还中州气象。"言罢，苏东坡开始洗砚，让苏过拿纸笔，焚香净手，默然端坐，"果如吾言，写吾平生所作八赋，当不脱误一字。"

那天，苏东坡写得极顺畅，写毕，自读一遍，果真不脱一字。他不禁大喜道："吾归无疑矣。"

海南纵好，于苏东坡来说总是天涯。写赋代卜，老人的北归之心一旦被唤醒，其言行举动只让人觉得无端心酸。

后来的事实证明，这一切并非巧合。元符三年（1100）正月十二，新年的余味还浓，大宋朝局再次发生天翻地覆之变——二十五岁的哲宗驾崩。

上年九月，刘妃生子茂，母以子贵，被立为后。但这个小皇子却是短命皇子，出生不久即夭折。哲宗因过分沉溺女色，身体原本就弱，加上丧子之痛的打击，没过几个月竟然随之而去。

皇太后向氏强忍悲痛，向朝中宰臣们征求意见，最后的结果是：召哲宗的弟弟端王赵佶（神宗第十一子）入宫，继承皇位，是为徽宗。向氏以皇太后的身份垂帘听政。

向氏性温婉、心仁厚，面对大臣垂帘听政的请求，她再三推辞，说皇帝年已弱冠，不必母后干政。这让赵佶感动不已，他哭拜于地，再三乞求，向太后才答应听政六个月。

徽宗初即位，一边锐意进取，对朝中人事进行大力调整；一边大赦天下，决定叙复元祐臣僚。苏东坡、苏辙、刘安世及受牵连的苏门学士，纷纷得以赦还。苏东坡徙廉州（今广西合浦），苏辙徙永州。

朝廷诏令抵达海南，已是五月中旬。苏东坡以琼州别驾，廉州安置，不得签书公事。

合江楼之梦、朋友们的传言，直到这时，苏东坡方敢相信。

苏东坡即将内迁北返的消息在岛上传开，当地百姓既开心又难过，他们纷纷涌进苏家，祝贺苏家父子。

苏东坡在儋三年，多蒙朋友照顾，有许多身后事需要了结。一直忙到六月间，他才准备离开昌化。原定坐许珏船从石排渡海，可许珏出船仍未归来，苏东坡等不及，决定由琼山出海。

离开琼山，至海岛北面的澄迈，登上通潮阁，北望茫茫碧海，大海的另一边就是苏东坡日思夜想的中原大地。

六月二十日夜，乘舟渡海。是夜，海上风平浪静，天空澄碧高远，半轮张弦月，静瞰人间。静夜的涛声，源源不断地从远处涌来，苏东坡倚着船舱，一夜无眠。

惠州四年、海南三年，苏东坡身处南国蛮荒之地，共计七年时间。回首过去，苏东坡对朝廷没有任何怨言，对过往九死一生的重重磨难，更是一笑了之。如若没有这七年，他又怎能饱览南国海外的奇景异俗？

一夜顺风顺水，第二天即抵递角场。彼时，徐闻县令吴君代雇的夫役已在码头等候。在离别海南之前，苏东坡曾约秦观于徐闻一见。

绍圣元年（1094），师生二人均遭贬谪。苏东坡由定州而惠州而儋州，秦观由杭州而处州、郴州、横州、雷州。二人已整整六年未曾见面。

如今再见，彼此都已是白发老翁——苏东坡六十五岁，秦观也已五十二岁。

徐闻短短四五日逗留，是苏东坡和秦观此生最后的欢聚。此后，二人各自踏上风云莫测的前程。

从雷州海康去廉州合浦，连日大雨，冲毁了桥梁道路，苏东坡父子只得投宿于兴廉村净行院。

次日，自净行院乘小舟至官寨，得知自此以西都在涨水，桥路皆被淹没，也找不到船，苏东坡父子只好改坐蜑船，沿海前往白石。蜑船，即南方海边人用以为家的一种小船，穿行于风浪之中，颠簸不堪。此时已是六月末，有星无月，漂泊于茫茫大海上，但见海天相连，星斗满天，苏东坡夜不成寐，不明白命运为何待他如此刻薄，历尽千难万险平安渡海，却又遭此困厄。

苏东坡已然把个人的生死看淡，却无法放下自己辛苦撰写的《易传》《书传》《论语说》三部书稿。它们随着他一路从北向南，从南转北，若原稿不幸流失，世间便再无此书矣。

天果真不欲丧此书，更不欲丧苏东坡。七月初四，苏东坡平安抵达廉州合浦。经廉守张仲修安排，苏东坡暂时住进官廨。

来廉州还未及安顿，八月，苏东坡又接诰命，迁舒州团练副使，量移永州。

当年苏东坡贬居惠州时，只令长子苏迈携自己及苏过的家眷前来相聚。次子苏迨当时正准备科举考试，遂留在了宜兴。苏东坡自海南赦还北归之际，已令苏迨到岭南来相聚。计算行程，苏迨一家应将到惠州，现又接到赴永州的朝命，苏东坡只得改变计划，通知苏迈，率领全家人到梧州相会，然后同赴永州。

苏东坡为一家人的团聚而谋划思虑之时，在遥远的藤州，与他刚刚相别的秦观，已永远地离他而去。

秦观自徐闻与苏东坡分手之后，一路冒暑急行，行至广西藤州，终致病倒。大家都以为他只是普通的中暑，休息几天即可无碍。八月十二日，他还与朋友们在光华亭大谈梦中所得诗句，谈得口渴，欲饮水，结果却没能喝下。他看了看那碗水，含笑而逝。

在所有的门生中，苏东坡与秦观交情最深。秦观去世的消息，让苏东坡无法接受。他恸哭道："少游不幸死道路，哀哉！世岂复有斯人乎！"为之食不下咽达两日。

秦观病殁于藤州后，藤守徐畴派人急报秦观的亲戚范冲前来。范冲为秦观女婿范温的哥哥，彼时正在梧州。听说范家兄弟在藤州为秦观料理后事，苏东坡决定绕道前往，希望能送故人最后一程。谁料等他一路急行赶到藤州时，范家兄弟早已扶柩离开。

苏东坡在藤州扑了空，又希望能于梧州与范家兄弟一见。九月十七日，苏东坡抵梧州，范家兄弟又已离开。

少游灵前一哭的愿望，终究还是落空。苏东坡只能仰天长叹，迎风洒泪，以寄无限悲思。

苏东坡原本计划与苏迈、苏迨二子在梧州汇合后，溯贺江同往永州。此时，苏迈、苏迨尚未到达，加上适逢秋旱，贺江江水干涸，无法通行，父子二人只好改道，经广州大庾岭北还。

## 二、度岭北归，旧梦难圆

痛失弟子之悲、长途跋涉之累，使得苏东坡到广州之后即病倒了。幸而此时苏迈、苏迨已携带家人前来，一家老老少少终得团聚。

逗留广州期间，苏东坡与故交新友酬唱往还，探访名胜古迹，忙得不亦乐乎。待欲离开广州时，却再得诏令：苏东坡复为朝奉郎，提举成都府玉局观，外军州任便居住。〈1〉弟弟苏辙授太中大夫，提举凤翔府上清宫，外军州任便居住。

这道诏令，让苏东坡又惊又喜，这意味着他不必再远赴湖南。于是，再改行程。度岭过赣回宜兴，或者到颍昌与弟弟苏辙相守，在苏东坡看来，都是不错的选择。

---

〈1〉 宋制，大臣罢职后，令管理道教宫观，无职事，仅借名食俸，以示优礼。

公元1101年，朝廷改元，是年为建中靖国元年。

正月初四，新年刚过，苏东坡一家即北返到达大庾岭。

此时正是岭南早春时节，岭上尚春寒料峭。立于岭上，苏东坡任微寒的春风掀动长衫和花白的发须。回首来时路，多少感慨升腾心间。

苏东坡前次过岭，是绍圣元年（1094）九月，与今相隔将近七年。这七年就像一场大梦，倏忽岭北，倏忽岭南，忽而海南，又忽到江南。泉水泠泠的山涧、云岚滴翠的空谷、忽然惊起的山鸡、簌簌飘落的野花……这一切，如梦如幻，让徘徊岭上的苏东坡分辨不清哪是真哪是幻。

大庾岭上，林深草茂，平日少有人迹，苏东坡两次度岭，均在岭上得遇好心之人。前次过岭，遇两道人。这次北归，又在一村店前遇上一位白发老者。老者见苏东坡徘徊吟哦不止，不禁问随行的仆从："官为谁？"

"苏尚书。"仆从如实回答。

"是苏子瞻欤？"在得知眼前人正是苏子瞻苏大人后，他连忙起身上前，拱手行礼道："我闻人害公者百端，今日北归，是天佑善人也。"

老人的话暖心，亦让苏东坡感慨百端。七年里，多少南迁的故交皆已零落，他能归来，何止是天佑善人？

正月初五，行至南安，在这里，苏东坡遇到了刘安世。

刘安世，字器之，熙宁六年（1073）进士及第。他为人刚正不阿，在朝中任谏官时，号为殿上虎。

绍圣年间，章惇掌权，深恶刘安世，先贬知南安军，再贬为少府少监，三贬新州别驾，在英州居住。民谚所言的八大险恶之地，他已遍历七州。徽宗登基，大赦元祐臣僚，刘安世亦遇赦北归。二人同行至虔州，本欲乘船过赣江北上，谁料赣江因天旱水涸，无法通行，他们只能在此等待水涨。

当年同在朝中为官，刘安世深得司马光赏识，与苏东坡算不得同道，二人不过泛泛之交。经历了多年生死磨难，这次在南安重逢，各自都有一种恍如隔世之感。远离政坛上的是是非非，已是白发暮年的两人对彼此的印象已大不相同。

刘安世与苏东坡在性格上有天壤之别，他喜静、好谈禅、不爱游山逛水；苏东坡则天性自由豪放，走到哪里玩到哪里。适逢寒食刚过，山中嫩笋出土，苏东坡便想邀刘安世到山中一游，又怕他不肯，便想出一个绝妙的主意。

某天，苏东坡携两童仆敲开刘安世的门，跟他说山中不远处有玉版长老，问他可有兴趣前往参禅。

刘安世一听，欣然出门。行至廉泉寺，遍地鲜嫩的竹笋让人垂涎欲滴。苏东坡急命人架火烧笋，刘安世亦吃得津津有味，边吃边忍不住问："此笋何名？"

"即玉版也。此老师善说法，要能令人得禅悦之味。"苏东坡笑嘻嘻回道。

刘安世这才如梦方醒，原是被苏东坡骗了。两人对视，随即哈哈大笑。

三月下旬，终等来赣江水涨，苏、刘两家同时登舟离开虔州，继续北上。开船当天夜间，由于江水大涨，赣石数百里之险也顺利通过，第二天即抵庐陵。

庐陵舟中，见到前来谒拜的谢举廉，苏东坡高兴地对他讲起过岭之前的一段小插曲。

在度大庾岭之前，苏东坡所乘肩舆的竹杠断了，只得向附近龙光寺的和尚求助。当时，寺僧送了苏东坡两根巨竹，并邀请苏东坡共饭。饭后，苏东坡留下一首诗，说希望能借竹中带去的一滴曹溪之水，涨起赣江江水。行抵庐陵，未见一块赣石，猛然想起在龙光寺时所作之诗，如今真的应验。

自从得到不必再赴湖南永州的诏令，去哪里养老居住就成了徘徊在苏东坡心头的难题。已回颍昌的苏辙在得此消息后，早已写信来，极力劝说兄长到颍昌去。昔年的对床之约眼看就要实现，苏东坡对此亦充满期待。在给好友孙叔静的信中，他说："度岭过赣归阳羡，或归颍昌，老兄弟相守，过此生矣。"

但弟弟家的经济状况，苏东坡心知肚明，他实在不想再拖着三房儿孙去给弟弟增添更多负担。

此前路过韶州时，苏东坡曾与旧友李公麟的弟弟李公寅同游南华寺，李公寅极力赞美故乡龙舒（今安徽舒城）的风土人情，希望苏东坡可以卜居舒州。

苏东坡还真被说动了，听说龙舒有一官庄可买，他还特意托人前去打听。但因不够理想，决定放弃。

苏东坡又写信给在宜兴的钱世雄，托他在常州找屋。抵金陵后，得钱世雄来书，说已代借到常州顾塘桥孙氏的房屋。

得知消息的苏辙仍不死心，再次写信来劝。桑榆暮景，岂忍再长相别离？苏辙的信，写得情真意切，令人泪下。苏东坡难挡弟弟这番亲情攻势，只得勉强答应下来。

苏迨妻儿，此时尚在宜兴。苏东坡遂命苏迈、苏迨二子前去将他们接来仪真会合，也趁此机会将宜兴的一些田产变卖以补贴家用。拖家带口，长途跋涉，苏东坡手头已甚是拮据。

“居常之计，本已定矣，为子由书来，苦劝归许，以此胸中殊未定，当俟面议决之。”虽已答应了苏辙的请求，但从苏东坡写给好友钱世雄的信来看，他当时并未彻底放弃居住常州的打算，他在信中约钱世雄和时为浙江转运使的表弟程德孺在金山一见，想再听听他们的意见。

程、钱二人如约前来，三人在金山相见，同登妙高台。妙高台、金山寺，于苏东坡来说并不陌生，南贬之前，他曾数次前来，并留下不少吟咏诗作。

在金山寺里，苏东坡站在李公麟为自己所绘的画像前，感慨万千，于是在画像上题写了一首《自题金山画像》：

> 心似已灰之木，身如不系之舟。
> 问汝平生功业，黄州惠州儋州。

这是苏东坡对人生的自我总结。

是失意的叹息，还是慷慨的自嘲？或许每个人的答案都不尽相同。

在金山等待家人期间，朝中政局又风云突变，把苏氏兄弟眼看就要实现的风雨对床的旧梦打个稀碎。

事情还要从这年正月说起。正月十三，向太后忽然崩逝，宰相韩忠彦自此失去靠山，朝中大权大有落入曾布之手的趋势。曾布时任山陵使，在陵上时就密授御史中丞赵挺之，让其发动绍述之说，排挤元祐臣僚，与此同时加紧培植自身党羽。朝中忠耿之士，陆续遭到罢黜。

这场政治风波于这年春夏间迅速席卷朝野，举朝上下，动荡不安。苏东坡在金山得知这一消息，明白离京城颇近的颍昌是去不得了，他太清楚曾布、赵挺之的为人，如果执意前去，无异于自投罗网、自跳火坑，已是迟暮之年，鬓衰目浊，他不想再卷入任何政治斗争的旋涡。

至此，苏东坡下定决心前往常州，余生只愿与儿子们“闭户治田”，终老泉下。

## 三、久疾不愈，病逝常州

五月的江南，天气已非常炎热。白日骄阳灼烤，夜晚暑气蒸腾，苏东坡全家日夜栖身于一叶竹篷船中，或行或泊，都在水上，湿热之气入侵，合家老小皆病倒。当年，就是在金陵舟中，苏东坡痛失爱子遁儿。此次北归，亦难免发生同样的悲剧。

行至仪真时，苏东坡的身体已微感不适，但他对自己的身体一向自信，并不以此为要。

“病发掩关，负暄独坐，醺然自得。”在写给朋友的信中，他谈笑自若。

五月下旬的仪真，其苦热更是让人难以安坐。好在此地白沙有一东园，园内亭台荷池、画舫堂屋遍布，花木葱茏，流水潺潺，是一避暑的佳胜之地，苏东坡常散步园中，以避舟中暑热。

六月初，有位故人走进东园，他特意寻苏东坡而来，此人便是大书法家米芾。当时，他正在仪真办西山书院，听说苏东坡来仪真，且常流连于东园之内，便循迹而来。

米芾，与苏东坡、黄庭坚、蔡襄并称为宋代四大书法家。他比苏东坡年轻十五岁，因其衣着行为狂狷及迷恋书画珍石，有“米颠”之称。两人元丰四年（1081）初见于黄州，此后近二十年，书简往来、诗词唱和不断，建立起深厚的友情。

此次在仪真东园相见，于二人皆是一份意外之喜。

彼时的苏东坡虽微恙，但当他出现在米芾面前时，米芾还是不得不感叹：“此翁风度越发飘飘似仙。”那天，苏东坡头戴一顶白氎小冠，谈笑自若，绝口不提时事，只说些岭南海外的奇闻怪谈，谈谈对家乡蜀地的怀念。

“方瞳正碧貌如圭，六月相逢万里归。口不谈时经噩梦，心常怀蜀俟秋衣。”米芾后来在挽诗中如此写道。

如此酷热之下，白日尚可去东园避暑，夜间则无法安眠，苏东坡只得夜夜露天而坐，实在忍受不了，便吃些冷饮以降暑。

“海外久无此热，殆不能堪。柳子厚所谓意象非中国人也。”苏东坡对米芾说。

长途跋涉之累、江南湿热之苦，已经让人难以忍受，加之为降暑气吃了太多冷凉的食物，外热内寒，两相交攻，到六月初三，苏东坡突然猛泻起来，从午夜一直泻到天亮，几乎虚脱，直到吃了一碗黄蓍粥，才稍稍好过一些。

六月初四，米芾又来东园，见病榻上的苏东坡形神交瘁，不由大吃一惊。他原本定好第二日与朋友一起来找苏东坡聚会，未曾想只一夜工夫，苏东坡就被折磨成如此模样。苏东坡还是强打精神，把玩米芾带来的四枚古印，并致意米芾聚会的日子可以稍稍延缓，等他病愈或者下雨后天气凉爽了再说。

谁料自从那一病，苏东坡的身体状况竟越来越糟糕。没过多久，久蓄体内的瘴毒再次向他凶猛袭来，他被折磨得整夜无法安眠。饮食上，只要吃一点东西就感觉到胃胀，不吃的话又没有力气，很是虚弱。

米芾闻讯，急急赶来，让病中的苏东坡非常感动。

彼时，苏迈、苏迨去宜兴接苏迨家眷尚未归来，苏东坡身边只有苏过一人日夜服侍。好在还有米芾，自苏东坡染疾卧床，他多次前往探视，不能前来时，则书信问候，还曾冒暑气前往东园送麦门冬饮子。当时苏东坡午睡方起，听到此消息，大为感动。

如此折腾了数天，苏东坡的病情并未见好转。苏家寄身舟中，日夜泊于河上，这条河水污浊不堪，白天被毒日熏蒸，舟中空气恶劣不堪，于苏东坡的病情恢复实在不利。苏东坡便命人将船撑过通济亭，泊于闸门外，希望能得稍许凉风。

但此举似乎并没有让现状有所改观。苏东坡此时已料定自己难逃此劫，便作书给弟弟苏辙，开始交代后事："即死，葬我嵩山下，子为我铭。"

六月中旬，苏东坡准备离开仪真，出发前强撑病体与米芾道别，之后渡江过润州。至京口，外甥柳闳来见。柳闳为苏东坡堂妹小二娘的儿子，彼时，小二娘和夫君柳仲远皆已丧亡。苏东坡天涯归来，看到他们的儿子，想到已故旧人，不禁大恸，他执意前往仲远夫妇的墓地悼念一番。

"我归自南，宿草再易。哭堕其目，泉壤咫尺。"仲远夫妇墓前，苏东坡痛哭不已。异地他乡，年衰病弱，家族亲人的凋零之痛，更让这位老人难以忍受。

雪上加霜的是，在京口，苏东坡又听闻前相苏颂去世的消息。

嘉祐年间，苏洵携二子进京，与苏颂认了宗盟，此后，苏氏兄弟一直多受苏颂照拂。苏颂退休后归隐京口，这年已经八十二岁，算是高寿而逝。

在苏东坡眼中，苏颂是恩高望重的前辈，论理应亲自前往吊唁，但因卧病在床，只好让苏过代为前往。他欲以族中长辈过世之礼，召僧在寺追荐，自作功德疏以表诚敬，无奈此时他已病入膏肓，无法成篇。

第二日，苏颂后人前来谢吊，苏东坡此时侧卧床上，面朝里床，呜咽涕泣，已不能起身矣。

想来人生真如戏台，生旦净末，你方唱罢我登场，多少恩怨悲喜，似只在倏忽之间。苏东坡身在海南之时，章惇还特派人渡海欲置他于绝地，不过短短两三年，章惇也走上了同样的贬谪之路——他被贬往雷州。

章惇之子章援因要安顿家眷，不能随行。听说苏东坡已至京口，特从浙东赶来拜谒。说是拜谒，实际是另有所求。

彼时，朝野上下都传言朝廷将重新起复苏氏兄弟，尤其民间，对苏东坡复出的期待不亚于当年对司马光的呼声。

章惇的两个儿子章援、章持，都是元祐初年苏东坡知贡举时录取的门生，有此门生与座师之谊，章援前来拜见苏东坡，原本是名正言顺的。可是因了这些年章惇对苏氏兄弟不遗余力地打击，章、苏两家早已势同水火，章援如今想来探探苏东坡口风，万一哪天重返朝堂，希望苏东坡别再对他的老父亲下狠手。

章援确实难开口，思虑再三，他只得谨慎地写了一封七八百字的长信。信中，章援将自己与苏东坡的师生情、与章惇的父子意，写得情辞并茂，感人泪下。

苏东坡于病榻上读完此信，也忍不住向苏过赞叹道："斯文，司马子长之流也！"

对于昔日章惇待他的一切，他早已一笑放下。他立刻让人取来纸笔，于病榻之上亲复章援。

信中，苏东坡不但尽释前嫌，还将自己在岭南生活的种种经验事无巨细地记录下来，希望这些能对老友章惇有所帮助，并附上一白术方，介绍章惇服用。

这段发生在苏东坡北归途中的小插曲，也恰体现了苏东坡的高风亮节。

等苏东坡坐船到达常州时，消息早已传遍当地。那天，运河两岸挤满了前来观望的百姓。苏东坡那两天体力稍稍恢复，他坐在舟中，头戴小冠，身披背心，看到岸上黑压压的人群，不禁回头对身边人道："莫看杀轼否！"

船到奔牛埭，钱世雄等人早已在那里迎候。彼时，苏东坡独自睡在舱中，见钱世雄进舱来，遂慢慢起身，对钱世雄道："万里生还，乃以后事相托也。惟吾子由，自再贬及归，不复一见而诀，此痛难堪。"

一番话，已是气喘不已，良久，苏东坡才继续说道："某前在海外，了得《易》《传》《论语》三书，今尽以付子，愿勿以示人。三十年后，会有知者。"说罢，取出一只箧子，要打开，却一时找不到钥匙。

钱世雄道："某获侍言，方自此始，何遽及是也。"

抵达常州，苏东坡直接入住顾塘桥的孙家住宅，待安顿好后，即上表请求以本官致仕。此时，诗友参寥已重回西湖智果院，派人前来问安。

苏东坡在给参寥的信中，解释自己请求致仕的原因：

> 某病甚，几不相见，两日乃微有生意。书中旨意一一领，但不能多书历答也。见知识中病甚垂死因致仕而得活者，俗情不免效之，果若有应，其他不恤也。

希望以致仕之命，得以缓解眼前老病之忧。苏东坡此番于生的热情，让朋友为之泪湿。

那些日子，钱世雄每天都会来，坐在榻前陪苏东坡聊天说笑。一生的荣辱沉浮，东西南北四海为家，对往日的人与物，苏东坡有说不完的话。偶尔，他也会拣出海外的诗稿来给钱世雄看，说到开心处，会开怀一笑。在钱世雄看来，此时的苏东坡并无半点衰飒之感，眉宇间依然有着照人的秀爽之气。

来常州安顿下来，结束了长期漂泊流荡的生活，苏东坡的体力和精神都在慢慢恢复。

七月十二日，苏东坡的精神特别好，甚至可以起床写写字。

如此情形，让朋友、家人都松了一口气，以为苏东坡已穿越此番生死险境。谁料几日后，苏东坡的病情再度加剧，高烧不退。其间，好友前来问疾，苏东坡因倦怠无力，已无法相见。

苏东坡一生注重养生，对医药颇有研究，他自己研制的药方，曾救人无数。可面对自己的疾病，苏东坡却开错了药方。苏东坡体内热毒忽然大发，齿间出血如蚯蚓，也许正与他自开的药方有关，这加速了苏东坡迈向死神的步伐。

钱世雄见苏东坡已濒临不治，情急绝望中，弄来一服“神药”，劝他服用。

“神药希代之宝，理贯幽明，未敢轻议。”苏东坡此时神志清醒，拒不服用此药。

因苏东坡不能躺卧榻上，晋陵县令陆元光赶紧送来懒版——古之靠背。懒版纵横三尺，垫于背后，苏东坡才觉得舒服了些。

十八日，预感自己将不久于世，苏东坡将三个儿子唤于病榻前，说道：“吾生无恶，死必不坠。”又曰，“慎无哭泣以怛化。”

之后几天，苏东坡的精神又稍稍恢复了些，苏迨、苏过扶他下床，可走几步。这期间，他看见径山寺长老维琳的名刺，知其冒暑远来探病，慨叹不已，于是约他待晚上凉快时相对卧谈。

苏东坡先后两次任职杭州，与当地僧道交游甚广。知杭州时，聘维琳主持径山寺，到如今已有十余年。当初苏东坡被贬岭南的消息传至东南，江浙一带有很多僧道虔诚地为他祈祷，望他安然早还，其中就有维琳。

二十八日，苏东坡已近弥留状态，神志却清明不乱。

维琳附其耳边，大声道：“端明宜勿忘西方！”

“西方不无，但个里着力不得。”苏东坡答道。

此时，钱世雄也在旁，他凑近苏东坡耳边大声道：“固先生平时履践，至此更须着力。”

“着力即差。”苏东坡又回。

苏迈欲再上前问后事，苏东坡已闭目溘然长逝。时为建中靖国元年（1101）七月二十八日。这一年，苏东坡六十六岁。

次年，崇宁元年（1102）闰六月二十日，葬于汝州郏城县钓台乡上瑞里嵩阳之小峨眉山。苏东坡继室王闰之夫人的灵柩，已厝京师道院整整九年，至此，夫妇二人终得合葬团圆。

苏东坡之逝，让山川失色，让亲人故交同悲。

江浙、汴京、颍州、赣州、惠州……凡苏东坡足迹所到之处，当地民众皆自发组织各种哀悼活动，其门生故旧的悼念诗文，更是如漫天雪花，数不胜数。

门生李廌，一生止步于功名之外，终身对苏东坡执弟子之礼，他在悼文中写道：

> 皇天后土，鉴平生忠义之心；
> 名山大川，还千古英灵之气。

此语，亦可视作对苏东坡六十六年人生的盖棺论定。

苏东坡的一生，诗词书画，无所不精；心系百姓，政绩卓著；故交好友遍布天下，门生后辈名扬四方。曾煮酒烹茶、趣谈美食，坐禅论道、赏游山水；也曾深陷党争、亲友分离，穷困潦倒、风雨飘摇。受人敬仰，也遭人嫉妒；被上信任，也惨遭贬谪。人生大起大落，却始终乐观豁达。坚韧不屈，又清醒自知。

他的一生，堪比别人几世。

世人爱苏东坡，亦各有所重。世人说苏东坡，亦不过说着自己心中的苏东坡模样。

真正的苏东坡，一直在那里，在历史的深处，向后人招手致意。这世间向美、向真、向善的目光，便在他的召唤中，频频向他的方向投去。

附录一

# 苏东坡年表

**景祐三年（1036）　　1岁**

农历十二月十九日（1037 年 1 月 8 日），生于四川眉山纱縠行苏宅。

【是年，父苏洵二十八岁，母程氏二十七岁。】

**庆历二年（1042）　　7岁**

始读书。

**庆历三年（1043）　　8岁**

入学天庆观北极院，师从张易简。

**庆历五年（1045）　　10岁**

母程氏亲授苏轼兄弟读书。

【是年，黄庭坚出生。庆历新政失败，范仲淹、韩琦、欧阳修等人相继被罢黜。】

**至和元年（1054）　　19岁**

与青神县乡贡进士王方之女王弗结婚。

## 嘉祐元年（1056）　　21岁

春，与父亲苏洵、弟弟苏辙离家赴京应试。

五六月间，抵达京城汴梁。

秋，应开封府试，以第二名的成绩中举。

## 嘉祐二年（1057）　　22岁

正月，参加礼部考试，与弟苏辙同科进士及第。

四月初七，母程氏卒，赴蜀奔丧。

## 嘉祐四年（1059）　　24岁

七月，服丧期满。

十月，离蜀赴京。

长子苏迈出生于赴京途中。

## 嘉祐五年（1060）　　25岁

二月，抵达京城。

授河南府福昌县主簿，不赴。

## 嘉祐六年（1061）　　26岁

八月，举贤良方正能直言极谏科，兄弟二人再次双双入选，苏轼取为三等，授大理评事、凤翔府签判。

十一月，携妻挈子赴凤翔。

十二月十四日，抵达凤翔。

## 嘉祐八年（1063）　　28岁

在凤翔签判任，作《凌虚台记》等。

【三月，仁宗崩；四月，英宗即位。】

## 治平元年（1064）　　29岁

十二月，罢凤翔任。

## 治平二年（1065）　　30岁

二月，期满还朝，差判登闻鼓院；学士院召试，以三等得直史馆。

五月二十八日，妻子王弗病逝。

## 治平三年（1066）　　31岁

在京师直史馆。

四月，父苏洵卒，扶柩归蜀。

## 熙宁元年（1068）　　33岁

七月，守丧期满。

续娶王闰之。离蜀还京。

【四月，神宗召见王安石，酝酿变法。】

## 熙宁二年（1069）　　34岁

二月，还朝，以殿中丞、直史馆授官告院。

五月，神宗单独召对，论新法不便。

神宗多次欲起用，皆被王安石所阻。

十二月，上书神宗，论新法不便。

【二月，王安石由翰林学士升任参知政事，熙宁变法开始。】

## 熙宁三年（1070）　　35岁

二月，再上书神宗，力陈新法之弊。

三月，苏辙离京，赴任陈州。

五月，次子苏迨出生。

十二月，罢权开封府推官，依旧官告院。

## 熙宁四年（1071）　36岁

六月，授杭州通判。

七月，赴任途中经陈州，与弟苏辙晤。

九月，往颍州，拜谒欧阳修。

十一月二十八日，抵杭。

## 熙宁五年（1072）　37岁

在杭州通判任。

三月，逢杭州牡丹花会。

四月，三子苏过出生。

八月，授命主持杭州乡试。

十一月，往汤村督导开凿运盐河。

十二月，至湖州，视察水利工程。

【闰七月，欧阳修卒。】

## 熙宁六年（1073）　38岁

在杭州通判任。

逢大旱。

冬，往常、润、苏、秀赈灾。

## 熙宁七年（1074）　39岁

在杭州通判任。

六月，自常、润回杭。

九月，移知密州。王朝云入苏家。

十二月，抵密州，上状陈蝗灾。

【四月，王安石罢相，出知江宁府。韩绛入相、吕惠卿任参知政事，继续主持变法。】

## 熙宁八年（1075） 40岁

在密州任。

四月，往常州祈雨。

十月，上书文彦博，再论京东、河北榷盐之害。

【二月，王安石复相，以同中书门下平章事继续主持变法。】

## 熙宁九年（1076） 41岁

在密州任。

八月十五日，在超然台饮酒题诗，作《水调歌头·明月几时有》。

十一月，诰以祠部员外郎直史馆移知河中府。

十二月，离密，赴河中府任。

【十月，王安石长子王雱病逝，王安石请辞相位，归居金陵。此为王安石第二次罢相。】

## 熙宁十年（1077） 42岁

二月，改知徐州。

四月，与苏辙同往徐州。

七月到十月，黄河泛滥，及徐州城下，亲率军民筑堤抗洪。

【八月，苏辙赴南京签判任。】

## 元丰元年（1078） 43岁

在徐州任。

正月，神宗下诏奖谕防洪之功。

【是年，初识参寥。】

## 元丰二年（1079） 44岁

三月，罢徐州任，以祠部员外郎、直史馆知湖州军州事。

四月，抵湖州。

七月，以谤讪新政的罪名在湖州被捕。长子苏迈同行。

八月十八日，被押解至汴京。

十二月二十九日，出狱，责授检校水部员外郎充黄州团练副使，本州安置，不得签书公事。

【十月，太皇太后曹氏病逝，大赦天下。】

## 元丰三年（1080） 45岁

正月初一，离京赴黄州。

二月，至黄州。

【五月，苏辙送苏轼家眷至黄州，相伴十余日，后赴筠州。】

## 元丰四年（1081） 46岁

谪居黄州。完成《易传》《论语说》。自号东坡居士。

是年，神宗多次欲再起用，皆未果。

## 元丰五年（1082） 47岁

谪居黄州。作《寒食雨二首》，及《赤壁赋》《念奴娇·赤壁怀古》《后赤壁赋》等。

## 元丰六年（1083） 48岁

谪居黄州。

九月，王朝云生四子苏遁。

## 元丰七年（1084） 49岁

三月，量移汝州团练副使诰下。

四月，自黄赴汝。途中，至筠州，与弟苏辙见。

七月，幼子遁于金陵夭折。过金陵，访王安石。

十月，于扬州上表，乞常州安住。

## 元丰八年（1085） 50岁

正月，抵南都，得神宗旨，允居常州。

五月，抵常州。

六月，诰下，复朝奉郎，起知登州军州事。

七月，自常州赴登州。

十月，到登州任，五日后以礼部郎中召还入京。

十二月，入京师，升任起居舍人。

【三月，神宗驾崩，皇太子煦即位，是为宋哲宗。秦观登进士第。】

## 元祐元年（1086） 51岁

三月，升为中书舍人。

九月，升为翰林学士，知制诰。

【闰二月，司马光为左仆射，主持政事，尽废新法。四月，王安石卒。九月，司马光卒。是年，始与黄庭坚相见。】

## 元祐二年（1087） 52岁

七月，以翰林学士兼侍读。

洛蜀党争，被推为蜀党之首。屡请外补，不允。

## 元祐三年（1088） 53岁

正月，权知礼部贡举。

党争之下，屡请外补，仍不允。

## 元祐四年（1089） 54岁

三月，罢翰林学士兼侍读，以龙图阁学士除知杭州。

七月，抵杭州。

十一月，浙西旱灾，奏乞赈济浙西七州状。

【是年，苏辙迁吏部侍郎、翰林学士知制诰，出使契丹。】

## 元祐五年（1090）　55岁

浙西灾害，连上数状，奏请赈济。

九月，成功疏浚西湖。

【苏辙使契丹归，为龙图阁学士、御史中丞。】

## 元祐六年（1091）　56岁

正月，拟为吏部尚书。

二月，改以翰林学士承旨知制诰召还，上辞免状乞郡，不允。

三月，离杭州，沿途作辞免状，不允。

五月，抵京。

六月，奉诏再入学士院，又奉诏再兼侍读。

八月，以龙图阁学士，知颍州。

【右相刘挚与左相吕大防不和，朋党之论复起。】

## 元祐七年（1092）　57岁

二月，以龙图阁学士、左朝奉郎、知扬州军州事充淮南东路兵马钤辖。

三月，抵扬州。

八月，兵部尚书除命下，上辞免状，乞外郡，不允。以兵部尚书、龙图阁学士除兼侍读。

十二月，乞越州，不允。除端明殿学士、翰林侍读学士、礼部尚书。

【苏辙除门下侍郎，官拜副相。】

## 元祐八年（1093）　58岁

六月，乞外放越州，不允。

八月初一，妻王闰之卒。

九月，以端明殿学士兼翰林侍读学士、礼部尚书知定州。

十月，抵定州。

【九月，太皇太后高氏崩，宋哲宗亲政。】

## 绍圣元年（1094） 59岁

四月，以左朝奉郎责知英州，后降充左承议郎，仍知英州。

六月，责授宁远军节度副使，惠州安置，不得签书公事。

【宋哲宗恢复新法，罢元祐党人吕大防、范纯仁等人。三月，苏辙罢门下侍郎，以端明殿学士知汝州；六月，降授左朝议大夫，知袁州；七月，被贬筠州。】

## 绍圣二年（1095） 60岁

谪居惠州。

【朋友多遭贬黜，晁补之自知齐州降通判南京，黄庭坚被贬黔州。】

## 绍圣三年（1096） 61岁

谪居惠州。

七月初五，王朝云病卒。

## 绍圣四年（1097） 62岁

四月，责授琼州别驾，昌化军（儋州）安置，不得签书公事。

五月，与苏辙相遇于藤州，同行至雷州。

六月，渡海赴琼州。

七月初二，抵昌化军贬所。

【朝廷重贬元祐党人，苏辙责授化州别驾，雷州安置。】

## 元符元年（1098） 63岁

谪居儋州。

【朝廷置局编录司马光、吕公著、苏轼、苏辙等“悖逆”罪状成书。】

## 元符三年（1100） 65岁

五月，诰命下，以琼州别驾，廉州安置，不得签书公事。

六月，渡海。与秦观于雷州相见。

七月，抵达廉州。

八月，迁舒州团练副使，永州安置。秦观卒于藤州。

十一月，诏授朝奉郎、提举成都府玉局观，外军州任便居住。

【正月，宋哲宗驾崩，宋徽宗即位。京师印本《东坡集》行世。】

## 建中靖国元年（1101）　　66岁

正月，度岭北归。

五月，抵金陵。

六月，始知病。至常州，上表请求以本官致仕。

七月二十八日，卒于常州。

## 崇宁元年（1102）

闰六月二十日，葬于汝州郏城县钓台乡上瑞里嵩阳之小峨眉山。

附录二

# 亡兄子瞻端明墓志铭

予兄子瞻，谪居海南四年。春[1]正月，今天子即位，推恩海内，泽及鸟兽。夏六月，公被命渡海北归。明年（1101），舟至淮、浙。秋七月，被病，卒于毗陵。吴越之民相与哭于市，其君子相吊于家。讣闻四方，无贤愚皆咨嗟出涕。太学之士数百人，相率饭僧慧林佛舍。呜呼！斯文坠矣，后生安所复仰？公始病，以书属辙曰："即死，葬我嵩山下，子为我铭。"辙执书哭曰："小子忍铭吾兄！"

公讳轼，姓苏，字子瞻，一字和仲，世家眉山。曾大父讳杲，赠太子太保，妣宋氏追封昌国太夫人。大父讳序，赠太子太傅，妣史氏追封嘉国太夫人。考讳洵，赠太子太师，妣程氏追封成国太夫人。公生十年（1045），而先君宦学四方，太夫人亲授以书，闻古今成败，辄能语其要。太夫人尝读《东汉史》，至《范滂传》，慨然太息。公侍侧，曰："轼若为滂，夫人亦许之否乎？"太夫人曰："汝能为滂，吾顾不能为滂母耶？"公亦奋厉有当世志。太夫人喜曰："吾有子矣！"比冠，学

〈1〉 即元符三年（1100）春。

通经史，属文日数千言。

嘉祐二年（1057），欧阳文忠公考试礼部进士，疾时文之诡异，思有以救之。梅圣俞时与其事，得公《论刑赏》，以示文忠。文忠惊喜，以为异人，欲以冠多士，疑曾子固所为。子固，文忠门下士也，乃置公第二。复以《春秋》对义，居第一，殿试中乙科。以书谢诸公，文忠见之，以书语圣俞曰："老夫当避此人，放出一头地。"士闻者始哗不厌，久乃信服。

丁太夫人忧，终丧。五年（1060），授河南福昌主簿。文忠以直言荐之秘阁，试六论。旧不起草，以故文多不工。公始具草，文义粲然，时以为难。比答制策，复入三等。除大理评事、签书凤翔府判官。长吏意公文人，不以吏事责之，公尽心其职，老吏畏服。关中自元昊叛命，人贫役重，岐下岁以南山木筏自渭入河，经砥柱之险，衙前以破产者相继也。公遍问老校，曰："木筏之害，本不至此。若河、渭未涨，操筏者以时进止，可无重费也。患其乘河、渭之暴，多方害之耳。"公即修衙规，使衙前得自择水工，筏行无虞。乃言于府，使得系籍。自是衙前之害减半。

治平二年（1065），罢还，判登闻鼓院。英宗在藩闻公名，欲以唐故事召入翰林。宰相限以近例，欲召试秘阁。上曰："未知其能否，故试。如苏轼有不能耶？"宰相犹不可。及试二论，皆入三等，得直史馆。

丁先君忧，服除。时熙宁二年（1069）也，王介甫用事，多所建立。公与介甫议论素异，既还朝，置之官告院。四年（1071），介甫欲变更科举，上疑焉，使两制三馆议之。公议上，上悟曰："吾固疑此，得苏轼议，意释然矣。"即日召见，问："何以助朕？"公辞避久之，乃曰："臣窃意陛下求治太急，听言太广，进人太锐。愿陛下安静以待物之来，然后应之。"上竦然听受，曰："卿三言，朕当详思之。"介甫之党皆不悦，命摄开封推官，意以多事困之。公决断精敏，声闻益远。会上元，有旨市浙灯。公密疏，旧例无有，不宜以玩好示人。即有旨罢。殿前初策进士，举子希合，争言祖宗法制非是。公为考官，退拟答以进，深中其病。自是论事愈力，介甫愈恨。御史知杂事者为诬奏公过失，穷治无所得。公未尝以一言自辩，乞外任避之，通判杭州。是时，四方行青苗、免役、市易，浙西兼行水利、盐法。公于其间，常因法以便民，民赖以少安。

高丽入贡，使者凌蔑州郡，押伴使臣皆本路管库，乘势骄横，至与钤辖亢礼。公使人谓之曰："远夷慕化而来，理必恭顺。今乃尔暴恣，非汝导之，不至是也。不悛，当奏之。"押伴者惧，为之小戢。使者发币于官吏，书称甲子。公却之曰："高丽于本朝称臣，而不禀正朔，吾安敢受？"使者亟易书称熙宁，然后受之。时以为得体。吏民畏爱，及罢去，犹谓之学士而不言姓。

自杭徙知密州。时方行手实法，使民自疏财产以定户等，又使人得告其不实。司农寺又下诸路，不时施行者以违制论。公谓提举常平官曰："违制之坐，若自朝廷，谁敢不从？今出于司农，是擅造律也，若何？"使者惊曰："公姑徐之。"未几，朝廷亦知手实之害，罢之。密人私以为幸。

郡尝有盗窃发而未获，安抚转运司忧之，遣一二班使臣领悍卒数十人，入境捕之。卒凶暴恣行，以禁物诬民，入其家争斗，至杀人，畏罪惊散，欲为乱。民诉之，公投其书不视，曰："必不至此。"溃卒闻之少安，徐使人招出戮之。

自密徙徐。是时河决曹村，泛于梁山泊，溢于南清河。城南两山环绕，吕梁、百步扼之，汇于城下，涨不时泄。城将败，富民争出避水。公曰："富民若出，民心动摇，吾谁与守？吾在是，水决不能败城。”驱使复入。公履屦杖策，亲入武卫营，呼其卒长，谓之曰：“河将害城，事急矣，虽禁军，宜为我尽力。”卒长呼曰：“太守犹不避涂潦，吾侪小人效命之秋也。”执梃入火伍中，率其徒短衣徒跣，持畚锸以出。筑东南长堤，首起戏马台，尾属于城。堤成，水至堤下，害不及城，民心乃安。然雨日夜不止，河势益暴，城不沉者三板。公庐于城上，过家不入，使官吏分堵而守，卒完城以闻。复请调来岁夫，增筑故城，为木岸，以虞水之再至。朝廷从之。讫事，诏褒之，徐人至今思焉。

徙知湖州，以表谢上。言事者擿其语以为谤，遣官逮赴御史狱。初，公既补外，见事有不便于民者，不敢言，亦不敢默视也，缘诗人之义，托事以讽，庶几有补于国。言者从而媒孽之，上初薄其过，而浸润不止，是以不得已从其请。既付狱吏，必欲置之死，锻炼久之，不决。上终怜之，促具狱，以黄州团练副使安置。公幅巾芒屩，与田父野老相从溪谷之间，筑室于东坡，自号东坡居士。

五年（1082），上有意复用，而言者沮之。上手札徙汝州，略曰：“苏轼黜居思咎，阅岁滋深，人材实难，不忍终弃。”未至，上书自言有饥寒之忧，有田在常，愿得居之。书朝入，夕报可，士大夫知上之卒喜公也。会晏驾，不果复用。

至常，以哲宗即位，复朝奉郎，知登州。至登，召为礼部郎中。公旧善门下侍郎司马君实及知枢密院章子厚，二人冰炭不相入。子厚每以谑侮困君实，君实苦之，求助于公。公见子厚曰：“司马君实时望甚重。昔许靖以虚名无实，见鄙于蜀先主，法正曰：‘靖之浮誉，播流四海，若不加礼，必以贱贤为累。’先主纳之，乃以靖为司徒。许靖且不可慢，况君实乎？”子厚以为然，君实赖以少安。

既而朝廷缘先帝意，欲用公，除起居舍人。公起于忧患，不欲骤履要地，力辞之，见宰相蔡持正自言。持正曰：“公徊翔久矣，朝中无出公右者。”公固辞。持正曰：“今日谁当在公前者？”公曰：“昔林希同在馆中，年且长。”持正曰：“希固当先公耶？”卒不许。然希亦由此继补记注。

元祐元年（1086），公以七品服入侍延和，即改赐银绯。二月〈1〉，迁中书舍人。时君实方议改免役为差役。差役行于祖宗之世，法久多弊。编户充役不习，官府吏虐使之，多以破产，而狭乡之民或有不得休息者。先帝知其然，故为免役，使民以户高下出钱，而无执役之苦。行法者不循上意，于雇役实费之外，取钱过多，民遂以病。若量出为入，毋多取于民，则足矣。君实为人，忠信有余而才智不足，知免役之害而不知其利，欲一切以差役代之。方差官置局，公亦与其选，独以实告，而君实始不悦矣。尝见之政事堂，条陈不可，君实忿然。公曰：“昔韩魏公刺陕西义勇，公为谏官，争之甚力，魏公不乐，公亦不顾。轼昔闻公道其详，岂今日作相，不许轼尽言耶？”君实笑而止。公知言不用，乞补外，不许。君实始怒，有逐公意矣，会其病卒乃已。时台谏官多君实之人，皆希合以求进，恶公以直形己，争求公瑕疵。既不可得，则因缘熙宁谤讪之说以病公。公自是不安于朝矣，寻除翰林学士。

二年（1087），复除侍读。每进读至治乱盛衰、邪正得失之际，未尝不反复开导，觊上有所觉悟。上虽恭默不言，闻公所论说，辄首肯喜之。

三年（1088），权知礼部贡举。会大雪苦寒，士坐庭中，噤不能言。公宽其禁约，使得尽其技。而巡铺内臣伺其坐起，过为凌辱。公以其

〈1〉《苏轼年谱》（孔凡礼撰，中华书局 1998 年 2 月第 1 版）载为“三月十四日”。

伤动士心、亏损国体奏之。有旨送内侍省挞而逐之，士皆悦服。尝侍上读祖宗宝训，因及时事，公历言今赏罚不明，善恶无所劝沮；又黄河势方西流，而强之使东；夏人寇镇戎，杀掠几万人，帅臣掩蔽不以闻，朝廷亦不问。事每如此，恐浸成衰乱之渐。当轴者恨之，公知不见容，乞外任。

四年(1089)，以龙图阁学士知杭州。时谏官言前宰相蔡持正知安州，作诗借郝处俊事以讥刺时事，大臣议逐之岭南。公密疏言："朝廷若薄确之罪，则于皇帝孝治为不足；若深罪确，则于太皇太后仁政为小累。谓宜皇帝降敕置狱逮治，而太皇太后内出手诏赦之，则仁孝两得矣。"宣仁后心善公言而不能用。公出郊未发，遣内侍赐龙茶、银合，用前执政恩例，所以慰劳甚厚。

及至杭，吏民习公旧政，不劳而治。岁适大旱，饥疫并作。公请于朝，免本路上供米三之一，故米不翔贵。复得赐度僧牒百，易米以救饥者。明年(1090)方春，即减价粜常平米，民遂免大旱之苦。公又多作饘粥、药剂，遣吏挟医，分坊治病，活者甚众。公曰："杭，水陆之会，因疫病死比他处常多。"乃裒羡缗得二千，复发私橐得黄金五十两，以作病坊，稍畜钱粮以待之，至于今不废。是秋复大雨，太湖泛溢害稼。公度来岁必饥，复请于朝，乞免上供米半。又多乞度牒以籴常平米，并义仓所有，皆以备来岁出粜。朝廷多从之，由是吴越之民复免流散。

杭本江海之地，水泉咸苦，居民稀少。唐刺史李泌始引西湖水作六井，民足于水，故井邑日富。及白居易复浚西湖，放水入运河，自河入田，所溉至千顷。然湖水多葑，自唐及钱氏，岁辄开治，故湖水足用。近岁废而不理，至是湖中葑田积二十五万余丈，而水无几矣。运河失湖水之利，则取给于江潮。潮浑浊多淤，河行阛阓中，三年一淘，为市井大患，而六井亦几废。公始至，浚茅山、盐桥二河，以茅山一河专受江潮，以盐桥一河专受湖水。复造堰闸，以为湖水畜泄之限，然后潮不入市。且以余力复完六井，民稍获其利矣。公间至湖上，周视良久，曰："今欲去葑田。葑田如云，将安所置之？湖南北三十里，环湖往来，终日不达，若取葑田积之湖中为长堤，以通南北，则葑田去而行者便矣。吴人种菱，春辄芟除，不遗寸草。葑田若去，募人种菱，收其利以备修湖，则湖当不复湮塞。"乃取救荒之余，得钱粮以贯石数者万。复请于朝，得百僧度牒以募役者。堤成，植芙蓉、杨柳其上，望之如图画，杭人名之苏公堤。

杭僧有净源者，旧居海滨，与舶客交通牟利，舶至高丽，交誉之。元丰末，其王子义天来朝，因往拜焉。至是源死，其徒窃持其画像，附船往告。义天亦使其徒附舶来祭。祭讫，乃言国母使以金塔二祝皇帝、太皇太后寿。公不纳而奏之曰："高丽久不入贡，失赐予厚利，意欲来朝，以未测朝廷所以待之薄厚，故因祭亡僧而行祝寿之礼。礼意鲜薄，盖可见矣。若受而不答，则远夷或以怨怒，因而厚赐之，正堕其计。臣谓朝廷宜勿与知，而使州郡以理却之。然庸僧猾商，敢擅招诱外夷，邀求厚利，为国生事，其渐不可长，宜痛加惩创。"朝廷皆从之。未几，高丽贡使果至。公按旧例，使之所至吴越七州，实费二万四千余缗。而民间之费不在，乃令诸郡量事裁损。比至，民获交易之利，而无侵挠之害。

浙江潮自海门东来，势如雷霆，而浮山峙于江中，与渔浦诸山犬牙相错，洄洑激射，岁败公私船不可胜计。公议自浙江上流地名石门，并山而东，凿为运河，引浙江及溪谷诸水二十余里以达于江。又并山为岸，不能十里，以达于龙山之大慈浦。自浦北折抵小岭，凿岭六十五丈，以达于岭东古河。浚古河数里，以达于龙山运河，以避浮山之险。人皆以为便。奏闻，有恶公成功者，会公罢归，使代者尽力排之，功以不成。公复言：“三吴之水，潴为太湖。太湖之水，溢为松江以入海。海日两潮，潮浊而江清，潮水尝欲淤塞江路，而江水清驶，随辄涤去，海口常通，则吴中少水患。昔苏州以东，公私船皆以篙行，无陆挽者。自庆历以来，松江大筑挽路，建长桥以扼塞江路，故今三吴多水。欲凿挽路、为千桥，以迅江势。”亦不果用，人皆恨之。公二十年间再莅此州，有德于其人，家有画像，饮食必祝，又作生祠以报。

六年（1091），召入为翰林承旨，复侍迩英。当轴者不乐，风御史攻公。公之自汝移常也，受命于宋，会神考晏驾，哭于宋，而南至扬州。常人为公买田，书至，公喜作诗，有“闻好语”之句。言者妄谓公闻讳而喜，乞加深谴。然诗刻石有时日，朝廷知言者之妄，皆逐之。公惧，请外补，乃以龙图阁学士守颍。先是开封诸县多水患，吏不究本末，决其陂泽，注之惠民河，河不能胜，则陈亦多水。至是又将凿邓艾沟，与颍河并，且凿黄堆，注之于淮，议者多欲从之。公适至，遣吏以水平准之，淮之涨水高于新沟几一丈，若凿黄堆，淮水顾流浸州境，决不可为。朝廷从之。

郡有宿贼尹遇等数人，群党惊劫，杀变主及捕盗吏兵者非一。朝廷以名捕不获，被杀者噤不敢言。公召汝阴尉李直方，谓之曰：“君能擒此，当力言于朝，乞行优赏；不获，亦以不职奏免君矣。”直方退，缉知群盗所在，分命弓手往捕其党，而躬往捕遇。直方有母，年九十，母子泣别而行。手戟刺，而获之。然小不应格，推赏不及。公为言于朝，请以年劳，改朝散郎阶，为直方赏。朝廷不从。其后吏部以公当迁，以符会考。公自谓已许直方，卒不报。

七年（1092），徙扬州。发运司旧主东南漕法，听操舟者私载物货，征商不得留难。故操舟者富厚，以官舟为家，补其弊漏，而周船夫之乏困，故其所载率无虞而速达。近岁不忍征商之小失，一切不许，故舟弊人困，多盗所载以济饥寒，公私皆病。公奏乞复故，朝廷从之。未阅岁，以兵部尚书召还，兼侍读。

是岁，亲祀南郊，为卤簿使，导驾入太庙。有贵戚以其车从，争道不避仗卫，公于车中劾奏之。明日，中使传命，申敕有司严整仗卫。寻迁礼部，复兼端明殿、翰林侍读二学士。高丽遣使请书于朝，朝廷以故，事尽许之。公曰："汉东平王请诸子及《太史公书》，犹不肯予。今高丽所请，有甚于此，其可予之乎？"不听。公临事必以正，不能俯仰随俗，乞守郡自效。

八年（1093），以二学士知定州。定久不治，军政尤弛，武卫卒骄惰不教，军校蚕食其廪赐，故不敢何问。公取其贪污甚者，配隶远恶，然后缮修营房，禁止饮博。军中衣食稍足，乃部勒以战法，众皆畏服。然诸校多不自安者，有卒史复以赃诉其长。公曰："此事吾自治则可，汝若得告，军中乱矣。"亦决配之，众乃定。会春大阅，军礼久废，将吏不识上下之分。公命举旧典，元帅常服坐帐中，将吏戎服奔走执事。副总管王光祖自谓老将，耻之，称疾不出。公召书吏作奏将上，光祖震恐而出。讫事，无敢慢者。定人言："自韩魏公去，不见此礼至今矣。"北戎久和，边兵不试，临事有不可用之忧，惟沿边弓箭社兵与寇为邻，以战射自卫，犹号精锐。故相庞公守边，因其故俗，立队伍将校，出入赏罚，缓急可使。岁久法弛，复为保甲所挠，渐不为用。公奏为免保甲及两税，折变科配，长吏以时训劳。不报，议者惜之。

时方例废旧人，公坐为中书舍人，日草责降官制，直书其罪，诬以谤讪。绍圣元年（1094），遂以本官知英州，寻复降一官。未至，复以宁远军节度副使安置惠州。公以侍从齿岭南编户，独以少子过自随。瘴疠所侵，蛮蜑所侮，胸中泊然，无所蒂芥。人无贤愚，皆得其欢心，不变生死，孰为去来。

古有微言，众说所蒙。

手发其枢，恃此以终。

心之所涵，遇物则见。

声融金石，光溢云汉。

耳目同是，举世毕知。

欲造其渊，或眩以疑。

绝学不继，如已断弦。

百世之后，岂其无贤？

我初从公，赖以有知。

抚我则兄，诲我则师。

皆迁于南，而不同归。

天实为之，莫知我哀！

弟苏辙撰

赵孟頫《苏轼小像》